2021年江苏省主题出版重点出版物
2021年全国高校出版社主题出版

岁岁炊烟

中国乡村的日常生活与环境变化

范叶超 著

中国乡村生态文明建设实践研究丛书

丛书主编 ◎ 洪大用

河海大学出版社
HOHAI UNIVERSITY PRESS
· 南京 ·

图书在版编目(CIP)数据

岁岁炊烟：中国乡村的日常生活与环境变化 / 范叶超著. -- 南京：河海大学出版社，2021.12
(中国乡村生态文明建设实践研究丛书 / 洪大用主编)
ISBN 978-7-5630-7337-5

Ⅰ. ①岁… Ⅱ. ①范… Ⅲ. ①乡村－社会生活－关系－农村生态环境－研究－中国 Ⅳ. ①D422.7②X321.2

中国版本图书馆 CIP 数据核字(2021)第 250051 号

书　　名　岁岁炊烟——中国乡村的日常生活与环境变化
　　　　　SUISUI CHUIYAN——ZHONGGUO XIANGCUN DE RICHANG SHENGHUO YU HUANJING BIANHUA
书　　号　ISBN 978-7-5630-7337-5
策划编辑　朱婵玲
责任编辑　朱婵玲
　　　　　章玉霞
特约编辑　王　敏
特约校对　俞　婧
装帧设计　独好文化
出版发行　河海大学出版社
地　　址　南京市西康路 1 号(邮编:210098)
电　　话　(025)83737852(总编室)
　　　　　(025)83722833(营销部)
经　　销　江苏省新华发行集团有限公司
排　　版　南京布克文化发展有限公司
印　　刷　江苏凤凰数码印务有限公司
开　　本　787 毫米×1092 毫米　1/16
印　　张　15.5
字　　数　326 千字
版　　次　2021 年 12 月第 1 版
印　　次　2021 年 12 月第 1 次印刷
定　　价　69.00 元

总序

在河海大学出版社等各个方面的大力支持下，通过各位作者的共同努力，目前包含5本专著的“中国乡村生态文明建设实践研究丛书”即将正式出版，这是今夏潮湿闷热天气中的一缕清风，让人精神为之一振。作为丛书的主编，我觉得有必要先写几句，交代一下丛书的来龙去脉以及我在指导研究和编辑丛书过程中的体会，以方便读者审阅。

(一)

自从上个世纪90年代以来，我和我的团队围绕环境社会学做了一些研究，写了一批文章，也出版过几本书，有一点影响，但这些著作总体上是基于文献的理论研究或在抽样调查数据基础上开展的实证研究①。一直以来，我很想有机会就区域环境保护或者单项环保制度的实践开展更加深入、更接地气的案例研究，把学术之根扎进中国实践的“泥土”之中。特别是在党的十八大提出“把生态文明建设放在突出地位，融入经济建设、政治建设、文化建设、社会建设各方面和全过程，努力建设美丽中国，实现中华民族永续发展”之后，我的上述想法更为迫切。

2014年8月，我代表中国人民大学送选调生赴福建任职，得遇时任福建省委常委、宣传部部长的李书

① 例如《中国公众环境意识初探》(洪大用主笔，中国环境科学出版社1998年版)、《社会变迁与环境问题》(洪大用著，首都师范大学出版社2001年版)、《中国民间环保力量的成长》(洪大用等著，中国人民大学出版社2007年版)、《环境友好的社会基础》(洪大用、肖晨阳等著，中国人民大学出版社2012年版)、《生态现代化与文明转型》(洪大用、马国栋等著，中国人民大学出版社2014年版)等。

磊教授，他在交谈中说到福建省长汀县水土流失治理实践值得深入调查总结，这提示了我田野点的一个选择。在他的支持下，我很快带领龚文娟、范叶超、邓霞秋等人专程前往长汀开展预调研，后来在中国人民大学召开了专题研讨会，并在《福建日报》发表过相关文章①。当时，范叶超是一年级博士生，我就引导他把长汀县作为田野点，继续深入研究，为博士论文做准备。

与此同时，作为“四个一批”人才计划的入选者，我在2014年9月有幸获得“全国文化名家暨‘四个一批’人才自主选题资助项目”的申报机会。经过认真思考，我以《中国生态文明制度建设实践与评估》为题进行了申报，计划以福建长汀、浙江安吉和河北定州(县)等作为田野点展开研究。2015年8月，我赴浙江安吉开展了预调研，后又于2017年8月带领龚文娟、童志锋、胡溢轩、郭涵潇等人开展正式调研，并引导他们开展专题研究或积累博士学位论文的资料。同样是在2015年8月，按照自主选题的设计，同时也是为了接续李景汉先生开创、郑杭生先生拓展的定县社会调查传统，完成中国人民大学的重大科研立项项目，我带领团队成员赴河北定州开展预调研(后来又去过多次)，先后有黄家亮、陆益龙等教师和李阳、刘凌、杨峥威、何钧力、郝孟哲等在读博士生参加，我也期望他们中的一些人在参与完成定县再研究总任务的同时，

---

① 洪大用：《长汀县水土流失治理实践对推进生态文明建设的理论启示》，《福建日报》，2014年11月6日。

着重围绕定县的污染治理和绿色发展开展案例研究。

2018年，河海大学陈涛副教授申请到中国人民大学开展博士后研究，希望我作为指导教师。考虑到他有很好的学术基础和比较明确的、与我课题比较一致的研究目标，我很愉快地接受了。当时，我和他交流了制度/政策实践评估的基本思路，引导他就生态文明建设制度实践评估的方法论进行研究，并选择若干类型的制度实践进行深入的案例分析。尽管后来由于研究日程的原因，特别是2020年新冠肺炎疫情的影响，陈涛博士没能完成全部研究，但是其围绕水污染治理中"河长制"实践所展开的分析是有启发性的。在考虑编辑这套丛书时，我请他对以"河长制"为主题的博士后出站报告进行了完善，也将之收入了本丛书。

这样一来，目前收入本丛书的五本著作，都是在作者博士论文写作经历或者博士后出站报告基础上撰写的[①]，大体上都是围绕中国乡村生态文明建设实践的案例分析，有区域层面的多维度研究，也有聚焦小微企业绿色转型、居民生计转型或制度创新的专题研究。作者们共同遵循着"从实求知"的学术传统，努力通过鲜活的材料、社会学的视角来揭示并反思乡村生态文明建设的实践过程。这些成果构成了我和我

---

① 其中，《内生之美——美丽乡村建设的核心逻辑》一书，由我草拟了初步的写作提纲，原计划基于典型案例，深入分析美丽乡村建设的理论逻辑、历史逻辑和实践逻辑，特别强调揭示典型案例中的内生力量及其作用机制，阐述其对乡村绿色发展的一般意义。后来由于公务繁杂，我未能直接参与写作，只能对胡溢轩、童志锋等人提供一些指导性建议。

的团队环境社会学研究议程的新进展，我想通过结集出版的方式与更多的同仁分享。

（二）

胡溢轩、童志锋等人所著《内生之美——美丽乡村建设的核心逻辑》，兼顾历史视角与结构视角、制度视角与实践视角，立足于工业化、城市化、城乡关系演变等时空背景，梳理了中国乡村发展政策的演变过程、内在机理以及实践逻辑，总结了乡村发展的共性规律与多样化特征。在此基础上，作者们对浙江安吉的实践进行了深度剖析，指出其核心特点在于把生态文明建设放到突出位置，统筹了经济建设、社会文化发展以及基层治理，并将美丽乡村建设作为推动乡村发展的主要载体和深度延伸。比较有价值的是，作者们关注到了案例地区与外部社会互动过程中的自主性，特别揭示了乡村发展的内生动力及其作用机制，这是"安吉模式"的内核，也是可持续的乡村建设的基础。如果没有有效的内生力量集聚并发挥作用，美丽乡村建设最终只能是无源之水、无本之木，难以持久，甚至根本就难以开始。

范叶超所著《岁岁炊烟——中国乡村的日常生活与环境变化》，是对福建长汀案例的研究，这是一本有情怀、有深度、有新意的著作，是在案例地区生态保护实践基础上的一种理论叙说。其最为突出的特点是从更加宽广的历史视野考察环境与社会关系的演变，并选取了日常生活实践视角，分析了乡村环境退化的社会根源、乡村可持续性转型的社会干预路径、乡村居民的环境行动以及网络化时代乡村发展的环境后果。由此，作者指出“乡村环境变化并非是肇始于乡村社会现代化转型的一个从外到内、从无到有的突变过程，而是植根于乡村社会内部日常生活的一个长期的、连续的渐变过程”①，日常实践的再生产与变迁构成了乡村环境变化的社会动力，解决乡村环境问题、推进生态文明建设，需要关注实践导向的环境治理模式。该研究的一个更大理论抱负是试图超越中国乡村环境变化研究的“现代化解释框架”，作者认为这一框架“无法解释前现代中国乡村环境问题，放大了乡村发展与环境保护之间的对立，未能清楚阐释乡村居民在乡村环境变化中的能动性，并且对网络化这样一个宏大社会变迁进程提出的新课题缺乏合适的理论工具来拆解”②。

刘凌所著《大趋势下的小生境——农村小微企业绿色转型的案例研究》和李阳所著《重现的村庄——环境治理与居民生计转型》，都是针对河北定县的案例研究，其共同关注的是宏观层面的绿色发展趋势和日趋严格的环境保护政策在基层实践的影响，关注生态文明建设与其他领域建设的配套和协同。其中，刘凌侧重于从小微企业入手，分析其自主适应绿色发展行为的策略、过程、机制、影响因素以及风险。作者指

① 参见本丛书中范叶超著：《岁岁炊烟——中国乡村的日常生活与环境变化》，第176页。

② 参见本丛书中范叶超著：《岁岁炊烟——中国乡村的日常生活与环境变化》，第177页。

出，农村小微企业因应发展环境变化而自觉适度地调整其环境行为，创建了能在一定程度上既适应管制性环境政策又保证自身生存的小生境，推动了绿色转型取得阶段性进展。但是，由于反向驱动作用的存在，以及企业生存发展目标与环保改造目标之间存在一定程度的对立，环境政策的执行效果受到了约束，与预期的转型目标仍然存在距离。李阳的著作则聚焦于与居民生计密切相关的“散乱污企业”治理议题，关注“施害者兼受害者”这一主体参与环境治理的现实逻辑，分析了居民替代性生计方案的设计和实施、环境治理成本的合理分担、村庄原有权力结构和乡土关系等在促进环境治理中的作用，初步揭示了环境治理实践中的公平认知、表达及其实现机制。

前文已述，以上针对福建长汀、浙江安吉和河北定州的案例研究，是遵循我主持的课题研究计划开展的。我之所以选择这样三个案例点，除了机缘的因素之外，更多地是考虑到其各自的代表性。大体而言，三个案例点在经济社会发展水平、面临的环境问题类型、区域资源禀赋以及社会文化条件等方面都是有很大差异的。福建长汀的水土流失问题由来已久，其治理在最近的几十年中取得了显著进展，这是通过追求生态美以实现百姓富的一个典型案例；浙江安吉是经历环境污染、生态破坏之后，痛定思痛，利用区位优势和内生资源把绿水青山变成金山银山的一个典型案例；河北定州则是在快速工业化城市化进程中，不得不同时控制环境污染、谋求绿色发展的一个典型案例。我以为，对这三个案例的深入研究，可以更好、更全面地呈现中国乡村生态文明建设的多样化实践，揭示不同地区推进生态文明建设的个性与共性。与此同时，以上初步的研究成果也提示了我们不断拓展中国乡村生态文明建设研究视角的重要性。

我在指导上述三个案例研究的过程中，曾以不同形式对各位作者强调过以下几种视角，我认为运用好这些视角是很重要的。首先是历史视角。毫无疑问，环境与社会的关系是动态的、变化的，也是连续的，不同社会形态下的环境问题有不同的表现但也有彼此间的联系，只有把当下环境与社会的关系放在历史演变和发展的脉络中考察，才能得出更加科学合理的认识。其次是开放视角。当代乡村已经不是自给自足的封闭体系，而是更大范围体系的组成部分，甚至是全球体系的一个单元，是一个对外开放的系统。因此，分析乡村环境与社会的关系，必须关注乡村与外部社会的各种联系，包括人口的、环境的、经济的、技术的、信息的、政治的以及文化价值等方面的联系，没有对这些联系的认真研究就难以准确把握特定乡村环境与社会关系的实质。再次是整体视角。环境领域是与社会的各个方面密切关联的，要把一个地区的环境与资源、经济、社会、政治和文化等子系统综合起来考察，把环境保护制度与其他各项社会制度安排统筹考虑，不能孤立地看待和推进环境保护。第四是实践视角。也就是要一切从实际出发，关注环保制度/政策在复杂社会关系中的实践过程和效果，关注普遍性制度设计在实践中的再创造和变异，努力发展兼具共性与特色的最适切的制度，不能只局限于文本的分析、教条主义做法和简单的价值倡导。第五是辩证视角。要认识到社会中各种因素与环境关联的客观必然性，一分为二地看待社会中各种破坏或者促进环境保护的因素，不要简单地贴标签，而应实事求是地引导、转化或者预防，最大程度地发挥各种因素的积极作用，凝聚促进环境保护的最大力量。如此，我们才能在科学认识环境与社会关系、把握环境制度/政策实践的基础上，更有针对性、更加有效地推进乡村生态文明建设。

需要指出的是，陈涛所著《河流的承包——河长制的地方试验及其创新扩散研究》，并非是针对我所计划的三个案例点的研究，但是仍然属于该课题的一个有机组成部分，即对生态文明建设的制度/政策进行评估。党的十八大以来，特别强调了健全制度体系，为生态文明建设提供强有力的支撑。“河长制”无疑是生态文明建设制度的重要内容之一，这项制度的创造和推广，对于我国城乡生态文明建设都产生了很大影响。陈涛的著作基于田野调查和文献资料、网络资源等，对“河长制”的起源、创新背景及其扩散过程进行了比较深入的分析，同时也考察、检讨了该制度在推广过程中的一些变异现象，讨论了其有效发挥作用的基础原理和科学机制，强调了田野调查和对地方社会的“理解”在制度实践分析中的重要性。我相信，这类研究对于今后进一步考察乡村生态文明建设的制度创新和实践是有一定启发意义的。

(三)

毫无疑问,以上几本著作的完成是非常不容易的,对于初学者而言,尤其如此。尽管在研究一开始,我就努力与主要作者交流项目的整体设计,商量明确研究方向、调研地点、材料搜集范围和注意事项等,特别是在浙江安吉调研时曾经提出田野调查的八项要点:胸怀大局、有备而来、走村串户、“擒贼擒王”、顺藤摸瓜、眼脑并用、勤能补拙、团结协作,以此指导他们科学开展调查研究。同时,我也尽可能地与大家一起参加调研或者提供各种必要的支持。但是,研究者真正开展田野工作,各种困难常常还是预想不到的。长时间驻村入户,学会独自生活,克服语言障碍和家庭生活等方面的各种难题,这些倒不是主要的,最重要的是发现问题、分析问题的过程,往往是很痛苦的,我时常能够从他们的迷茫、困惑和吐槽中体会到这一点。

事实上,问题意识是科学研究的前提和基础,发现问题、提出问题、分析问题的能力在很大程度上决定了一项研究的质量。我在多年教学实践中发现,至少有三个方面的因素制约了学生问题意识的养成:一是越来越多的学生缺少社会经历,缺乏社会感,他们往往从学校到学校,在读书过程中“两耳不闻窗外事”,对于身处其中的社会现实缺乏必要的理解,其受教育的过程在一定意义上脱嵌于社会过程;二是信息技术的快速发展在很大程度上改变了学生认知和理解社会的方式,他们的想象能力得到拓展,但是也有使自己满足于、安身于、建构于虚拟世界的倾向,与现实世界有所脱节,甚至以虚拟替代现实;三是一些教师非常强调在学术发展的脉络中提出问题,而社会学是一门外来学科,一些教师指导学生读了不少书,养成了学生从概念到概念、从理论到理论的思维方式,这种训练对于知识传承无疑是重要的,但是弱于知识发展。这种模式下训练出来的学生,问题意识是有的,但是往往与中国实际相脱节,至少是存在一定的隔膜。实际上,问题源于实践,学术发展中的问题也不例外。只有参透问题的本质,直面鲜活的实践,并与实践中的人们深入交流,我们才能提出真问题、开展真研究。古人说"世事洞明皆学问,人情练达即文章",这是很有道理的。对于社会科学研究者而言,具有真切的社会感,从社会自身提出研究问题,是走向成功的关键。从各位作者完成的研究看,他们在形成科学的问题意识方面得到了一定的锤炼。

我在指导作者们开展研究时常常遭遇的另一个问题是他们对于"理论"的纠结和迷茫。有些作者反映,他们面对看到的社会现象、搜集到的研究资料,总是找不到合适的"理论视角",而一些专家在评阅其研究成果时往往也会提出诸如理论视角不够清晰、理论提炼不够深入、理论与材料"两张皮"之类的意见。这里至少反映出两个方面的问题:一是研究者对于"理论"的误读,把"理论"过于抽象化、神圣化。事实上,理论的本质是论理，是符合逻辑地讲道理，是用这种方式揭示现象背后的规律性，代表着超越感性认识的理性认识和超越特殊的一般表达。理论形成的过程就是通过比较、求同、析异、推理、概括（概念化、形成命题）等方式而不断去粗取精、去伪存真、接近真理的过程，这是任何研究的一个自然过程。因此，所谓“理论”的困境不过是研究不深入、不细致的一种表现而已。二是我们有些教师在教学过程中存在着过于强调既有理论知识的学习、把理论学习当作理论建构的倾向，对于理论的本质以及不同理论背后的观念、思想揭示不够，对于理论与实际相结合强调不够，对于理论思维和理论建构方法的训练不够，这样讲授的社会学理论，学生学得再多、背得再熟、考得再好，也是不会实际运用的，至于创造和建构新理论的能力，则更是罕有。我们的理论教学需要适当的专门课程，但是专门到了与实践脱节的程度，就很难真正训练出学生的理论思维和理论能力了。所以，我总是鼓励研究者，到实践中去，把事情弄明白，把话说清楚，遵循论理的规则，努力超越特殊达成一般的认识，这就是理论思维的训练，就是朝着理论建构的努力。简单地拿着本本、教条去翻检研究所需的“理论视角”，这种偷懒的做法可能是方法上的误读和程序上的颠倒，实际上对理论创新和发展有很大的限制，对研究成果的质量也必然构成一种制约。我想，本丛书的作者们在研究实践中应该对此有所感悟。

收入本丛书的几本著作，都是针对当下中国生态文明建设实践的，体现了鲜明的实践导向，这也是我长期坚持的指导学生开展研究的一种导向。从我指导第一篇硕士学位论文开始，我的绝大多数学生论文选题都是围绕中国现代化实践中各种现实议题的。实践观点是马克思主义的基本观点，是马克思主义社会研究的出发点和落脚点。马克思主义的唯物史观认为"全部社会生活在本质上是实践的。凡是把理论引向神秘主义去的神秘东西，都能在人的实践中以及对这种实践的理解中得到合理的解决"[①]。我一直认为，一切从实际出发，理论联系实际，实事求是，知行合一，学以致用，是研究者所应坚持的基本立场。一百年来，中国共产党领导中国人民在革命、建设、改革和奋进新时代的实践中作出了伟大创造，"推动物质文明、政治文明、精神文明、社会文明、生态文明协调发展，创造了中国式现代化新道路，创造了人类文明新形态"[②]。但是相对而言，我们知识界对这种伟大创造的理论认识、总结和传播还不够，突出体现在中国特色哲学社会科学话语体系的世界影响力还不够。这当中，一个非常重要的原因就是哲学社会科学研究的实践导向还不够有力，以我们正在做的事情为中心开展学术研究的意识还不够强，面向实践的研究成果

---

① 马克思：《关于费尔巴哈的提纲》，载《马克思恩格斯选集（第一卷）》，中共中央马克思恩格斯列宁斯大林著作编译局编译，第135-136页，人民出版社2012年版。

② 习近平：《在庆祝中国共产党成立100周年大会上的讲话》（2021年7月1日），新华社北京7月1日电。

水平还不够高，往往是知识复制、传播胜于知识创造。应该说，中国社会学有着相对突出的主体意识，有着重视实践、从实求知的优良传统，并发展出一系列观察、分析中国社会现象的理论、方法和技术，很多优秀的社会学家都以研究和解决中国实际问题为己任，并在这种工作中成就了自己的事业。我们有责任传承并发扬光大中国社会学的优良传统，在面向实践、服务实践、创新实践中不断发展中国社会学。当然，这本身也就意味着实践导向的社会学并不完全等同于解决问题的社会学，它在研究和解决实际问题的过程中也努力发展出具有一般意义的理论、知识和方法，推动社会学学科体系、学术体系和话语体系的发展，不断扩大中国社会学的国际影响力。

问题意识、理论思维和实践导向，是研究者在研究实践中不断提升的综合素养，几乎没有人能够一开始就做得很好，但是需要有持之以恒的自觉行动。我感到比较欣慰的是，参与本丛书写作的各位作者，都体现了比较自觉的努力，他们的成果是中国环境社会学研究最新进展的组成部分。不过，他们的著作还是练习之作，在崭露头角的同时还略显青涩，是与同行交流、彼此互鉴的一个靶子。各位作者在书中也就其不足与缺陷做了相应说明，欢迎读者们不吝批评指正，以便日臻完善。客观而言，诸如研究问题不够聚焦、分析视野不够宽阔、材料组织不够精炼、理论思维不够细致、论证过程不够严谨、观点提炼不够到位、学术对话不够充分等不足，在不同作者的写作中确有这样那样的体现，特别是有的著作仍有比较大的持续改进空间。至于作者们的研究成果对于实践的服务和指导作用，尚待观察。这里情况很复杂，既取决于相关研究发现的政策适切性，也取决于成果转化的实际过程，需要靠时间和实践来不断检验。但是，我相信学术研究是一种修行，只要自信自省、持之以恒，日积月累必有精进，必能学以致用造福社会。

(四)

江山代“须”才人出。一代人有一代人的使命和责任，中国环境社会学的未来发展需要更多年轻人脱颖而出。自从上个世纪90年代中期中国环境社会学的学科意识萌生以来，在中国社会学会的大力支持下，通过全国各相关教学科研单位同仁的共同努力，中国环境社会学快速发展，在中国社会学共同体中的地位日益巩固、影响不断扩大。但是，整体上看，中国环境社会学还是比较弱小的分支学科，相比于中国社会学共同体的快速发展、中国特色社会主义新时代的要求和快速推进的生态文明建设实践，还有很大差距。我衷心期望越来越多的年轻人奋发有为，拥抱中国环境社会学的新时代，创造中国环境社会学的新时代，在推动学科高质量发展中成就自己的事业，服务于党和国家事业发展的需要。

中国环境社会学的新时代是我们面对着更加充分的环保社会共识的时代。党的十九大提出，“中国特色社会主义进入新时代，我国社会主要矛盾已经转化为人民日益增长的美好生活需要和不平衡不充分的发展之间的矛盾”,“人民美好生活需要日益广泛,不仅对物质文化生活提出了更高要求,而且在民主、法治、公平、正义、安全、环境等方面的要求日益增长”①。从不断普及的环境知识、不断强化的环境保护意识、不断提高的环境质量要求、不断增加的环境维权和风险规避行动、日渐普遍的自觉环保行为、日趋活跃的民间环保团体等方面看,更大力度、更加有效地加强环境保护、推进生态文明建设,为人民群众创造更多优质的生态产品和更加舒适的生活环境,已经有了更加广泛的社会共识,由此也更加凸显出加强中国环境社会学研究的迫切性和重要性。

中国环境社会学的新时代是我们面对着更加充分的环保政治共识的时代。可以说,党和国家一直重视推进环境保护,但是今天有着更加高远的战略站位、清晰的“人与自然生命共同体”意识、系统的生态文明思想指导、坚定的“人与自然和谐共生的现代化”导向、明确的工作目标规划、扎实的系列制度建设和有力的持续推进举措。党的十八大以来,在习近平生态文明思想指引下,生态文明建设放在了关乎党和国家事业发展、人民福祉与引领文明发展新方向的更加突出的地位,越来越深入地融入经济建设、政治建设、文化建设、社会建设各方面和全过程,成为中国特色

---

① 习近平:《决胜全面建成小康社会,夺取新时代中国特色社会主义伟大胜利——在中国共产党第十九次全国代表大会上的报告》,参见中国政府网:http://www.gov.cn/zhuanti/2017-10/27/content_5234876.htm。

社会主义事业总体布局的有机组成部分。随着政治共识的深入贯彻，各级党委和政府，各个部门，各条战线，都前所未有地重视推进生态文明建设，习近平生态文明思想正在全国各地落地生根、开花结果，这是中国环境社会学最为鲜活、最为丰富的研究对象。

中国环境社会学的新时代是我们面对着环保政策设计更加重视环境社会治理的时代，这是体现出新的环保政策共识的时代。十八届三中全会提出国家治理现代化的命题之后，驱动了各条战线、各个领域的治理变革。十八届五中全会通过的《中共中央关于制定国民经济和社会发展第十三个五年规划的建议》明确提出要“以提高环境质量为核心，实行最严格的环境保护制度，形成政府、企业、公众共治的环境治理体系”。党的十九大报告提出“坚持全民共治、源头防治”，“构建政府为主导、企业为主体、社会组织和公众共同参与的环境治理体系”。2020 年，中办、国办联合印发《关于构建现代环境治理体系的指导意见》，进一步明确提出了“构建党委领导、政府主导、企业主体、社会组织和公众共同参与的现代环境治理体系”，“到 2025 年，建立健全环境治理的领导责任体系、企业责任体系、全民行动体系、监管体系、市场体系、信用体系、法律法规政策体系”，“形成全社会共同推进环境治理的良好格局”。显然，在持续推进国家治理现代化的进程中，环境治理体系的现代化越来越多、越来越深地包括了社会治理的内涵，出现了新的政策共识。这已经催生了相关的一些研究和专业组织，集聚了一些专业人才，形成了初步的政策路线图和工作重点。我想，环境社会治理是中国环境社会学理应作出贡献的重要领域。

最后，中国环境社会学的新时代也是我们在已有学科发展基础上阔步迈向环境社会学高质量发展的时代。回顾过去二十多年，中国环境社会学在学术组织建立、学术交流制度建设、专业研究机构建设、科学研究、人才培养、社会服务、国际交流等多个方面都取得了不错的成绩，从事环境社会学教学与研究的人越来越多，科研成果发表的数量和质量不断提升，研究领域不断拓展和深化，奠定了进一步发展的良好基础。面对新形势新需求新挑战，继续加快发展中国环境社会学的意义不言而喻，条件和机会也是显而易见的，当下最关键的是要强化质量意识，不断推进中国环境社会学的高质量发展，不断提升中国环境社会学服务支撑生态文明建设实践的能力。这就要求我们在继续深化环境社会学基础理论与方法研究的基础上，更加深入地扎根中国生态文明建设实践，坚持以人民为中心的立场，保持建设性反思精神，扎实工作，深入交流，在互鉴互学中共同进步。特别是，我们期望广大青年学者能够勇担使命，严于自律，快速成长，争做中国环境社会学高质量发展新时代的主力军。

（五）

行文至此，作为一篇序言，似乎已经有些冗长了，该收尾了。我想，读者如果能够耐住性子读完，应该会对本丛书的来历，以及编辑出版本丛书的初衷、考虑和体会等方面有所了解。其中,我在指导研究过程中的一些感悟、想法,如果能够引起读者的一些共鸣,或者激发出读者进一步开展环境社会学研究的兴趣,推出更高质量的研究成果,那我就倍感欣慰了。

最后,我要感谢各个方面为我们团队开展调查研究所提供的宝贵支持,特别是要感谢福建省龙岩市委宣传部和长汀县的有关同志,感谢浙江湖州市和安吉县有关部门的同志,感谢河北定州市委市政府和有关部门的同志。我还要感谢“全国文化名家暨‘四个一批’人才自主选题资助项目”和中国人民大学科学研究重大规划项目“中国农村社会变迁与治理转型——河北定县农村百年演变的调查研究”的立项支持,本丛书也是这些项目实施的成果之一。本丛书能够顺利出版,得益于各位作者的积极工作,得益于江苏省委宣传部的大力支持,在此一并致谢!

中国人民大学
社会学理论与方法研究中心教授 洪大用

2021年8月13日于北京

目　录

图表索引

第一章 导论：一缕炊烟，两种愁情

又见炊烟升起，暮色罩大地，想问阵阵炊烟，你要去哪里？夕阳有诗情，黄昏有画意，诗情画意虽然美丽，我心中只有你。

——歌曲《又见炊烟》（庄奴作词，1978）

在很多没有乡村生活经历的现代都市人心目中，乡村似乎是美好的代名词，由邓丽君、王菲等歌手演唱过的这首耳熟能详的歌曲则在很大程度上迎合了这群人对于乡村田园生活的一种浪漫主义想象：炊烟袅袅，落日余晖，诗情画意，一派岁月静好的景象……尽管如此，越来越多的证据却在表明，当代中国乡村社会似乎因为（还）不适应我们这个正在剧变的时代而日渐式微：劳动力大量流失造成的"村庄空心化"和弱势的"留守一族"，正在改变的公序良俗，濒临凋敝的乡村教育，生活富足后的攀比和浪费现象，日趋淡薄的人情关系，等等，不一而足①。在此情况下，乡村之于现代都市人唯一的吸引力大概也只剩下山清水秀的自然风光了。遗憾的是，当前中国乡村普遍不容乐观的环境问题恐怕要击碎这最后的美好幻想，如果再不加以有效控制，乡村只会与有些人心心念念的"诗和远方"渐行渐远……我们的讨论将始于目前我国乡村地区那些突出的环境问题及其社会成因。

---

① 乡村的衰败可从前些年乡村精英群体中流行的各种"返乡报告文学"中窥见一斑，参见：《一个博士生的返乡日记：迷惘的乡村》，http://edu.people.com.cn/n/2015/0225/c1006-26594099.html；《一位博士生的返乡笔记》，http://www.techweb.com.cn/column/2015-02-26/2126461.shtml；《一个农村儿媳眼中的乡村图景》，http://www.guancha.cn/society/2016_04_04_355969_3.shtml。

第一节
乡村环境问题的内生性之维

中国乡村的环境问题大约于20世纪80年代浮出水面。彼时，顺应改革开放的浪潮，全国范围内乡镇工业企业异军突起，乡村地区面临的环境压力也与之俱增，曾造成了一些突出的环境污染和自然资源过度开发问题[①]。与此同时，广大城市地区以大气污染、水污染和垃圾处理等为表征的环境问题已十分严重，并逐渐向乡村蔓延。进入21世纪以前，国家环境保护工作重心主要集中在城市地区，许多乡村地区的环境状况在这一时期开始迅速恶化并呈现出明显的失控态势。回顾20世纪90年代许多乡村地区环境质量急剧恶化的历程，不难发现，以点源污染为典型的许多乡村环境问题的形成与演化具有鲜明的外源性：它们主要不是由乡村内部的社会动态过程（social dynamics）驱动，而是与"工业下乡"、城市污染扩散等乡村外部社会条件的变化密切相关。

步入21世纪，特别是近几年来，国家不断加大对乡村地区的环保投入，加上一大批高污染的乡镇企业也随着产业升级被关停，由外源性社会因素导致的、局部乡村地区的一些环境问题得到了初步遏制。但另一方面，广大乡村地区的整体环境质量并未随着这些早发环境问题的暂时缓解而获得根本性改善，一些新浮现的环境问题继续在干扰乡村社会的良性运行，甚至有愈演愈烈的趋势。新的时期，乡村环境问题的表现呈现出多样化态势。

首先，乡村面源污染问题正变得越来越难忽视。与点源污染相比，面源污染是一种污染物浓度较低但来源分散、发生位置和地理边界通常不明晰的水环境污染形式，突出表现为水体的富营养化（洪大用 等，2004）。在一些乡村地区，面源污染甚至已取代工业污染成为更加紧迫的环境问题。生态环境部发布的《2019中国生态环境状况公报》显示，在全国监测营养状态的107个湖泊（水库）中，超过两成（22.4%）呈轻度富营

① 1997年发布的《全国乡镇工业污染源调查公报》表明，截至1995年，全国工业企业1/5至1/3的工业"三废"排放来自乡镇工业企业，其中，乡镇企业的烟尘、工业粉尘等排放量已经占全国一半以上。该报告指出，造纸厂、水泥厂以及小煤矿、小矿山是20世纪90年代乡村环境急剧恶化的主要元凶（曲格平，2001）。

养状态，中度富营养状态占5.6%，其中：太湖、巢湖、滇池等大湖均呈现出轻度富营养状态①。早在21世纪初，原国家环保总局对太湖、巢湖和滇池的一份调查报告就披露过这些水体的富营养化趋势，即工业污染并非主源（工业废水对总氮、总磷的贡献率仅占10%至16%），乡村面源污染需要为这些水体环境的恶化负相当大一部分责任（李贵宝 等，2001）。

其次，乡村土壤环境退化严重。目前，我国乡村地区的耕地普遍面临着酸化、盐碱化、富营养化、金属污染等不同表现形式的退化问题。据农业农村部发布的《2019年全国耕地质量等级情况公报》，全国20.23亿亩②耕地中约有4.4亿亩被评价为基础地力较差的七至十等耕地（占耕地总面积的21.75%），其中，黄土高原区、内蒙古及长城沿线区、黄淮海区、华南区、长江中下游区等乡村地区的耕地退化情况尤为突出③。在我国北方一些有着大片草原分布的乡村地区，草原退化的程度同样令人触目惊心。有研究基于对纵贯遥感调查数据的比较分析发现，21世纪以来锡林郭勒草原和呼伦贝尔草原的退化过程明显加快：锡林郭勒草原目前已经全域退化且中重度退化面积仍在不断扩大，而呼伦贝尔草原也新增了35%左右的退化面积（李政海 等，2015）。很大程度上，耕地和草原的退化与超过土壤环境负载能力的农（牧）业生产活动相关。

再次，大多数村庄都遭遇了“垃圾围村”困局。继“垃圾围城”之后，近年来一些媒体报道的焦点又转向了“垃圾围村”问题，乡村的垃圾处理问题开始受到广泛关注和讨论④。一项2006至2007年在全国657个县6 590个村庄的调查数据估计，全国乡村人均日生活垃圾产量约为0.86千克（其中36.72%的垃圾被随意堆放），而由工业废弃物、禽畜养殖的粪便、秸秆杂草等构成的生产垃圾人均日产量也达到了约2千克（姚伟 等，2009）。另据住房和城乡建设部公布的一组数据，截至2013年底，全国58.8万个行政村中仅有21.8万个对生活垃圾进行了处理（约占37.1%），其中：14个省份不到30%的行政村有处理垃圾，少数省份甚至不到10%⑤。尽管“垃圾围村”问题自2013年国家建设美丽乡村战略实施以后有了显著改善，但无可否认的是，许多村庄目前的垃圾处理现状与城市一样仍不容乐观。

---

① 中华人民共和国生态环境部，《2019中国生态环境状况公报》，2020年6月。

② 1亩≈666.67平方米。

③ 中华人民共和国农业农村部，《2019年全国耕地质量等级情况公报》，2020年5月。

④ 例如：《农村垃圾治理迫在眉睫（美丽乡村建设面临的环境问题·聚焦“垃圾围村”〔上〕）》，《人民日报》2015年4月7日；“垃圾围村，如何突围”，中央电视台《焦点访谈》栏目，参见 http://tv.cctv.com/2016/06/18/VIDEvoDGYMq3FMAIgobypLUB160618.shtml。

⑤ 《农村有多少垃圾未作处理?》，《环境经济》2015年第1期。

最后，局部乡村地区目前还经受着诸如焚烧秸秆引起的大气污染、能源需求量增长带来的能源短缺、地下水资源的过度开采和污染等其他突出的环境问题，这些问题与上述的面源污染、土壤问题、垃圾处理等问题共同构成了中国广大乡村地区现阶段普遍面临的环境事实。相较从前，新时期乡村地区上述环境问题的社会成因要更为复杂。一方面，乡村外部的社会动态过程仍在发挥重要作用，许多乡村环境问题仍带有清晰的外源性烙印，如由大都市迁移至周边村庄的“雾霾”问题、“资本下乡”引发的乡村自然资源短缺问题等。但另一方面，乡村内部的社会动态过程对生态环境的影响也正在日渐显现，许多新涌现环境问题的社会成因似乎更为明确地指向了乡村生活本身。

我们以农业生产为例来说明乡村内部生活在一些乡村环境问题形成中的影响。现代乡村农业生产中会涉及对化肥、农药、塑料薄膜、地膜等多种环境有害产品的使用。其中，化肥和农药施用过量不仅可能引起耕地退化，还是乡村面源污染的主要成因。大量使用农膜（包括塑料薄膜和地膜）会增大田间径流，加速土壤和化学物质的流失。此外，由于这些产品的包装材料大多难以降解，随意丢弃还会造成垃圾污染。表 1-1 是 2004 至 2018 年我国乡村农业生产对以上这些产品的使用情况。观察可知，十多年来，我国乡村农业生产对化肥、农药、农膜的需求量一直较大，尽管近几年有下降的迹象，但仍整体偏高。

表 1-1　乡村农业生产对部分环境有害产品的使用情况（2004—2018）

年份（年）	化肥施用量（万吨）	农药使用量（吨）	塑料薄膜使用量（吨）	地膜使用量（吨）
2004	4 636.6	1 386 028	1 679 985	931 481
2005	4 766.2	1 459 945	1 762 325	959 459
2006	4 927.7	1 546 268	1 845 482	1 007 764
2007	5 107.8	1 622 837	1 937 468	1 056 151
2008	5 239.0	1 672 259	2 006 924	1 105 761
2009	5 404.4	1 708 998	2 079 697	1 127 934
2010	5 561.7	1 758 219	2 172 991	1 183 756
2011	5 704.2	1 787 002	2 294 536	1 244 845
2012	5 838.8	1 806 057	2 383 002	1 310 822
2013	5 911.9	1 801 862	2 493 183	1 361 788

（续表）

年份（年）	化肥施用量（万吨）	农药使用量（吨）	塑料薄膜使用量（吨）	地膜使用量（吨）
2014	5 995.9	1 806 919	2 580 211	1 441 453
2015	6 022.6	1 782 969	2 603 561	1 454 828
2016	5 984.1	1 740 459	2 602 609	1 470 110
2017	5 859.4	1 655 066	2 528 365	1 436 606
2018	5 653.4	1 503 553	2 464 795	1 403 991

注：根据国家统计局农村社会经济调查司 2005 至 2019 年公布的《中国农村统计年鉴》数据整理。

陈阿江（2007）在分析太湖流域水污染问题时较早地关注到乡村环境问题的内生性，指出除了外源的工业污染外，太湖流域村民自身的生产生活也在加剧太湖水体环境的恶化，构成了内生污染源。像这样的例子实际上还有很多：草场因为牧民们的过度放牧而急剧退化；乡村居民对塑料、玻璃、金属等物品的大量使用造成了乡村垃圾污染；乡村居民每天做饭、洗澡等产生的家庭生活污水在未经无害化处理的情况下也在破坏当地的水体环境……整体来看，中国乡村环境问题的内生性维度正在不断凸显，表明乡村内部的社会动态过程在乡村环境退化中扮演的角色日益关键。乡村环境问题日渐明晰的内生性之维提示我们，探讨新时期乡村环境问题及其治理需要特别关注乡村内部社会生活的影响。

第二节
现代化视野下的乡村环境变化

环境变化是指生物物理环境的一系列显著改变。环境社会学主要关注的是人为性的环境变化现象，它既包括特定社会因素驱动下环境质量的显著退化（“环境变差”），也包括在一定社会干预下环境质量取得的实质改善（“环境变好”）。国内环境社会学者针对中国乡村环境变化相继提出过一些不同理解，这些理解大体上均遵照了“乡村社会的现代化转变”这样一个主流解释框架（耿言虎，2017a；李华 等，2014；王晓毅，2014；张玉林 等，2003；陈阿江，2000；洪大用，2000a）。该框架的核心观点可概括为：当前我国广大乡村地区的环境退化问题在很大程度上是乡村社会在现代化的进程中主动或被动付出的环境代价，而解决乡村环境问题的关键在于妥善处理现代性与传统乡村地方性知识间的冲突。应当说，对当代中国乡村环境问题的讨论不能脱离现代化这样宏大的社会现实背景，从中国乡村社会现代化转型角度来拆解乡村环境变化议题确有一定解释力，但也存在至少以下几点不足。

首先，现代化解释框架无从分析前现代乡村社会的环境问题。一个有待破除的神话是：前现代乡村社会所依附的自然生态系统总是良性运行的，并不存在任何环境问题。在现代化解释框架的一些支持者们看来，前现代的农业文明甚至似乎可以等同于我们今天孜孜以求的生态文明（麻国庆，2013）。事实上，从采集狩猎社会至农业社会再到工业社会，人类社会系统的运行对环境的影响一直存在，环境问题在不同人类文明阶段都有其特定表现形式。可以说，将传统乡村社会生活不加区分地等同于环境友好的田园生活或许迎合了现代都市人的浪漫想象，但却是对人与自然和谐关系的一种过度理想化。环境史学研究表明，在长达千年的农业社会，中国生态环境遭遇着持续破坏，局部乡村的生态环境曾一度失衡（伊懋可，2014）。时至今日，在城镇化、工业化和科技发展水平仍旧欠发达的局部乡村地区，在延续了上千年、相对静稳的传统农业社会体系下，人类活动对生态环境造成的或多或少、这样或那样的不利影响一直存在，人与自然关系并不总能维持在平衡状态，有时也会失衡并演变为一些突出的环境问题，例如：农业不当灌溉导致的水资源短缺，过度捕捞或狩猎引起的生物多样性损失，乱砍滥伐造成的森林锐减，以及矿产开采对水域环境的污染，等等。换言之，乡村地区面临的环境问题并不都是现代化带来的新问题，也包括历史遗留的问题。鉴于此，只关注乡村社会现代化转型伴生的环境后果属于一种截面式观察，应当将乡村环境状况的改变置于连续的社会时空情境中来考察。

其次，乡村发展与环境保护二者间的对立在现代化解释框架中被放大了。近代以来，追求现代化的发展过程确实使得乡村社会所面临的风险（包括但不限于环境风险）不断叠加，但将现代化视为乡村环境退化的“祸源”却容易走向拥抱“去现代化”“去增长”这样一类激进的环境改革主张。需要承认的是，在绝大多数经济欠发达、人民生活水平尚待提高的乡村地区，发展仍是第一要义（尽管发展的内涵不拘泥于现代化），对促进乡村贫困、性别不平等、教育资源匮乏等一系列社会问题的解决具有重要意义。环境社会学中的生态现代化理论认为，经济发展与环境改善的目标能够同时实现而不必然相互排斥，现代化自身亦蕴含了妥善解决环境问题的潜力（Mol et al.，2000）。对一些欠发达乡村地区来讲，在生态环境自我修复难以达成的情况下，善用现代化带来的发展机遇（如项目、资金、技术以及城镇化带来的人口压力转移等）来治理环境问题是一条值得借鉴的道路。简言之，要看到现代化给中国乡村带来的深重环境危机，但不能就此全盘否定乡村发展的价值，应当积极地去探索乡村发展与环境保护是否以及在多大程度上存有“双赢”的可能性。

再次，现代化解释框架还低估甚至忽视了乡村居民及其行动在环境治理中的能动性。现代化解释框架通常认为，传统乡村内生的、具有环保色彩的地方知识在现代化进程中逐渐让位于外来知识，导致乡村居民缺乏具有约束力的行动规范而堕落为“环境施害者”，并被排除在由外来决策者们主导的环境治理权力体系外（王晓毅，2010；陈阿江，2007）。客观地说，在涉及一些外源性环境问题的治理方面，乡村居民可发挥的能动性的确较为受限，甚至有时只能采取激烈抗争的方式维护自身被侵害的环境权益（陈涛 等，2016）。但也有研究证据表明，在解决许多与乡村内部社会生活密切相关的环境问题时，目前政府主导的乡村环境治理模式尤为需要乡村居民的广泛参与和行动支持，这直接关乎环境治理能否取得成效（唐国建 等，2019；吴柳芬 等，2018）。与此同时，在一些经济社会发展相对领先的东部乡村地区，诸如垃圾分类设施、太阳能热水器、LED灯、太阳能电池板、节能家电、绿肥等环保技术和产品已随着供给加大而变得可及，乡村居民理论上也可以通过消费这些环保技术和产品参与到环境治理当中。整体上看，乡村居民在乡村环境治理中能够扮演的角色还有待重新评估。

最后，现代化解释框架对现代性的理解滞后于当前乡村社会现实基础的深刻变化，对乡村环境变化新社会动态过程的理论化还不足。21世纪对人类社会来说是一个新纪元，在全球范围内，网络社会作为一种新的社会形态日益崛起（刘少杰，2014；Castells，1996）。虽然网络化与城镇化、工业化、科技发展等现代化变迁存在一定相似性，但它却带来了一些更加深刻的社会现实基础变化。网络化让人类社会系统之间的联系日益紧密，局地生态环境状况除了会受到在场社会动态过程的影响，还正在遭遇来自地方空间之外越来越多缺场动态过程的作用（范叶超，2018）。当前，以农村电子商务等为表征的网络化进程已延伸至我国绝大部分乡村地区（邵占鹏，2017）。乡村网络化不仅重塑了传统乡村社会生活的组织形式，而且也催生了越来越多的缺场社会关系。网络化时代，乡村生态环境除了仍受到原本地理上相邻的、一时一地的社会系统影响之外，还会受到越来越多来自区域的、全国的乃至全球的其他社会系统的影响。对此，现代化解释框架尚未给予充分的关注和讨论，亟待专门研究阐释。

除第四点外，现代化解释框架在阐释中国乡村环境变化时暴露出来的以上理论短板集中反映了该框架的一个突出问题，即对乡村环境问题的内生性之维缺乏关注。具体来讲，现代化解释框架倾向于从乡村社会整体变迁的角度出发来考察乡村环境变化的社会动态过程，将乡村环境退化假定为乡村社会现代化转型中才出现的一个由外到内、从无到有、被动式的“沦落”过程：尽管该框架并不否认乡村内部的社会动态过程在其环境变化中的作用，但却坚称这种内部动态过程隶属于外部动态过程，是现代化席卷或侵蚀乡村的后果。这样一种立场在很大程度上淡化了乡村环境问题的社会内生性，与前现代化时期乡村内部社会生活有关的那些环境事实被有意或无意裁剪掉，乡村发展的负面环境后果被过度解读，乡村居民在环境治理中的能动性也因此被低估。

总之，现代化的宏大进程对乡村的影响不容否认，但乡村社会生活也并非现代化解释框架所假定的那样完全是断裂的、脆弱的和依附的，其也有承继的、有韧性的和自主的面向。只有找回乡村社会生活的这些其他面向，我们才能实现对现代化解释框架的超越，更好地把握乡村环境问题的内生性之维，更全面地理解乡村环境变化。所以，当前的中国乡村环境变化研究迫切需要一个超越现代化解释框架的不同观察视角。透过该视角，我们希望能够增进对乡村环境变化社会内源性的相关理解，能够将乡村环境变化置于更大时间尺度的社会进程中来加以分析，能够探索乡村发展与环境保护二者之间平衡的可能性，能够充分考虑到乡村居民在环境变化中的能动作用，同时还能够拆解网络化给当前乡村环境变化提出的一些新命题。

第三节
研究问题

本书拟从日常生活的角度来考察中国乡村的环境变化。区别于目前国内环境社会学主导的现代化视角，本书主张将乡村环境变化看作一个植根于乡村内部日常生活的连续过程。本书的前提假设是，环境问题是人类社会生活固有的环境影响不断累积的结果，尽管这一累积过程有快有慢。如前所述，社会生活对于生态环境的影响自人类诞生以来就如影随形，因为人的存在就意味着必然要消耗水、空气、能源、食物等各种环境要素，我们的衣、食、住、行等社会生活的各个维度无一例外都会产生不同类型和程度的环境影响，只不过这些环境影响大多隐匿于琐碎且平淡的日常生活中而不易被我们察觉。这些环境影响通过日常生活的再生产逐渐累积，但只要不超过生态环境的承载能力，便不会引起显著的环境问题。以此类推，传统乡村社会日常生活的开展也并非没有环境影响，只是这些环境影响在很多情况下没有累积成严重的环境问题。如果承认乡村日常生活是许多乡村环境问题的根源，那么现代化在很大程度上只是加速了乡村日常生活的变迁过程，使其所产生的环境影响整体上呈增长趋势，这才导致了当前许多乡村环境问题的集中爆发。

本书尝试要回答的基本问题是：乡村日常生活的再生产和变迁是如何影响乡村环境变化的？该问题被进一步拆解为四个子问题：(1) 乡村日常生活的开展在其环境退化中扮演了什么角色？(2) 通过对日常生活的治理能否实现乡村环境质量改善的目标？(3) 如何理解乡村居民日常生活中的行动与环境变化的关系？(4) 在网络化的现实背景下，乡村日常生活领域的深刻变迁给环境治理带来了什么样的挑战和机遇？本书将选择西方社会学界一个新兴的日常生活理论范式作为基本理论视角，结合一个闽西客家人乡村聚落的实地调查发现，对上述问题逐一尝试解答。

第四节
研究区域概况

一、历史沿革与地理区位

本书选取的研究区域是一个位于闽西龙岩市长汀县的乡镇——溪地镇[①]。溪地是一个历史悠久的典型乡村聚落。据记载，早在唐代开元年间，溪地就已设镇，最初唤作“留镇”和“柳村”。此后一千多年间，溪地历经多次王朝更迭。笔者在翻阅分别于宋代开庆元年（公元1259年）和清代乾隆十七年（公元1752年）编纂的两本当地方志时发现，历代官方记载曾一直使用“奚地”来指代该镇。而在另一本完成于清代光绪四年（公元1878年）的地方志中，“奚地”已经正式更名为“溪地”。至20世纪初，民国政府在该地设立“溪地镇”，这一称谓在中华人民共和国成立后被继续使用并一直沿用至今（集体化时期也曾短暂更名为“溪地人民公社”）。1987年，当地政府从溪地南部划出5个行政村设立了一个新的镇级行政单位——双屿乡[②]。如今的溪地镇共辖有31个行政村（204个自然村），全镇土地总面积约为275平方公里。

溪地镇位于其所在县的中部地区，距西北方向的县城约22公里，有一条省道连通该镇与县城。溪地镇东临佟巷、北水二镇，西接扬文镇、赤地乡，北与故梁镇接壤，南面则与双屿乡、画寮镇相连，溪地与这些相邻乡镇之间分别有村道相通，且溪地是赤地、双屿等乡居民前往县城的必经之地。此外，溪地镇内还有两条铁路穿过，一条为行之有年的货运线路（在境内设有站点），一条为2016年新开通的动车客运线路（不经停但于县城设有站点）。总体来说，该镇如今的交通状况可以用“四通八达”来形容。

---

① 遵照社会学研究规范，本书对实地调查中出现的部分真实地名、人名予以了技术性处理。

② 因为双屿在1987年前行政上隶属溪地，故本书接下来对溪地这一时期相关情况的考察如果未作明确说明，则是包含该乡的。

溪地镇境内的村庄分布整体上呈现出“中间密集而四周稀疏”的特点，这主要是由溪地镇中央为平原、四面丘陵环绕的地貌特征所决定的：超过一半数量的村庄都分布于镇中央的平原地带，而相对偏远的村庄（如道前村）也都是利用山脚下有限的平地建立起来的。在所有村庄中，北市、中市、南市3个村位于全镇的中心并作为该镇的集市街道，街道两旁店铺林立，是该镇居民生产和生活物资的重要集散地。每逢农历二、七日，来自全镇其他村庄的居民固定会前往北、中、南三市进行市场交易（当地人称为“赶墟”），或于街道旁摆摊变卖自家生产的农产品，或购买村里难以直接获得的一些生活物资（如猪肉）和服务（如理发）。值得一提的是，南市村中段的东侧还有一处天然温泉（当地人唤作“烧水塘”），自宋代起就被开发为公共浴池并向大众免费开放，当地村民多会选择在此洗浴。

二、社会经济

截至2017年，溪地镇的总人口逾7万人（其中，北、中、南三市的总人口规模约2万人），也是该县乃至闽西地区人口规模最大的乡镇之一。绝大多数溪地人都认同自己为客家人，即祖先为由中原地带迁移至此的汉族人。据考古发现，在唐代以前，溪地所在的闽西地区居民主要以古越族、畲族等土著居民为主。但自唐末宋初以降，由于中原频频社会动荡，溪地先后迎来了好几波为了“避役”或“避乱”经历长途跋涉并在此定居的中原百姓，他们与当地土著居民融合并世代在此繁衍。尽管在这片土地上居住生活长达上千年，溪地人却仍然因为自己祖先是从遥远的地方迁来此地借住的“客人”而自居为客家人。目前，溪地人日常交流使用的主要语言为客家话，年轻的居民也基本可以熟练运用普通话交流。

溪地是所在县的农业大镇，粮食产量及农业产值均占全县（共18个乡镇）的六分之一左右。溪地人世世代代以耕种田地谋生。由于溪地境内以丘陵地形为主（山地面积达34万亩），可以耕种的土地面积十分有限，只有约4万亩，人均耕地面积目前仅在半亩左右，远低于1.52亩的全国平均水平。溪地属于亚热带季风性湿润气候，过去当地农户主要种植水稻（一年2到3熟）和甘薯2种粮食作物以及花生、油菜等油料作物，且主要依靠人力和畜力完成。在过去很长一段时期内，“人多地少”的现实困境决定了溪地人过着食不果腹的生活，几乎没有农业收入，一些青壮年被迫远走他乡“讨生活”。改革开放以来，溪地掀起一股更大的“务工潮”，当地劳动力开始向福建沿海地区和广东的一些大城市输出，导致许多村庄的留守人口结构呈现出明显的高龄化趋势。近年来，溪地大力招商引资，一批来自福建晋江的制造企业在此投资办厂，吸纳了不少溪地年轻人就业。随着务农人口的大幅减少，溪地农户们的实际耕地面积有所增加，农业生产的机械化水平也有了很大提升。一户溪地普通农民家庭通常会预留 1 亩左右的耕地种植水稻作为口粮，并在其余耕地上灵活种植马铃薯、槟榔芋、烤烟等经济作物。笔者调查了解到，一些农户务农所得的年收入可达万元。

改革开放以来，溪地人的生活方式发生了许多重大改变且整体上更加趋于现代化，这能够从他们的衣、食、住、行、消遣等日常生活的不同面向观察到。

在 20 世纪 80 年代以前，溪地人曾普遍过着节衣缩食、瓮牖绳枢的清苦生活。据老一辈人回忆，"一家人穿一条裤子"是当时许多溪地赤贫家庭生活的真实写照，而广为流传的"曲首坝，曲首坝，地瓜叶子吃到怕"①之歌谣也侧面反映了过去一些溪地农民食不果腹的穷困生活②。居住方面，过去溪地人大多居住在泥土和瓦片夯（堆砌）成的"泥瓦房"里，且基本上家徒四壁。虽然这种泥瓦房具有冬暖夏凉的优点，但也因为不能抵御一些恶劣自然条件（如暴雨、山洪）而容易出现坍塌。出行方面，过去溪地因为多山地而交通不便，一些居住在深山的村民外出斫樵（砍柴）或去镇上赶墟基本靠步行。为此，许多村落都集资在山路的中段修葺了茶亭，并在暑日里放上一桶粗茶，供往来行人歇脚、解渴或避雨。物质生活的窘迫也曾导致了溪地人长期相对匮乏的精神文化生活，除了一些集体休闲活动（如庙会、社戏、露天电影等）外，溪地人在农闲时的消遣活动似乎只剩下赶墟和家长里短的闲聊。

改革开放以来，溪地农民日常生活的诸多方面都发生了重大转变。由于家庭收入的增加，溪地人的物质生活水平整体上有了显著的提高。笔者这几年在溪地的实地调查发现，绝大多数的溪地农户都从原先的泥瓦房搬进了新建的小洋楼，并且用上了各式各样的现代家用电器。"吃到怕"的地瓜叶早已告别了溪地普通家庭的日常餐桌，村民早已不再需要在温饱线上挣扎。笔者有幸多次获邀前往溪地一些农户家里用餐，餐桌上满满摆放的、用搪瓷盆盛装的鸡、鸭、鱼、肉（客家人有用盆装菜的习俗）也让人难以联想到当地人曾经连"吃干饭都是奢侈"的穷困生活。笔者观察发现，溪地人的衣着打扮也与当地县城人无异，一些叫得出名的品牌服饰店也在溪地集市上设立了店铺并颇受当地年轻人青睐。特别是，随着近年来当地农村电商的迅速发展，溪地人开始流行在网络购物平台上购买日常穿戴的服饰。如今的溪地人出行也更加方便，摩托车成为当地最为流行的交通工具（几乎每家都至少拥有 1 辆），一些经济富裕的农户还添置了小汽车，大大节约了村民们的出行时间，曾经的茶亭也因此大多被废弃。在消遣活动方面，溪地农民也有了更多选择：当地年轻人经常三五成群去镇里的一家 KTV 聚

① 曲首坝为溪地的一个自然村的村名。

② 1985 年，溪地所在的长汀县被列为国家及福建省的重点贫困县。

会，一些中老年妇女也自发组建了好几支广场舞队，更有不少村民会通过网络聊天和网上游戏打发闲暇时间。

细数溪地人生产和生活领域出现的上述变化不难发现，当地人的日常生活在过去近40年间已经发生了一系列深刻变迁，并且仍有继续朝现代化的方向转变的趋势。

三、生态环境

唐末宋初以前，溪地曾经被大片原始林覆盖。但唐末宋初以来，境内原始林开始大规模消失，最终被人造次生林取代。至清末民初时期，境内已经罕见林木，大片山岭失去植被覆盖并因此导致了严重的水土流失问题，生态环境开始急剧恶化。自20世纪40年代以来，在当地政府部门的主持下，溪地开始了长达半个多世纪的水土流失治理。至20世纪80年代，随着水土流失治理投入的增加，当地水土保持工作开始取得显著成效。当前，溪地境内的山岭植被在人工干预下基本得到恢复，生态环境状况较之前有了十分明显的改善。但与此同时，诸如面源污染、生活垃圾处理等新的环境问题却开始浮出水面。

之所以选取溪地开展实地研究，主要是因为溪地的环境变化具有诸多典型性，突出体现在以下四个方面。第一，溪地历史上曾经面临长达数百年由人为因素导致的严重水土流失问题，可以作为前现代中国乡村环境问题的一个典型。探究溪地传统社会水土流失问题的社会成因有助于突破现代化理论框架对于中国乡村环境变化理解的局限性。第二，溪地近20年来富有成效的水土流失治理经验可以作为乡村环境治理研究的一个典型，特别是它在生活能源结构升级方面相对成功的许多探索经验对中国其他乡村地区也具有重要借鉴意义。第三，面源污染和垃圾处理问题近年来开始在一些溪地乡村显现，与此相关的研究结论可以推广到很多其他面临类似问题的中国乡村地区。第四，近3年来，溪地电子商务的兴起使得该地区可以作为观察和研究网络化时代中国乡村环境变化的一个独特窗口。

四、资料收集

笔者先后于2014年8月、2015年8月以及2016年11月3次前往溪地，开展了共计55天的实地调查。本书使用的研究资料收集方法主要包括文献法、观察法、深度访谈法、虚拟民族志等。

文献法。本书对溪地水土流失问题的成因和治理经验的分析主要是基于相关文献来展开，这些文献包括地方志、历年的统计年鉴、水土流失治理政策文件汇编、媒体报道以及一些基层治理人员的工作日志等。

观察法。对溪地村民日常生活的很多考察是基于非参与式观察实现的。与此同时,笔者也参与观察了当地居民的一些重要日常实践活动和重大社会活动。观察的结果以图片、视频和田野日记等不同形式记录。

深度访谈法。了解当地社会和环境历史的一个重要途径是对一些年纪较大村民的访谈,而对当地日常生活意义的理解主要是通过选取若干农户进行无结构的深度访谈来增进的。

虚拟民族志。笔者追踪调查了一些与溪地相关的互联网社区(贴吧、论坛、微博、微信公众号等),对这些互联网社区成员线上的信息交流内容和方式进行了观察和整理。

第五节 本书结构

本书共分为七章。除去首、尾的导论和结论两章，下面对其余五章的内容作简要介绍。

第二章简要回顾了本书的核心理论视角——实践论的思想演变脉络。研究发现，实践概念在西方学术界有着相当悠久的历史，但自古希腊哲学以来逐渐形成的“重思辨轻实践”之学术传统长期抑制了实践研究的发展。19 世纪中叶以来，伴随马克思实践观的提出，加上现象学研究领域的实践研究潮流，实践概念的重要性以及实践研究的价值得以重新发掘。20 世纪七八十年代，基于对社会理论界日益突出的主客体“二元论”问题之反思，第一代实践论被提出。此后 40 余年间，一众实践理论家参与了实践论的理论建构工作，并提出了不同版本的实践理论。社会理论的“实践转向”对当前社会科学研究具有重要启示意义，特别有助于克服“二元论”视角关于社会生活的片面观察。在本书中，实践论被具体操作为一种日常生活理论，用于解释乡村日常生活再生产和变迁导致的环境变化。

凭借对乡村日常实践不同特征的分析，结合来自闽西一个客家乡村聚落——溪地的一些实证发现，本书在第三至六章从日常生活的 4 个面向对围绕乡村环境变化的一组议题逐一予以了讨论。

第三章主要分析了日常生活的再生产在(传统)乡村环境问题形成过程中扮演的角色。通过整合实践论与环境社会学中的社会代谢理论，此章提出了一个理解前现代“社会-环境”互动的分析框架——“实践的代谢”。据该框架，此章考察了前现代溪地的森林演化情况，认为乡村环境退化不是乡村社会追求现代化的过程中才出现的，与社会内部日常生活的再生产息息相关的环境问题古已有之。

在第四章中，乡村日常生活的可持续性转型被设置为研究主题。以科学和技术社会学中关于社会-技术转型的多层次视角为基础，结合实践论对实践动态过程的相关论述，此章提出了一个乡村日常生活转型的分析框架——“实践的再造”。此章选取的研究案例是 20 世纪 40 年代以来溪地的水土流失治理。该案例表明，乡村日常生活具有可治理性，通过恰切的制度安排再造对环境具有不利影响的实践，可以有效促进那些植根于乡村日常生活的环境问题的解决。

第五章重点考察了乡村居民日常生活中环境行动的文化维度。为超越社会心理学中的“态度-行为模型”和“技术官僚式”的环境决策风格对乡村居民环境行动的片面理解，此章从柯林斯的互动仪式理论汲取灵感，创建了一个适用于观察实践者与实践交互作用的分析框架。利用该框架，此章剖析了溪地村民“洗温泉”的案例，结论认为：乡村居民是有着情感能动性的实践者，村民在实践中对物所承载的符号之特定情感体验会影响他们的环境行动选择。

受卡斯特的网络社会理论启发，第六章探讨了网络化给乡村环境治理带来的机遇与挑战。对溪地网络化进程的考察表明，21 世纪初以来，网络化已在多个维度重塑了乡村日常生活，同时也让乡村环境治理呈现出一些新趋向，需要辩证地看待。整体上看，网络化重构了乡村日常生活，跨越地域边界的流动在日常实践开展过程中扮演的角色日渐重要，导致当前乡村环境治理面临着前所未有的复杂社会形势。

第六节
“炊烟”的隐喻

本书原定书名为《“危险的炊烟”——中国乡村的日常生活与环境变化》。或许有读者朋友会不解，炊烟在中国人的认知里通常是田园式浪漫、游子乡愁的象征符号，为什么要说它危险呢？之所以取这样一个标题，主要是有两点考虑。首先，正如本书第三、四章接下来要讲的故事所表明的那样，乡村社会内部曾经的日常烧柴惯例在溪地环境退化中扮演了关键角色且在很大程度上也削减了环境治理的成效，所以从环境保护的角度来讲，当地烧柴产生的炊烟是危险的，是值得警惕的。其次，标题中的“炊烟”还有另一层意思，笔者想借它来代表我们日常生活的开展伴生的各种不易被察觉的环境影响。有些环境影响看似微小，但也能够累积成严重的环境问题，人类社会对自然环境这种隐蔽且微小的干扰同样需要我们去关注、反思和管控。所以，炊烟里有走出乡土的旅人们无处寄放的离愁，也应当有环境社会(科)学家们对中国乡村可持续发展的忧愁。

第二章 实践论与中国乡村环境变化研究

社会科学研究的基本领域既非个体行动者之经验，也非社会总体的任何存在形式，而是有序安排于时间和空间上的那些社会实践。

——安东尼·吉登斯(Giddens，1984:2)

第一节
社会学的日常生活转向对环境社会学的启示

导论一章指出，唯有超越现代化的解释框架才能够更好地把握中国乡村环境问题的内生性之维，更全面地理解乡村环境变化。在此方面，当代社会学中的日常生活视角提供了一条值得借鉴的思路。

所谓日常生活，指的是那些对社会成员而言具有高度熟悉性和重复性的社会生活（郑震，2013）。日常生活一直是人类学家们的核心关切，相较之下，日常生活却曾被社会学家们认为是平淡无奇、波澜不惊的，故长期未能进入主流社会学的研究视野。但过去 30 多年间，日常生活逐渐成为社会学研究的一个重要领域（郑震，2016；杨善华，2009；Löfgren，2014；Kalekin-Fishman，2013；Pink，2012；Zerubavel，2006；Lefebvre et al.，1987；Adler et al.，1987；Goffman，1978）。什托姆普卡（Sztompka，2008）认为，继关注"社会整体"（有机体、系统）的"第一社会学"和关注"社会原子"（行为、行动乃至构成它们的意义、脚本、文本等）的"第二社会学"后，当代社会学对日常生活与日俱增的讨论正在催生一门"第三社会学"①。

目前，社会学关于日常生活的研究较之前已相当深入，形成了许多不同风格的日常生活理论和思想。根据雅各布森（Jacobsen，2009：14-15）的梳理，目前国外社会学界主要从以下七个层面来拆解日常生活议题：一是空间层面，即关注作为日常生活主要（但非唯一）发生场所的家，并将家及家中开展的活动视为典型日常生活；二是时间层面，即强调日常生活的发生具有节律性和重复性（所谓"日复一日"），并在研究日常生活时特别关注"白日的"（而非"夜间的"）节奏和重复；三是意识层面，即假定人在日常生活中通常会流露出一种"自然态度"，这是一种未经反思的、尚未理论化的和实践性的心智状态，人们也据此将事物看作是理所当然的，通常会回避对这些并非当务之急

① 关于日常生活社会学领域的主要范式及最新研究进展，感兴趣的读者请参见 Kalekin-Fishman（2013）的有关研究。

的事物进行理论化或深入思考；四是器物层面，即关注人们在日常行动中使用的特定技术、工具和物品，这些器物分别服务于日常生活的特定目的，从而使日常生活变得可能；五是方法论层面，即主张认识日常生活需要一种研究方法上的创新，社会研究者们需尝试开发恰切的研究思路和视角来理解日常生活世界；六是学术提炼层面，即将日常生活看作是社会学研究的对象和主题，“日常性”成为概括了大量经验、事件和行动的一个社会学术语；七是认识论层面，即强调日常生活是经验形成的基础来源，既包括瞬间的、简单直接的生活经验，也包括可积累的、需要反思的、被批判性评估的和能够传递的经验。

环境社会学自学科创建之初便致力于探讨社会生活与环境变化之间的互动作用，但长期以来却较少涉及对日常性的社会生活与环境变化之间关系的讨论。一个显而易见的事实是，早期环境社会学理论的叙事基本上都是围绕宏观社会生活变迁的线索铺开，特别是检视现代资本主义生产方式的全球扩散与环境变化之间的关系。直至近十年来随着可持续消费研究的兴起，环境社会学者们才开始将日常生活的环境影响纳入研究视野，探讨个体日常生活中的行为调整之于环境保护的意义。尽管如此，研究者们仍倾向于从个体属性抑或社会结构特征的角度去解释各式各样的“环境行动”（彭远春，2013a），鲜有研究专门去细究这些行动背后的日常生活逻辑。那么，为什么环境社会学一直未能真正重视日常生活与环境变化之间的关系呢？曼尼亚茨（Maniates，2012：121）给出的解释是：“即便日常生活有时被微小的环境负责行为凸显出来，但它毕竟是如此‘日常’——它波澜不惊，有时特立独行，且大多时候是平凡的，与任何可持续转型所需的巨大变化都是极不相称的……定义我们一天的那些惯例和小的选择是由可以被分析和塑造的更大力量所作用的东西，它们本身并不是权力和变化的领域。”

当代社会学的日常生活转向对环境社会学具有重要启示。对此，我们可以尝试从两个方面来重点把握。

一方面，随着环境科学研究的不断深入，日常生活的环境影响现今已被充分揭露，环境社会学必须加强对日常生活这一特定社会事实的研究才能更全面地解释植根于其中的许多环境问题。在少数特殊条件下，生物物理环境的变化可能是突发的（如环境事故造成的环境质量突然下降）；但在大多数条件下，生物物理环境的变化却是渐进的，是由持续累加的环境影响诱发的质变。与生产跑步机理论（Treadmill of Production Theory）所描绘的类似，日常生活也可看作是一台不停运转的“跑步机”，它的不断再生产同样是以对自然环境的持续“攫取”和“添加”作为物质基础的，在很多环境问题（如气候变化）的演化过程中扮演着关键角色。鉴于此，环境社会学不能够再忽视日常生活的环境影响，亦不能再将那些与日常生活息息相关的环境问题简单还原为宏观社会生活及其变迁的后果，而需要从日常生活的角度认真审视这些问题形成的特定社会机制。正如有国外学者评论的那样："人们在环境的辩论中越来越认识到，我们的生活方式对环境有着深远影响。不仅我们生产的方式具有决定性意义，我们的消费数量和我们在日常生活中开展不同活动的方式也同样具有决定性意义。所以，关注和理解日常生活是如何形成的，以及它是如何随着时间的推移而变化的，变得越来越重要"（Røpke，2001:403）。

另一方面，治理与日常生活相关的环境问题具有复杂性和艰巨性，如何因势利导推动日常生活的可持续性转型（sustainability transition）是环境社会学需要深入思考的新课题。日常生活衍生的环境问题终究还得在日常生活中解决，这就必然会涉及对现有日常生活的变革，即通过恰切的干预方案推动日常生活朝着更加可持续的方向变迁。但关于日常生活的既有社会学研究表明，日常生活是社会生活中最为基础和稳定的领域，故难以撼动。环境政策研究者们曾主张从个体的行动干预（"自下而上"）和结构的整体调整（"自上而下"）两个主要方向来推动日常生活的可持续性转型，但这些改革方案在落实过程中普遍未能取得太大成效（Spaargaren，2003）。一个很重要的原因可能是，政策制定者们对所要干预的对象——日常生活的本质及其变化规律的认识还比较有限，所以采用了不恰当的政策工具。因此，环境社会学今后应进一步夯实日常生活可持续性转型方面的研究，积极探索日常生活"绿色变革"的其他可行方案，以不断提高与日常生活相关的那些环境问题的治理成效。

总之，日常生活视角的引入有助于拓展环境社会学的学科边界，为环境变化研究提供了一条值得深入考察的新思路。本书撷取了当代西方社会理论界一个广受关注的日常生活理论——实践论作为核心理论视角。本章拟梳理实践论的发展脉络与核心观点，并尝试讨论该理论对中国乡村环境变化研究的主要启示。由于目前国内学界对实践论的系统介绍相对较少，可能有读者对实践论还存有很多疑问：实践论中讨论的实践概念与马克思主义中的实践是一回事吗？马克思是最早谈论实践议题的思想家吗？实践论是在什么样的学术背景下诞生的？有哪些代表人物和主要观点？实践论可以指导实证研究吗？实践论对环境变化研究又有何启示？通过接下来几个部分的介绍，本章希望可以对以上问题予以澄清，并在此基础上提出一个适用于研究当前中国乡村环境变化的实践论分析框架。

第二节 实践的西方学术谱系

"实践"的概念想必对大多数人来说都不陌生。据张汝伦(2005)的考证,实践一词在古代汉语中尽管已有使用(意指"践履"或"实行"),但作为学术概念的"实践"却算得上是一个不折不扣的舶来品,有着不同的内涵。学术研究意义上的实践概念植根于西方社会思想,而实践研究最早也是发轫于西方学术界。本部分将扼要介绍实践研究在西方学术思想史中的发展情况。

一、实践研究在西方学术传统中的长期湮没

在长达上千年的西方学术历史中,实践曾一度因为只是理论思辨的附属概念而未能引起足够重视。一般认为,这种"重思辨轻实践"的学术传统是由柏拉图和亚里士多德两位古希腊哲学先贤所开创。

在柏拉图的哲学体系中,理论思辨被置于至高无上的地位。柏拉图认为,人生活在其中的现实世界是一个流变的和充满不确定性的世界,它的本原是由各种各样的理念构成的一个真实和永恒不变的可知世界;人直接感知的是现实世界,他们也可以通过理论思辨形成对可知世界的认识。但他也指出,只有关于可知世界的认识才称得上具有研究价值的确定知识,而关于现实世界的认识只能算是等而次之的意见(王晓朝,2011;赵敦华,2001;卢干奇,1985)。柏拉图用"洞喻"来阐明他的观点。在他看来,人们身处的现实世界好比是一个黑暗的洞穴,人们由于身体受到束缚而只能借助映射在洞壁上的影像来认识世界,但这些认识都是虚幻和充满不确定性的;相较之下,哲学家可以运用思辨的方法冲破"洞穴"的束缚而看到作为世界本原的可知世界,从而获得真正的知识(柏拉图,1986:272-276)。总之,柏拉图宣扬的是一种唯心主义知识观,它预设了理论思辨要比对现实世界的直觉判断更重要,认为现实世界里展开的一切人类事务(包括各种各样的实践活动)不过是幻象,是对可知世界里各种理念的模仿,这种知识观因为过于强调理论思辨的支配

地位而忽视了实践的重要性。

亚里士多德虽然赋予了实践作为一种知识来源的合法性，但却进一步扩大了理论思辨与实践的对立。亚里士多德肯定了柏拉图关于"理论思辨至高无上"的观点，但也指出知识的形式并不局限于基于可知世界的理论思辨获得的纯粹知识(episteme)，还应包括扎根于现实世界的其他两种知识形式——实践智慧(phronesis)[①]与技艺(techne)。相较于纯粹知识的抽象性和确定性，实践智慧和技艺可以看成实用的、变动的、依附于特定情境的知识(Flyvbjerg，2001:57)。在亚里士多德看来，在指导现实世界的人类事务(主要是政治伦理活动和制作活动)时，实践智慧和技艺要比纯粹知识更重要，正所谓"不知晓普遍的人有时比知晓普遍的人在实践上做得更好"(亚里士多德，2003:177,186-187)。就此而言，亚里士多德的知识观较柏拉图展现出更多的实践性，现实世界里的人类实践活动也被视作理论思辨之外的一个重要知识来源，他也因此被视为西方实践哲学的开创者。尽管如此，因为亚里士多德过于强调不同知识类型之间的不可通约性，无意间却扩大了理论思辨与实践的彼此对立，导致后世学者将实践视为与理论思辨截然不同且独立于纯粹知识的那一类活动[②]。

柏拉图和亚里士多德在西方学术思想史上的重要地位毋庸赘言，他们关于实践的观点也对后来西方学术思想传统造成了深远影响。由于后继思想家们继承了先贤对理论思辨的推崇，并且过分关注理论思辨与实践二者间的差异性，他们将理论思辨与一切人类世俗活动对立起来，在这种状况下，实践研究一直难以取得专门的理论研究地位。有评论者认为，正是由于自古希腊哲学以来西方学界日渐巩固的"重理论轻实践"之传统，才导致了实践概念曾经在长达十多个世纪西方学术进程中的湮没(Nicolini，2012:28-29)[③]。直至19世纪中叶，随着马克思主义思想的传播和现象学研究之崛起，先前轻视实践的学术传统开始被重新审视和检讨，实践的概念才得以焕发新生。直到此时，实践才真正开始获得专门的理论研究地位。

---

① 国内学者也将亚里士多德哲学中的phronesis翻译为"深虑""明智""智德"，但一般认为，"实践智慧"的译法最为确切(徐长福，2005)。

② 需要甄别的是，在亚里士多德那里，实践的概念被窄化为伦理和政治活动，制作活动并不在实践范畴内。如今来看，亚里士多德的实践概念摒弃了制作活动多少有些令人困惑，但也有学者联系作者当时身处的历史社会背景，尝试对此提出了一种可能解释：在彼时的古希腊社会，从事制作活动的人多半是奴隶，并不具有较高的社会地位(即便是一些享有盛誉的艺术家仍被视为"二等公民")，而从物质生产活动中解放出来、可以参与政治生活被看作是一个"完整"公民的重要标志(孙乐强，2014；徐长福，2003)。

③ 继古希腊哲学后，虽然不少西方思想家都对实践进行过论述，但大多与亚里士多德一样并不认同实践的理论研究地位。例如，康德、黑格尔等西方古典哲学家都在不同程度上认同亚里士多德的实践观，而费尔巴哈则直斥实践为"肮脏的犹太人交易"(曹小荣，2006)。

二、实践概念的再发现

（一）马克思的实践观

熟悉马克思作品的人应该了解，实践构成了马克思主义庞大思想体系中的一个重要概念。在《1844年经济学哲学手稿》《关于费尔巴哈的提纲》《德意志意识形态》等一系列重要作品中，马克思曾先后提出和完善了自己的实践观点。我们试着从以下几点来把握马克思的实践观。

首先，马克思明确提出了以物质生产为核心的实践概念。在马克思以前，西方学界倾向于将实践界定为有自身目的之人际行为，以劳动过程为表征的物质生产活动通常被视作达鹄的工具或手段，因而一直被排除在实践范畴以外（王南湜，2003）。马克思从两方面修正了这种实践概念：一方面，基于对"异化劳动"现象的批判，马克思认为物质生产本身是自由自觉的，而且具有重要的主体性意涵——人在物质生产中可以实现自我价值。故物质生产应当被纳入实践范畴。另一方面，马克思还指出，物质生产是人与动物的根本区别，同时也是人类生存和一切历史的首要前提，因此是最核心的实践形式和其他实践的基础（中共中央马克思恩格斯列宁斯大林著作编译局，2012：147，158）。

其次，马克思重新规定了理论与实践之间的关系。马克思质疑纯思辨形成的理论之确定性，并指出理论的真实与否应该交付现实生活中的实践来检验："人应该在实践中证明自己思维的真理性，即自己思维的现实性和力量，自己思维的此岸性"（中共中央马克思恩格斯列宁斯大林著作编译局，2012：134）。在此基础上，他批判将理论引向神秘主义的传统哲学，认为理论并非空中楼阁而是植根于物质生产实践："我们的出发点是从实际活动的人……发展着自己的物质生产和物质交往的人们，在改变自己的这个现实的同时也改变着自己的思维和思维的产物。不是意识决定生活，而是生活决定意识"（中共中央马克思恩格斯列宁斯大林著作编译局，2012：152）。马克思进一步总结认为，只有对实践活动进行经验性的考察，才能形成真正的知识："在思辨终止的地方，在现实生活面前，正是描述人们实践活动和实际发展过程的真正的实证科学开始的地方"（中共中央马克思恩格斯列宁斯大林著作编译局，2012：153）。概言之，马克思认为理论不能脱离实践独立存在，他反复强调实践之于理论的优先性，从而巩固了实践作为知识来源的合法性。

再次，马克思倡导应当依照实践的本质来认识社会生活。马克思曾明确提道："全部社会生活在本质上是实践的"（中共中央马克思恩格斯列宁斯大林著作编译局，2012：135）。马克思借此首先想表达的是，只有从实践出发才能全面认识到社会生活兼具的主观性与客观性。他指出，人的存在及其本质是“一切社会关系的总和”（中共中央马克思恩格斯列宁斯大林著作编译局，2012：135），而各种社会关系诞生于不同的实践过程。易言之，社会关系最终都可以还原为物质生产实践。马克思认为，唯有在实践的基础上才能全面理解社会生活，因为将所有社会关系还原到人们的物质生产和交往活动兼顾了社会生活的客观性和主观性。另一方面，马克思认为应当从实践的历史变迁和演化过程中来看待人类社会的发展历史。在他看来，人类社会历史存在的前提是延续人们日常生活的物质生产，而物质生产实践总是与特定的生产力和生产关系相关联，二者间的矛盾则构成了人类社会发展的根本动力（郑杭生 等，2006：59）。概言之，马克思认为，实践揭示了社会生活的客观性与主观性，同时实践也是社会生活变迁的动力来源，因此只有从实践的本质出发才能准确认识社会生活。

最后，马克思的实践观还充分彰显了改造现实世界的价值关怀。在马克思看来，只有通过在现实世界发动一场共产主义革命，物质生产实践在阶级社会中面临的困境（“异化劳动”现象）才能获得根本解决，从事物质生产实践的人也才能得到真正意义上的解放（中共中央马克思恩格斯列宁斯大林著作编译局，2012：154-155）。总之，马克思的实践观提出了以物质生产为核心的实践概念，将实践的优先性置于理论思辨之上，主张以实践为基础认识社会生活，并强调通过改造现实世界实现参与实践的人（也即劳动者）的最终解放。凭借对以上观点的阐释，马克思实则确立了一种新的学术研究原则，即实践原则。尽管不是第一个使用实践概念的人，但马克思却重新给予了实践概念新的生命。在挑战了西方自古希腊哲学以来长期忽视实践概念的学术传统的同时，马克思也将西方学术研究的视野正式转向实践领域。

（二）现象学引领的实践潮流

继马克思后，20 世纪初在西方现象学研究领域涌现的一些新思潮也进一步推动了实践原则在当代社会理论中的确立（孟强，2010；Nicolini，2012）。

存在主义哲学清晰表达了对一种理论整体论（theoretical holism）的反对，即该哲学体系不同意将存在完全视作借由提出和检验假设（即主题化认识）能够解决的理论性问题（Stern，2000）。相反，存在主义哲学主张从一种实践整体论（practical holism）的角度来理解存在问题。实践整体论并没有抛弃信念和假设，而是强调对存在的理解不能脱离特殊情况下一种共享的实践背景（practical background）。物在日常生活中大多是作为人完成实践的工具、以一种“上手状态”存在，人们关于这种存在方式的理解是在特定的实践背景下形成的。例如，人在日常生活中使用锤子时自然地理解了它的存在。相反，只有在个别偶然的场合，当人们脱离实践背景的时候，他们才可能对物开展主题化认识。比如说，只有当实践中需要使用锤子却找不到锤子的情况下，人们会开始思考它存在的意义。换言之，人们对物在实践背景下存在的理解要先于主题化认识和意义建构，而且实践中的存在是主题化认识的前提。透过阐释这种存在论意义上实践的优先性，“重思辨轻实践”的西方学术传统再次受到挑战，也为后来的许多实践理论家创造了思想灵感。

路德维希·维特根斯坦(Ludwig Wittgenstein)的哲学也蕴含着丰富的实践思想。一般认为，维特根斯坦晚期作品《哲学研究》中围绕语言实践的一系列讨论集中体现了他的实践思想(曹剑波，2007;Johannessen，1988)。维特根斯坦将语词在不同语境下的使用看作人们总是遵从着一定的规则进行着的“语言游戏”(维特根斯坦，2000:17-18)。借助语言游戏的概念，维特根斯坦首先想要说明语言的使用扎根于日常生活中，语言在不同的使用中流变，因此对于语词含义的理解必须还原到它们所处的语境中。此外，语言游戏的概念还提示了另一个重要问题——对语言规则的遵守。维特根斯坦认为，人们在语言游戏中遵循着日常生活中的某种语言表达标准，大多数人都在遵守这些规则，但这并非他们在理解规则的基础上所做出的理性选择。对此，维特根斯坦(2000:128)说：“当我遵守规则时，我并不选择。我盲目地遵守规则。”无论是在使用语境中理解语词含义还是“盲目遵守规则”，维特根斯坦都在强调实践背景对语言实践的重要性。这种实践背景并不是以理论性的语法规则形式存在，而是由日常生活中大多数社会成员共享的表达方式所构成的。尽管维特根斯坦并没有提出过任何系统的实践理论，他对实践的分析也主要集中在语言这一种实践形式，但他对语言实践的很多见解对后来许多实践理论家都产生了重要影响。

利用有限的篇幅，本节简要介绍了实践概念在西方学术思想史上的发展情况。从以上介绍中可知，围绕实践概念的讨论由来已久。尽管如此，在马克思之前，西方学术研究中一直延续着古希腊哲学奠定的“重理论轻实践”传统，实践并不具有专门的学术研究地位。马克思重新发掘了实践概念的价值并赋予实践本体论和认识论上的研究地位，现象学思潮进一步阐述了实践研究的理论价值，从而改写了实践概念在先前学术研究中长期不受重视的局面。在这波浪潮的推动下，自20世纪70年代末起，西方学术界围绕实践概念的学术讨论开始日渐增多，最终在社会理论领域掀起了一场新的范式革命。

第三节
当代社会理论的实践转向

一、第一代实践论：吉登斯和布迪厄的贡献

20 世纪 70 年代，安东尼・吉登斯（Anthony Giddens）和皮埃尔・布迪厄（Pierre Bourdieu）两位著名社会学家先后发表了一些重要的理论作品，他们围绕实践概念展开学术讨论，深刻地反思彼时社会理论发展过程中日渐凸显的主客体二元论（dualism）问题。这些讨论形成了实践论早期的一些基本观点，一般被看作是第一代实践论。

吉登斯建构了以社会实践为核心概念的结构化理论（Structuration Theory），旨在超越传统社会学理论对社会生活的片面解释（Giddens et al.，1998；Giddens，1984）。结构化理论的一个重要观点是：由规则和资源构成的社会结构塑造着人类活动并为它们的发生创造条件，与此同时这些结构也在人类行动流（flow of human actions）中被不断再生产。人类行动流可以在不断被重复执行的社会实践中观察到，后者构成了高度惯例化的社会生活。吉登斯指出，实践既非出自具有能动性的社会行动者们的主观意图，也非完全由给定的社会结构所决定。他强调道，尽管人们能够针对自身行动作出话语解释，但大部分的行动过程通常却并非受到话语意识（discursive consciousness）的支配。行动者具有实践意识（practical consciousness）才是他们能够自如应对行动流和高度惯例化的社会生活的真正原因。同时，社会结构对实践意识也具有引导的作用。透过强调实践意识对行动的支配性影响，吉登斯以一种“结构二重性”（duality of structure）的原则挑战了彼时结构功能主义理论对行动的决定论解释，但他同时也反对从唯意志论（voluntarism）的角度来理解社会行动。在他看来，当代社会学理论日益突显的能动性与结构之间的二元对立可以通过引入实践概念来化解，能动性和结构可以看成是实践的一体两面并可以在实践中相互转化。因此，吉登斯主张将社会生活中各种各样的实践作为社会科学研究的基本领域，从而超越二元论的社会研究传统（Giddens，1984：2）。

布迪厄提供了一组全新概念工具来理解实践。与吉登斯一样，布迪厄也意识到了社会理论中的主客体二元论问题，他同样主张建构一种实践理论来解决该问题。从其前期作品（Bourdieu et al.，1992；Bourdieu，1990）可以了解到，布迪厄的实践理论最初是围绕位置（position）、占位（position-taking）和性情（disposition）三个主要概念展开，旨在用一种方法论上的关系主义分析来超越客体主义和主体主义分析的局限。布迪厄首先认为，身处社会空间的能动者总是基于一定的位置（如职业位置、教育位置）与其他能动者发生关系，他们也通过这些位置宣告自身的社会地位。其次，布迪厄指出，能动者位置的维持以及向他者的彰显需要通过占位（即实践）的过程来实现，如特定的社会位置可以通过特殊风格的穿衣、休闲或消费等实践活动来表明。再次，布迪厄认为能动者的占位受制于他们的性情，他称之为惯习（habitus）。他将惯习界定为一种具身化（embodied）的客观社会结构，并用它概括实践的生成机制：一方面，惯习代表了人们对实践的一种认知图式，即人们在实践过程中内化于身体中的一种前逻辑的、非推论的实践感（practical sense）；另一方面，惯习还是一种行为倾向，它不断生成和实际支配着人们执行的各种实践活动。布迪厄还引入场域（field）和资本（capital）的概念来丰富他的实践理论（赵蔚，2009；布尔迪厄，1997；Bourdieu，1984）。场域是指由各种位置及其相互关系构成的网络结构，一个场域代表了社会生活的某个亚领域（如政治场域、教育场域），它是实践发生的具体场所；场域的组织结构总是与某种（些）资本形式（如经济资本、社会资本、文化资本）相关联，资本的占有情况则在一定程度上决定了惯习的形成以及实践活动的风格。在《区隔：一种趣味判断的社会学批判》（*Distinction：A Social Critique of the Judgement of Taste*）一书中，布迪厄将上述几个概念之间的关系概括为以下公式：实践＝惯习×资本＋场域（Bourdieu，1984：101）。可见，布迪厄将实践看作是场域、惯习和资本三者相互作用的产物。

作为享誉世界的当代理论家，吉登斯和布迪厄在 20 世纪 70 年代末不约而同地将目光聚焦于实践概念，并且都将实践作为各自理论的核心范畴，从而继马克思、维特根斯坦等之后引领了又一波的实践研究热潮。需指出的是，吉登斯和布迪厄笔下的实践概念不同于以往哲学和社会科学作品中的含义。在他们之前，学者们一般在广义的哲学层面使用实践的概念，它泛指与理论思辨相对应的所有人类行动。但在吉登斯和布迪厄看来，挑战理论思辨的至高无上地位、确定实践研究的合法性早已被马克思等前人完成，广义上的实践概念已经完成了其学术使命，新时期的实践概念应侧重于更加具体的实践活动。换言之，吉登斯和布迪厄倡导的实践概念其范畴要小于先前学术研究中所使用的实践概念。两种不同范畴实践概念的差别在德语中可以用 praxis 和 praktiken 加以区分，在英语中则可以分别用单数和复数形式的 practice 来表示，但在汉语中却很容易混淆。praktiken 和 practices 才是吉登斯和布迪厄共同认可的新实践概念，也是实践论真正的理论化对象。

尽管吉登斯和布迪厄的理论出发点并不完全一致，他们基本上没有参照对方的作品，所使用的概念工具也不同，但他们的实践观点却存在许多相似性。第一，他们都主张以实践概念克服主客体二元对立。吉登斯以实践概念为核心的结构化理论旨在回应传统社会学理论中以结构-能动性为代表的二元论问题，布迪厄的实践理论也是为了超越二元论对社会行动的片面解释。第二，他们都将社会生活的再生产作为重要的理论解释对象。无论是吉登斯还是布迪厄，他们都从马克思那里获得灵感，将实践作为社会生活的本质，并都重点关注社会生活是如何在实践的延续中得以被行动者持续建构出来的。第三，他们都强调了以实践掌握（practical mastery）为表征的一种主观状态与实践的契合性。吉登斯的"实践意识"和布迪厄的"实践感""性情""惯习"等概念都说明了能动者主要是基于一种前逻辑的意识结构来认识世界和开展实践活动的。第四，他们都突出了社会结构对实践的约束和使动作用。吉登斯用结构二重性的概念说明了实践与结构的辩证关系，布迪厄的惯习概念也强调在实践中内化于能动者的社会结构及其反过来对实践的生成作用。此外，吉登斯和布迪厄都赞成实践理论需要避免停留在理论概念建构和思辨的层面，应当用于指导实际的经验研究。

遗憾的是，吉登斯和布迪厄二人虽被公认为实践论的奠基人，为实践论的发展作出了巨大贡献，但他们后来却都放弃了坚守这一理论战线。正如有批评指出的那样，吉登斯后来的"反思现代性"（reflexive modernity）提法有重新落入主体主义窠臼之嫌；而布迪厄不仅没能完全解决其早期实践理论被广泛批评的决定论缺陷，甚至还有意识地在自己晚期学术作品中回避使用实践概念（Warde，2017，2016）。但幸运的是，凭借吉登斯和布迪厄在社会理论界的巨大影响力，实践论的发展并没有因为这两位重要理论奠基人的"背弃"而停滞不前，许多社会理论家纷纷开始接过二人大旗自觉完善实践论的理论体系，最终促成了日后实践论在社会理论和社会研究领域的兴起。

二、实践论的成长

吉登斯和布迪厄的开创性工作再次点燃了当代社会理论界对实践概念的研究热情，在此后的 40 余年间，他们提出的实践观点先后经由西奥多・夏兹金（Theodore R. Schatzki）、安德雷亚斯・莱克维茨（Andreas Reckwitz）、伊丽莎白・修芙（Elizabeth Shove）、亚伦・沃德（Alan Warde）、大卫・尼科里尼（Davide Nicolini）、赫特・斯巴哈伦（Gert Spaargaren）和孙立平等众多哲学和社会学家的诠释和发展，使得实践作为社会理论的全新研究对象受到越来越多的瞩目。

2001年,以夏兹金为首的一批社会理论家借由论文集《当代理论的实践转向》(*The Practice Turn in Contemporary Theory*)的出版正式宣告了社会理论"实践转向"的到来(Schatzki et al.,2001)。夏兹金在该论文集的中文版序言中这样描述社会理论的"实践转向"以及直接诞生于这场理论范式革命的实践论:"(实践论)所指的是当代思想中的一般趋势,它指通过、或借助于、或依据某些实践的概念来思考人类的生活、特别是社会生活的机构(机制,笔者注)与运转……(实践论)出现在社会学、人类学、哲学、科学技术论之中。它们在特征上显示出坚定的跨学科特征,时常突现于这些学科的交界处"(夏兹金 等,2010)。近年来,越来越多的社会理论家自称为实践理论家,他们积极在实践论的概念伞下建构理论论述,共同推动了实践论在当代社会理论中的兴起。本章接下来将撷取一批具有影响力的实践理论家的观点作扼要介绍。

(一)夏兹金:行动是如何统合为实践的

1996年,美国哲学家夏兹金出版了自己的第一本实践论著作——《社会实践:人类活动与社会性的一种维特根斯坦式的研究方法》(*Social Practices: A Wittgensteinian Approach to Human Activity and the Social*)(Schatzki,1996),初步勾勒了自己的实践论框架。此后,他又陆续出版了《社会的根基:社会生活构成和变迁的一个哲学解释》(*The Site of the Social: A Philosophical Account of the Constitution of Social Life and Change*)(Schatzki,2002)、《人类活动的时空:论演绎、社会和历史作为不确定的目的性事件》(*The Timespace of Human Activity: On Performance, Society, and History as Indeterminate Teleological Events*)(Schatzki,2010)和《物质世界里的社会变迁:行动和物质过程如何让实践动起来》(*Social Change in a Material World: How Activity and Material Processes Dynamize Practices*)(Schatzki,2019)3本实践论专著,进一步阐述和扩展了自己的实践思想。凭借以上"实践论四部曲",夏兹金奠定了他在实践论建构领域中的重要地位。

夏兹金澄清了实践的行动本质。夏兹金将实践概念界定为"一个时间上展开和空间上分散的做和说之联结"(Schatzki, 1996:89)。换言之,实践是由相互关联的或"做"或"说"的一组行动构成,或者说一组行动以一定的方式统合为一项实践。

夏兹金将实践分为离散实践(dispersed practices)和综合实践(integrative practices),并比较了两类实践的行动统合方式差异。夏兹金指出,离散实践是散布于各个社会生活领域一种简单但却十分普遍的实践类型,它的行动统合方式主要是依托实践者对这些行动的一种实践理解或能知(know-how),即知道如何采取这些行动,知道如何识别这些行动以及知道如何推动和回应这些行动。例如,描述(describing)是一项离散实践，人们在社会生活的各领域以一种近乎相同的方式来完成它。描述可能由一些肢体举动和语言表达共同来完成，描述者对这些行动的实际掌握能力决定了它们是否能够统合为描述实践。相较之下，综合实践是存在于特殊社会生活领域（如生产领域）且行动统合方式更为复杂的实践。要参与一项综合实践，参与者除了需要的能知以外，还需要用规则（rules）、定向-情感结构（teleo-affective structure）和基本理解（general understanding）将涉及的行动串联起来。其中，规则指的是引导人们采取行动的明确公式、准则、方案、说明等，定向-情感结构是指一系列规范化且分等级排列的目标、规划、任务以及情感；基本理解是指实践者的信念体系。举例说，做饭是一项生活领域的综合实践，它会涉及洗菜、切菜、生火、翻炒、添加调料、装盘等一系列琐碎的行动。将这些行动统合在一起的要素既包括实践者关于每个行动的能知，还包括食谱这样的明文"规则"，以及由各项行动的目的（如翻炒是为了避免"糊锅"）和对家人的关爱等构筑的"定向-情感结构"，乃至作为一种"基本理解"的性别观念（例如，在中国传统性别文化中，女性被要求能够"下得厨房"）。

毋庸置疑的是，夏兹金是最早从吉登斯和布迪厄接过大旗并在自己作品中专门探讨实践论的理论家之一，他为实践论的兴起作出了重要贡献。在他看来，社会生活便是由离散实践和综合实践共同搭建而成的，形形色色的实践因此是社会的根基（the site of the social）。他的实践理论勾勒了实践的内部组织结构，特别是创造性地提出了定向-情感结构的概念，该概念在考察某项特定实践时极富启发性。但是，夏兹金早期作品对实践的考察虽然摒弃了宏大的结构主义叙事，但仍然以一种结构主义的思维在分析实践的构成。这种叙事风格的一个缺憾是，夏兹金的实践理论对实践的考察具有静态性，并不适用于解释实践是如何动态变化乃至社会生活的变迁。夏兹金也意识到了这个问题，并在近期的一些研究中（Schatzki, 2019, 2016b, 2015）引入了科学和技术社会学领域的相关理论观点来解释实践的动态变化过程，旨在弥补自己前期理论对实践变迁的有限关注。

（二）莱克威茨：作为全新文化理论的实践论

德国社会理论家莱克威茨于2002年在《欧洲社会理论杂志》（*European Journal of Social Theory*）发表了一篇名为《迈向一个社会实践理论：文化主义理论化的一项新进展》（*Toward a Theory of Social Practices: A Development in Culturalist Theorizing*）的评论文章（Reckwitz, 2002）。他在文章中梳理了实践论自20世纪70年代以来的发展情况，并认为实践论是继心灵主义（Mentalism）、文本主义（Textualism）和主体间性主义（Intersubjectivism）之后一个新的文化理论范式。

莱克威茨首先将实践论划进文化理论范畴。他指出，实践论对行动的解释明显区别于传统经济人假设(homo economicus)和社会人假设(homo sociologicus)模型。经济人假设在解释行动时往往诉诸个人的目的、意图和利益(如理性选择理论)，将社会秩序视为由个人利益组成。社会人假设倾向于从集体规范和价值来解释行动(如涂尔干对自杀行动的解释)，认为社会秩序是由一种规范共识(normative consensus)所支撑的。莱克威茨批评道，经济人假设和社会人假设在解释行动时存在一个共同的"盲点"，即忽视了隐性的、默会的或者无意识的知识层面对世界的符号组织以及对社会行动开展的支配作用，而这种共享的或集体的符号知识结构(symbolic structure of knowledge)正是实践论解释行动的出发点，社会秩序则是嵌在这种"共享的知识"中。实践论明确反对目的导向和规范导向的行动解释模型，并且将符号知识结构作为理解行动和社会秩序的核心。莱克威茨据此认为实践论应当被看作是一种文化理论。

其次，莱克威茨将实践论与心灵主义、文本主义和主体间性主义其他三种形式的文化理论加以区分。他提出，实践论与其他文化理论的最大区别在于社会性的"落脚点"(the 'place' of the social)。不同的文化理论对此有着不同的认识，由此导致了差别的社会分析单位。心灵主义文化理论认为社会性落脚于人类心灵，将行动者内心的无意识符号结构或有意识的理解图式作为社会分析单位，索绪尔的结构语言学、列维施特劳斯的结构主义、舒茨的社会现象学等都属于这一文化理论形式。文本主义文化理论将社会性置于心灵以外的符号与文本之中，其所选取的社会分析单位是话语，这类文化理论的典型如福柯基于话语分析对微观权力结构的揭示。文化主体间性主义从行动者的社会互动中找寻社会性，将社会分析单位确定为语言对话，如哈贝马斯的沟通行为理论。相较之下，实践论代表的文化理论新范式反对将社会性置于心灵、话语和互动中，而倡导将社会实践作为社会分析单位、从实践中揭示符号结构。莱克威茨进一步详细比较了四种不同文化理论形式对身体、心灵、物、知识、话语、结构/过程、能动者等传统分析概念的阐释，从而论证了实践论在拓展社会研究视野方面具备的学术潜力。

莱克威茨的这篇评论文章在实践研究领域颇具学术影响力。截至 2021 年 2 月 25 日，该文在谷歌学术(Google Scholar)搜索引擎上的引用记录已达 6 338 次。莱克威茨在该文中将实践界定为"由一些相互关联元素构成的一个惯例化的行为类型"，这些实践"元素"具体包括："身体活动形式，精神活动形式，物及其使用，以理解、能知、情感状态和动机知识形式存在的一种背景知识"(Reckwitz，2002：249)。这是目前学界引用最多的一个实践定义。莱克威茨将实践论看作是一种文化理论，这与他本人长期从事文化社会学研究有着直接关联，这样一种划分也有其道理。但正如实践的内容不只是符号知识结构，实践论也不只有作为文化理论的一种可能性。笔者认为，实践论同时还可以是一种行动者理论、社会变迁理论、权力理论、身体理论、情感社会学理论等等。换言之，实践论的一个重要魅力在于从实践的角度出发、超越既有理论取向重新审视不同领域的社会生活，而并不满足于只对某一种社会现象作出解释。就此而言，实践论最好被看作是一个社会理论，它可以应用于不同社会研究领域，并可能会激起不同的"化学反应"。

（三）修芙：实践的社会动态过程

通过简化夏兹金和莱克威茨的实践理论，并借鉴科学和技术研究领域（Science and Technology Studies，简称 STS）的一些基本观点，英国社会学家修芙和她领导的团队就社会实践如何变迁的问题提出了一个基本的理论框架（Shove et al.，2012；Shove et al.，2007）。

修芙的实践理论由两个重要命题组成：一是"当实践被开展时，社会实践由一些一体化的元素构成"；二是"实践的兴起、持续和消亡伴随着定义实践的元素间的连接被建立和破坏"（Shove，et al.，2012:21）。命题一是修芙等对夏兹金和莱克威茨两人实践概念的重新诠释，他们将作为实体（entity）的实践涉及的元素划分为三类，分别是物质（materials）、技能（competences）、意义（meanings）。其中，物质包括了物体、基础设施、工具、硬件以及身体等，技能指代的是一种实践能知能力（即与实践有关的能知、背景知识和理解），而意义则概括了与实践有关的精神活动、情感和动机知识。不难发现，修芙等提出的实践概念旨在简化之前实践论中一系列纷繁复杂的分析概念，认为物质、技能和意义三元素的相互依存关系定义了实践。他们据此提出命题二，其又可以具体表述为：当物质、技能和意义之间的连接没有被建立时，实践还不存在，只能被称为"原实践"（proto-practices）；当三元素间的连接建立起来时，原实践正式成为实践；当三元素间的连接被破坏时，实践则变成了"前实践"（ex-practices）。命题二较好地解释了实践的兴起、持续和消亡过程，这同时也是社会生活变迁的过程。此外，修芙等人还运用以上分析概念对实践元素的生命周期、实践者的招募与背叛以及实践的再生产问题分别进行了分析和解释。透过这些分析，实践的社会动态过程被巨细无遗地呈现在我们的面前。

笔者认为，修芙等人对实践概念的简化是推动实践理论走向统一的一个重要努力，他们所提出的实践三元素在解释实践的社会动态过程时也展现出良好的概念分析性，但这样一种大刀阔斧的简化同时也潜藏着需要注意的一些理论风险。例如，经过修芙等简化的实践概念可以看作夏兹金定义的只存在于特定社会生活领域的综合实践,但他们却似乎忽视了覆盖所有社会生活领域的那些离散实践。再如,就概念分析性而言,修芙等对于意义元素的讨论比较模糊,在考察实践的组织结构时也似乎不及夏兹金提出的定向-情感结构。

(四) 尼科里尼:实践的方法论

英国社会学家尼科里尼致力于探索如何将实践论应用于实证研究,并归纳出两种不同的方法论取向(Nicolini, 2012, 2009)。尼科里尼将实践论比作一枚专门分析研究实践的"理论透镜"(theoretical lens),对这枚透镜的灵活运用可以折射出实践的不同面向。具体来说,研究者可以灵活运用"实践论透镜"予以"推近法"(zoom-in)和"拉远法"(zoom-out)两种不同的"变焦"操作来观察实践。

用"推近法"研究实践意味着选取特定地点的某项实践作为观察对象,对这项实践完成(accomplishment)或开展的相关细节予以近景特写。具体来说,采用"推近法"的实践研究从以下五个方面来观察一项实践。一是聚焦构成此项实践的那些"做"和"说",完整呈现实践涉及的所有行动;二是关注工具、物质材料以及身体在这项实践执行中扮演的角色;三是揭示该项实践其定向和关切的本质(the oriented and concerned nature),即阐明实践的方向性和目标以及实践者在执行实践时的主观体验;四是领会实践的有限创造性,即在看到实践在不同边界内呈现出的差别的演绎方式;五是关注一项实践的合法性和学习过程以理解实践的持久性(durability),也就是分析对实践的学习过程、新实践者的招募、介质(工具和物品等)以及与其他实践的勾连性。相对应的,"拉远法"的实践研究是指将研究视野放宽、将更多的实践列为考察目标并重点分析它们之间的关联性,这也可以分两方面来考察。一方面,研究者可以通过追踪实践之间的联系来考察实践的关联性,追问这种关联是如何维系的。另一方面,研究者也可考察一连串或一组实践的影响,单独分析它们的地方影响和跨地方(如全球范围)影响。

尼科里尼总结的实践研究方法是建立在系统梳理既有实践理论的基础之上的。他提出的"推近法"和"拉远法"涉及的分析概念涵盖了实践论发展至今几乎所有的重要维度。可以说,尼科里尼为减少既有实践理论之间的分歧贡献了一己之力。除此之外,尼科里尼还成功建立了实践论与关系主义分析的联结,从而进一步丰富了我们对实践的空间组织之认识:实践的影响不会局限在地方层次,而是会透过实践与其他实践的关联传递到地方以外的其他空间层次。这一观点也与当代社会理论界的另一股新潮流——网络社会理论(Network Society Theory)存在诸多相似性,从而提升了两种新潮流理论间对话的可能性。

(五) 孙立平:“过程-事件分析”

值得称庆的是,中国社会学界并未缺席当代社会理论中这场跨世纪的“实践革命”。中国社会学家孙立平在21世纪初携其团队提出的“过程-事件分析”研究策略可以看成中国本土社会学对实践论的特别贡献(孙立平,2000;孙立平 等,2000;孙立平,2002)。原因有三:第一,和大多数西方实践理论家一样,孙立平等人毫不讳言“过程-事件分析”策略是受布迪厄思想的启发,这与西方学界新兴的实践论范式一脉相承;第二,“过程-事件分析”与实践论的理论起点有所契合,如都批判结构主义分析;第三,孙立平等将实践概念作为“过程-事件分析”的核心,并有时也用“实践社会学”来指代这种新的研究策略。鉴于此,笔者将“过程-事件分析”作为实践论的一个子理论做简单介绍。

按照孙立平(2000)自己的叙述,“过程-事件分析”是在反思结构主义分析局限的基础上提出的。他根据自己在中国农村的调查经验指出,社会组织结构特征与其效能结果之间往往存在明显的不一致,这是因为基于结构特征对社会现象所做的描述或解释往往是静态的,而社会现象被看作是流动的、鲜活的、在动态中充满种种“隐秘”的,而支配社会现象的真实结构往往是不可见的。“过程-事件分析”的提出旨在揭示隐藏在社会行动之中的结构,将由若干事件所构成的动态过程(即“事件性过程”)作为社会分析单位,以达成对社会现象一种连贯与流畅的描述与解释。孙立平以国家-农民关系为例说明了“过程-事件分析”策略的优越性。他指出,国家-农民的关系是动态的、流动的,这种流变关系在“定购粮收购”“洋香瓜种植推广”“大河移民上访”等动态事件的过程中得到了全面展现,单纯从组织结构的层面很难阐明这种动态性关系。换言之,在某种意义上,“过程-事件分析”倡导的是在实践中分析社会秩序和社会关系,这与西方实践论的基本主张不谋而合。

我们为中国学者能够参与到当代实践论的建构过程中感到欣喜。作为立足中国经验的一个实践理论,“过程-事件分析”的提出充分彰显了中国社会学者对“社会学本土化”这一学术进步理念的执着追求。尽管如此,“过程-事件分析”对布迪厄实践思想的理解较为片面,且没能与西方实践论的前沿观点对话并从中汲取养分,这不得不说是个遗憾。笔者认为,“过程-事件分析”最大的一个局限在于对实践概念的理解存在偏差。吉登斯和布迪厄还有很多当代实践理论家倾向于将实践看作是一组行动之集合,循环往复性是其最重要的特征之一。就此而言,实践既非单个的社会行动,也不能等同于孙立平等人所言的“事件性过程”。事实上,孙立平所举的例子虽然有的属于实践范畴(如定购粮收购),但绝大多数只是单个甚至是偶发性的社会行动(如“下岗”“上访”等)。可以说,“过程-事件分析”采用的是一种广义实践概念(将所有人类行动都视为实践），所以没能充分发挥实践论对日常生活和社会再生产的独到解释力。例如，对上访过程的描述固然可以揭示国家与特定农民群体在特定事件过程中展现的权力关系，但同时也忽略了上访事件发生前在乡村日常生活中展现的更加常态的“国家-农民关系”，似乎有些得不偿失。也正因如此，“过程-事件分析”被批评未能超越结构主义和现象学分析（李化斗，2011；谢立中，2007）。总之，建构实践理论对“过程-事件分析”而言仍是一项未竟事业。

虽然目前存在多个版本的实践理论，各个版本的理论截然不同，但据夏兹金（Schatzki，2018，2012）的归纳，这些实践理论大体上却共同秉持了如下几个基本预设：第一，社会生活主要是由各式各样的实践构成的；第二，构成社会生活的不同实践之间并不是独立的，而是会相互串联并汇聚成一些实践复合体，即实践的束集与群集（bundles & constellation）；第三，纷繁复杂的社会现象要么是由实践复合体直接构成，要么植根于这些复合体之中；第四，人的行动取决于一些不可言说的实践能力，也可理解为“实践意识”或“默会知识”。正是基于对以上预设的共同承认，不同的实践理论家们才会彼此认同、通力合作，携手创造了实践论的当前繁荣。

三、建构中的实践论

在当前西方社会理论界，实践论的兴起已是一个不争事实。一个重要标志是，越来越多的研究者开始自觉依循实践论的核心主张来开展社会研究。据不完全整理，21世纪以降，实践论已被广泛应用于媒体传播（Couldry，2004）、管理培训与组织行为（Gherardi，2009）、语言学（Pennycook，2010）、消费（Warde，2005；Spaargaren，2003）、社会性别（Poggio，2006）、可持续性（Shove et al.，2013）、公共卫生（Blue et al.，2016）、旅游观光（Lamers et al.，2017）、教育（Grootenboer et al.，2017）、国际关系（Bueger et al.，2018）、人工智能（Maller et al.，2019）等研究领域。相较于实践论在国外社会理论界的燎原之势，尽管国内早有学者先于本书介绍了这一新的社会理论转向（罗朝明，2017；俞金尧，2011；孟强，2010；何海兵，2008；李红专，2004）和指出实践原则对当前中国社会学研究的重要性（刘少杰，2007；黄宗智，2005），但这些工作在国内社会学社区目前引起的回响仍然十分有限。对大多数国内社会学研究者而言，他们对实践概念的理解还停留在马克思时代，实践论的崛起迄今为止尚未引起他们的充分注意。通过以上介绍，本章已经将这一新的社会理论转向以尽可能完整的形式呈现给读者。

从目前的发展情况来看，实践论在西方社会研究领域激发的学术讨论仍有继续扩大之势，其独特的理论价值也在这些广泛讨论中不断被发掘出来（Rouse，2007；Turner，1994）。尽管如此，关于实践论目前还有一些争议或批评有待澄清和回应。在将实践论作为本书的理论视角之前，笔者将重点审视围绕实践论的以下三点争论。

（一）争论一：实践的概念是演绎抑或实体

一个不容忽视的问题是，在不同版本的实践理论中，实践理论家们对实践概念的理解存在较大分歧。一方面，一部分（特别是早期的）实践理论倾向于将实践看作是对一组行动复合体的演绎（performance），认为一项实践只有在不断被上演或开展的那些行动时刻才持续存在。例如，夏兹金就是从演绎的角度对实践概念下的定义，而演绎的实践也与吉登斯对实践概念的认识基本一致（Schatzki，1996；Giddens，1984）。另一方面，越来越多的实践理论开始将实践定义为相互关联的一组不同元素构成的一个可识别的实体（entity），任何一项实践都能够用语言清楚表达出来，而且更重要的是它在演绎过程中通常会涉及对一组资源的运用。莱克维茨、修芙等提出的实践理论均从实体的角度来定义实践（Shove et al.，2012；Reckwitz，2002）。

那么，实践的概念究竟应当被看作是演绎还是实体呢？应当说，这两类实践定义没有绝对的对错之分，二者实际上是互为补充的，这是因为：构成实体实践的那些元素之间的相互关联只有在被持续演绎的过程中才会得以延续，而构成演绎实践的那些"做与说"的行动必然会嵌在一些物质性安排（material arrangements）之中。作为演绎和实体的实践概念实际上只是对实践一体两面的不同侧重，它们提供了对一项实践的两种不同观察方式。无论接受哪一种实践概念，在分析社会现象时只要不去有意忽视或贬低另一种实践面向，得出的结论应该是连贯的、可通约的。在本书中，笔者将实践概念界定为实体，但为了消除两类实践定义之争对实证研究可能带来的不利影响，本书同时也会专门考察实践的演绎情况和演绎的人——实践者。

（二）争论二：是否有一个一致的实践论

首先，上文反复强调过，实践论并不是传统意义上旨在解释社会事实的社会学理论，而是一种社会理论。通过前文的介绍可知，实践论的奠定、发展和影响涉及诸多社会科学学科和研究领域（而非仅仅在社会学领域），它的价值在于提出了一套全新的概念框架而非某种"普遍化的解释性命题"（Giddens，1984），所以将它看作一项社会理论更为恰当。有社会学研究者总结道，"如果我们将一个'理论'视作一个派生解释和预测的正式假设体系，那么大多数实践理论家都会反对一个实践'理论'的想法。但在一个更广泛意义上，术语'理论'也被用于指代解决一个给定目标问题的任何一般性或系统性的方式，这种用法包括提供模型、对特殊个案的案例研究、提出概念性的框架或分类标准或者提供一个谱系等活动，'实践论'也正是在此意义上算得上是一个理论”(Stern，2003:187)。其次，实践论发展至今还未完全成熟，仍处于理论建构阶段，所以尚没有统一的理论表述。换言之，尽管以上介绍的许多理论都被冠以实践论且确实存在家族相似性(family resemblance)，但它们却沿袭了不同理论传统，建构和使用了纷繁复杂的分析概念，甚至理论目标也不尽相同，在理论整合上存在较大难度。正因如此，有实践理论家总结认为当前需要认清“一个统一的实践理论尚不存在”(Nicolini，2012:8)的事实。因此，实践论最好被理解成由一组一脉相承但却风格迥异的理论表述构成的理论丛。另外不难发现，修芙、尼科里尼等实践理论家在推动各种实践理论走向整合和统一的路上已经率先作出了努力，有理由相信未来可能会出现一个统一的实践理论。

（三）争论三：实践论能够指导实证研究吗

实践论作为社会理论，其本身具有相当程度的抽象性，缺乏系统性的理论表述。因此，我们需要认真审视如下问题：实践论能否胜任指导实证研究的角色？本书给出的答案是肯定的。一方面，尽管社会理论容易给人留下一种虚无缥缈的印象，实践论的很多理论观点也的确稍显晦涩，但是这并未对实践论应用于指导实证研究造成障碍。如前所述，目前已经有了相当多的成功案例。更进一步说，实践论自诞生之初就是实证导向的。吉登斯(Giddens，1984)在建构结构化理论时曾明确提出如何运用实践的原则来指导实证研究：“将结构化理论与经验研究结合起来的关键，研究者首先要做的是找到(该理论)对自己目前已经着手的一个研究'主题'的逻辑启示，然后要做的是阐明(该理论)对行动和结构等核心概念的实际蕴涵”。布迪厄也毫不讳言他的很多实践观点也是形成于他的一些实地调查工作。在某种意义上可认为，实践论是一个面向实证研究的社会理论。另一方面，因为当前实践论的理论观点纷繁复杂，这确实可能会对研究者选择哪一种实践理论造成困惑。笔者认为，这可能反而是实践论的一个优势。前文的文献梳理已经表明，实践是一个存在时间长达数十个世纪的学术概念并有着非常丰富的内涵，而实践本身也是一个多面向和多维度的现象。就此而言，纷繁复杂至近乎无所不包的实践理论为我们从不同的角度实证考察实践问题提供了更多可借鉴的概念工具和理论观点，它为指导实证研究带来的实际好处因此要大于它在当前阶段可忽略的变异性。

第四节
实践论作为一个日常生活理论

实践论的兴起对社会学的日常生活转向具有重要启示。在日常生活的既有学术讨论中，日常生活的概念经常是与实践的概念相伴出现的。例如，法国社会学者德塞都曾将他的日常生活理论命名为日常生活实践理论，主张从实践的角度来观察日常生活（练玉春，2003；De Certaeu et al.，1998；De Certaeu，1984）。再如，在《论日常生活》一文中，郑震（2013：69）曾将日常生活界定为“社会生活中对于社会行动者或行动者群体而言具有高度的熟悉性和重复性的奠基性的实践活动”。尽管如此，日常生活研究者们对实践的考察大多是描述性质的，对实践的理论研究现状特别是实践论的关注十分有限，但实践论却越来越清楚地将解释对象锁定为日常生活。实践理论家莱克威茨认为，不同版本的实践理论充满变异性但却又都能够归在“实践论”标签下，其中一个原因在于这些理论都流露出对“日常性”（the ‘everyday’）和“生活世界”（life-world）的共同兴趣（Reckwitz，2002：244）。随着实践论的兴起，越来越多研究者主张将实践论应用于日常生活研究。例如，比利时社会学者范荻诺文等（van Tienoven ct al.，2017）近期发表的一篇文章指出，将日常生活中那些看似世俗的、常识性的、习惯性的社会行动理解为个体非反思性的习惯抑或是社会时间结构（socio-temporal structures）再生产的结果都是不恰当的，对比之下，实践论则为理解这类行动的惯例本质（routine nature）提供了一个更好的角度。

本书将实践论视为一个新的日常生活理论，并用它来重点描述、分析和解释日常社会生活的再生产与变迁①。之所以将实践论视为一种日常生活理论，是因为它与当代社会学研究中的日常生活转向有着诸多契合之处，例如都试图超越主客体二元论对社会生活的片面解释，都强调社会生活循环往复的一面，都重视能动者对社会行动的

① 实践论也可以用于理解非日常生活现象或“跌宕起伏的生活”（heroic life），但是日常生活才是社会生活的基础。社会学的日常生活转向提示我们，对于非日常生活事实的讨论不能脱离日常生活的维度（Featherstone，1992）。

情境式理解,等等。与其他日常生活理论相比,实践论的独特性集中体现在以日常生活中的实践作为核心分析单位。实践论为我们理解日常生活现象至少提供了以下五点启示。

第一,日常生活是由一组相互关联的实践构成的、兼具物质性和社会性的混合体。实践论将实践看作是社会生活本体,主张从实践出发来考察一切社会现象。作为社会生活的基础,日常生活是由穿衣、饮食、居住、出行、工作、消遣等一系列在时间上、空间上或者构成元素上存在各种各样联系的实践活动构成的。举例来说,吃饭(eating)是我们日常生活中几乎每天都会上演的事件(即实践)。该实践在时间上是与做饭实践相关联的,因为做饭在时间顺序上先于吃饭发生;它在空间上可能是与看电视相勾连的,因为同在客厅发生;与此同时,因为吃饭涉及的粮食、蔬菜、蛋肉等物质元素是从超市采购的,所以吃饭又与购买(buying)实践发生了联系……简言之,日常生活即由一组相互关联的实践织就的社会构造(social fabric)。进一步,如果将任何一项实践采用"推近法"来考察,基本上都会涉及物品、工具、基础设施、技术、身体等物质性构成元素,同时也会涉及技能、意义、符号等社会性构成元素,这就决定了它们共同构成的日常生活本质上是一个兼具物质性和社会性的混合体。

第二,日常生活具有重复性,它凭借实践循环往复的演绎过程实现了不断再生产。实践论认为实践是循环往复的,即实践是可以自我再生产的,它们借助社会行动者在行动中不断再生产出来的各种条件而稳定地延续(Giddens, 1984:2)。由于日常生活是由实践构成的,那么这意味着日常生活作为整体也具有了重复性的特征。这并不难理解。尽管我们很少去反思,但每个人日复一日的生活都基本上是在有节奏地演绎着吃饭、工作、睡觉等各种各样的实践,这些以固定时间频率出现的实践构成了我们重复的、可预测的"日常"生活。就此而言,日常生活的再生产过程即构成它的那些实践不断被循环反复演绎的过程。

第三,日常生活是变迁的,实践的兴衰更迭导致了日常生活变迁。实践并不是持久稳定的,而是有着特别的生命周期,可能会随着时间推移而"衰老""死亡"。修芙等(Shove et al., 2012)认为,实践构成元素之间连接的建立与破坏会导致实践产生、持续和消亡,新的实践总是在不断替换旧的实践。如果承认日常生活是由实践构成的,那么实践的演替过程也是日常生活的变迁过程。传统日常生活在向现代日常生活转变的过程中,最显著的特征就是衣、食、住、行等不同日常生活领域内实践的更替现象。例如,在当代中国社会,穿衣实践已经较过去发生了巨大变化,"穿长衫大褂"变得难以想象,而近年来民间兴起的"汉服运动"实际上尝试复兴的是一项数百年前中国人日常生活中的穿衣实践。

第四，日常生活的主体是熟知如何驾驭它的、具有能动性的实践者。在实践论看来，人是演绎实践的唯一主体①，他们是实践的演绎者或实践者。作为实践者，人完全熟悉他或她所演绎的实践需要的技能或知识，与此同时也会赋予实践特别的意义或内涵。因为熟悉和理解实践，人也对这些实践构成的日常生活产生一种熟悉的感觉。正如费孝通（1985：6）在《乡土中国》中对传统中国乡村日常生活所做的概括那样，在乡土社会中成长的农民对他们所处的环境具有一种熟悉性，这种熟悉性“并不是抽象的普遍原则”或“笼罩万有的真理”，而是能够帮助他们演绎实践的一种能力：“一个老农看见蚂蚁搬家了，会忙着去田里开沟，他熟悉蚂蚁搬家的意义。”概言之，人对于他们置身其中的日常生活的熟悉性在很大程度上来源于他们在演绎实践的过程中逐渐领会的一种“实践意识”。

第五，一个社会的日常生活往往不是孤立的，而是会透过不同实践元素跨地方的流动和循环与其他社会及其日常生活发生联系。修芙等人的实践理论表明，实践的构成元素（如物质、符号、技能等）会发生跨地域的交换和流动，例如：交通网络的完善会让不同地方社会之间物质元素的流通更加便利，符号元素可以通过联想（association）和分类（classification）机制在不同社会间循环，技能元素也可以通过提炼（abstraction）和破译（decoding）机制发生远距离迁移（Shove et al.，2012：43-62）。在此情况下，这些跨地域循环、流动的实践构成元素既将不同的地方社会连接起来，同时也将这些社会的日常生活关联起来。特别是在信息通信技术高度发达的当代社会，不同地方社会以各种实践建立起来的日常生活联系越来越趋于复杂、紧密。

综上所述，实践论对日常生活研究具有诸多借鉴意义。从实践论出发，日常生活实践（以下简称“日常实践”）成为核心分析单位，对于日常实践特征的考察有助于我们更好地把握日常生活的不同面向②。

---

① 尽管社会理论界的“巴黎学派”提出的行动者网络理论（Actor Network Theory）主张能动主体不局限于人（Latour，1999），但大多数的实践理论家却并不认同该观点。例如，夏兹金（Schatzki，2002：105-122）曾明确指出，只有人才能演绎实践，尽管物可能会展现出良好的演绎能力，但是物缺乏理解力、意向性和情感性，所以不能看作是实践的主体。

② 可能有读者在此会提出疑问：对于日常实践的关注和考察，既然人类学者们早已行之有年，社会学实践研究者的特殊性如何体现？笔者认为，人类学和社会学对实践现象考察的主要区别在于——前者更多的是停留在描述实践的层面，希望通过对实践的观察、体验乃至“深描”来揭示社会结构和社会变迁；社会学也会使用人类学的方法来研究实践，但并不止步于描述，而更加专注于解释实践现象，即更多地着墨于实践是如何可能以及实践是如何影响其他社会现象的。

第五节 迈向日常实践的中国乡村环境变化研究

自20世纪90年代起,社会学者们便尝试利用实践论的理论框架来思考环境变化问题。荷兰籍环境社会学家赫特·斯巴哈伦(Gert Spaargaren)最早于1994年就曾提出要利用实践论来重新审视消费过程的研究设想,主张将消费看作一系列社会实践并重点关注这些实践的环境后果。斯巴哈伦的这一设想在他1997年完成的博士论文和此后一系列的重要作品中得到了进一步完善(Spaargaren, 2011, 2003, 1997)。实践理论家修芙也对消费的环境后果予以了很多关注,她在一系列重要的著作中论述了日常消费实践潜在的环境可持续性问题(Shove et al., 2013; Shove, 2010, 2003)。在以上两位社会学家及其研究团队的大力号召下,越来越多环境研究者开始注意到实践论的理论价值(Warde, 2014, 2005)。实践论的引入解决了环境社会学研究领域长期以来的一个理论困境,即由于过分关注现代工业生产的环境影响,而较少着墨于消费与环境的关系方面。实践论不仅可以用于考察日常消费实践产生的不利环境影响,也为如何通过重构实践缩减这些不利影响提供了理论支持(斯巴哈伦称之为"消费领域的生态现代化理论"),从而提供了一个研究可持续消费(sustainable consumption)的全新角度①。

既然实践论可以成功应用于可持续消费研究,那么我们可以进一步探索实践与一般环境议题的关联,以发展出一个更具综合性的环境变化研究视角。尽管消费构成当前社会生活的一个重要领域(在"消费者社会"中尤为如此),但可持续消费研究不太可能完全覆盖所有的环境变化研究议题。在生产、政治、文化等消费以外的其他日常生活领域,也各自包含了一些与环境变化息息相关的实践,它们在一些特定时空情境中对环境变化的影响可能更大。因此,在将实践论应用于研究环境议题时不应局限于消

① 有关实践论对可持续消费研究的详细理论解释和研究案例,请参见笔者之前的一篇综述文章(范叶超,2017)。

费领域，应当从更加多样化的日常生活领域探索实践论对环境变化研究的启示。

笔者认为，实践论对我们开展中国乡村日常生活与环境变化方面的研究具有重要启示。其中，最重要的启示体现在对社会分析单位的锚定上，即将洗衣、做饭、居住、出行、务农等实践作为乡村日常生活的核心分析单位，并基于日常实践的特质来解释乡村环境变化。具体来说，以日常实践为基础的环境变化研究其独特性概括起来至少有以下四方面。

一、揭示乡村日常实践再生产的隐蔽环境影响

实践论认为实践具有物质性，可以表现为实践的开展通常会涉及一定质或量的物质消耗。例如，日常生活中许多实践活动（如洗衣、做饭、出行）的开展往往伴随着对水、空气、能源、原材料等物质的消耗[①]。日常实践带来的物质消耗过程由于不起眼（inconspicuous）而往往难以被察觉，某项实践消耗的物质量在短时间内通常也不足以立即引起显著环境变化（Warde，2005）。但日常实践的物质消耗具有累积性，在一些情况下，产生的环境影响会明显叠加，例如：消耗的物质本身具有稀缺性，日常生活中诸多实践的开展都高度依赖某种物质，实践者规模的扩大，等等。聚沙成塔，集腋成裘。当日常实践消耗的某种物质量到达一定水平并超过生态系统的承载能力时，便很可能导致环境退化问题。

在既有乡村环境变化研究中，研究者们聚焦在工业化、市场化、现代化等乡村社会的宏观转型进程给生态系统运行带来的显著干扰，而容易忽视微观日常生活中那些隐蔽且微小的物质消耗所具有的累积效应也可能导致环境退化。以实践作为核心分析单位的环境变化研究提示我们，即便是在前现代农业社会，乡村日常生活对生态环境的影响也一直在以一种不起眼的方式累积发生，一些环境变化正是隐藏在乡村日常实践的再生产过程中。换言之，很多乡村日常实践的开展都是以物质消耗为前提的，它们对环境的干扰从未消失过，只是因为尚未累积到能够引起显著环境变化的水平而常被忽略。透过实践论的视角，我们可以观察不同乡村日常实践消耗的物质种类和数量特征，进而判断具体有哪些物质密集的实践在显著影响着乡村环境变化。

二、将乡村日常实践的绿色重构设定为环境治理目标

如果承认日常实践开展伴随的物质消耗对环境变化的影响，那么，如何有效减少

① 这些消耗一部分固定了下来成为重要的社会景观，如房屋、马路、交通工具等；一些则重新回归到了自然环境中，如固体废弃物、废气、污水等。

这些物质消耗自然成为环境治理需要重点思考的问题。实践论主张基于实践兴起、延续和消亡的动态性来理解日常生活领域的变迁，任何试图转变日常生活的政策安排都应致力于重构日常实践(Strengers et al.，2014；Shove et al.，2012)。如要促进日常生活往环境可持续的方向转型，环境治理的目标可以锁定为改造那些物质密集的日常实践。具体到环境决策中，政策制定者们应当尝试识别出那些物质密集的日常实践，并充分理解这些实践的社会动态过程，在此基础上通过必要政策干预减少这些实践对物质的消耗，或者推广相对可持续的物质替代原先实践中不可持续的物质元素，以实现实践的绿色重构。

将日常实践的绿色重构作为乡村环境治理的目标暗含了一种追求乡村社会良性运行与环境保护"双赢"的美好愿景。具体来说，乡村环境治理虽然以减缓和遏制乡村环境退化作为终极目标，但却并不一定要以彻底摒弃或中断乡村生活作为达鹄手段(某种意义上的"休克疗法")，因为这会直接冲击到乡村居民的日常生活秩序，甚至降低村民生活质量，将他们开展日常生活的正常需求与环境保护直接对立起来。所以，要想实现乡村环境质量的实质改善，环境政策的着力点需放在那些乡村日常实践的改造上，推动它们朝可持续的方向转变。就此而言，实践导向的乡村环境治理实际上倡导的是一种类似生态现代化理念的环境治理策略——在不影响乡村日常实践正常开展的前提下让它们的环境影响最小化，从而实现乡村日常生活的良性运行与环境保护二者间的平衡。

三、在日常实践中理解乡村居民的环境行动

实践论认为，人是实践的承载者，实践只有经由人的开展才能得以延续。第一代实践理论家吉登斯(Giddens，1984)指出，人的行动并不受任何理论性的话语意识支配，而是人在一种无法言明的实践意识监控下开展实践的过程；实践意识既是人关于开展特定实践的知识和技能，也是人作为实践者能动性的主要体现。第二代实践理论家们进一步拓展了关于实践者能动性的论述，认为个体关于特定实践的情感体验也会影响他们对实践的选择和忠诚度(Schatzki，2017；Weenink et al.，2016)。根据实践论对实践者的描绘，人在日常生活中的行动并非个体主义假设的那样是经由理性计算后的选择，也非结构主义认定的那样完全是一种被动反应的结果，而是由他们在开展日常实践过程中逐渐形成的能动性之具体体现。只有深入分析指引人们开展日常实践的能动性，我们才能真正理解人的日常社会行动。

乡村居民日常生活中的行动在乡村环境变化中的作用不应被低估，特别是那些与物质消耗直接相关的行动，如用水、用能、用材等。根据实践论，这些行动不是孤立存

在的，而是嵌在特定日常实践中，服务于实践的具体开展。例如，洗衣、做饭、洗澡、清洁等乡村日常实践的开展均包含用水的行动。但我们既不能将乡村居民这些与物质消耗相关的行动还原为他们个体的选择，也不能理所当然地期待改变行动的外在条件就会让他们作出相应的行动调整，而应该尝试将这些行动作为日常实践的一部分来把握。对日常实践的绿色重构不能忽视乡村居民的能动性：一方面，在乡村地区推广一些更为可持续的日常实践时，要充分考虑到乡村居民对外来事物的接受能力，同时要向乡村居民传授相应的实践知识和技能，帮助他们更顺利地接纳和开展可持续的新实践；另一方面，乡村居民对现有日常实践的情感体验也需要被尊重和理解，一些日常实践尽管具有较大的环境影响，但却承载着重要的社会意义与符号，如果强行将村民与这些实践分离，很容易激起他们的抵触与抗争，环境治理的社会基础也会因此被削弱。

四、基于跨地域的日常实践关联评估网络化对乡村环境变化的影响

卡斯特(Castells, 1996)的网络社会理论指出，21世纪人类社会生活是高度网络化的，不同地方的社会生活逐渐互相关联，原先相对孤立的地方社会生活开始接入网络社会，使得经济、政治和文化领域中的许多实践活动的开展不再受到地理邻近性的限制，而能够在更大的社会空间范围内得到安排。实践论虽然擅长分析微观的、小规模的社会现象，但同样可以应用于分析类似于网络化这样宏观的、大规模社会现象(Schatzki, 2016a)。实践论主张不同的实践间并非彼此独立存在，而是会相互关联并构成各种各样的实践复合体(Schatzki, 2012; Shove et al., 2012)。一些实践理论家还指出，实践间的关联并不局限于特定地域范围内，而具有解域性(de-territoriality)。例如，尼科里尼(Nicolini, 2012, 2009)提出的“拉远法”主张从一个更宽阔的视野来研究实践间的关联，并特别提醒研究者注意追踪地方实践借助跨地域的实践关联产生的跨地方影响(trans-local effects of local practices)，这与卡斯特所言的网络社会概念具有亲和性，我们可以借助对跨地域日常实践关联的分析来考察网络化是如何塑造特定地域内的日常生活的。

对跨地域日常实践关联的考察有助于展现网络化对乡村环境变化的复杂影响。网络化带来了资本、信息、技术、组织互动、声影、符号以及物质跨地域的大量流动，这些流动构成了实践的一些基本元素并且可以通过网络社会中实践间的跨地域关联来影响乡村环境变化。一方面，跨地域的物质流动表明，网络社会中乡村日常实践产生的环境影响不再局限于一时一地，而可能借助网络传递到其他更大空间范围，乡村环境相对应地也会受到来自乡村社会以外其他实践的影响。另一方面，跨地域的非物质流动可能会诱发乡村日常实践的变迁，变迁的结果既有可能会加剧乡村环境退化问

题，也有可能会为乡村环境治理带来新机遇。概言之，网络化重塑了乡村环境变化的社会动态过程，实践论则为研究者们全面评估网络化与乡村环境变化的关系提供了一个观察角度。

综上所述，实践论对当前的环境变化研究具有许多重要启示，以日常实践作为核心分析单位的环境变化研究可以有效弥补既有环境变化研究的一些理论解释短板，同时也为本书考察日常生活中的环境变化提供了一个具有借鉴价值的新视角。

第六节 本书的综合分析框架

本书是将实践论运用于分析中国乡村环境变化的一次尝试。通过选取一个社会变迁和环境变化在近代都十分显著的闽西乡村聚落——溪地作为研究案例，本书试图检验实践论对不同环境变化议题的解释力。根据文献梳理的结果，笔者提炼出一个“嵌套式”的综合分析框架（见图 2-1），描绘了接下来各章实证分析的基本思路。

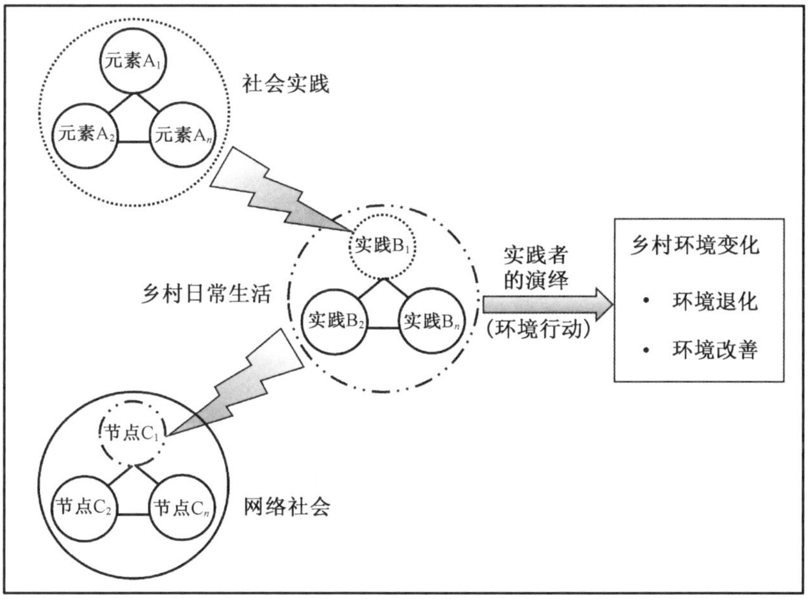

图 2-1　本书的综合分析框架

图 2-1 中分析框架的左边由 3 个嵌套的部分组成，分别用社会实践、乡村日常生活和网络社会 3 个概念来表示，其中：社会实践 B_1 是由 A_1，A_2，…，A_n 等不同元素相互关联构成的；在此基础上，实践 B_1 和 B_2，…，B_n 等其他实践相互关联，织就了乡村日常生活；进一步，在网络社会中，乡村日常生活只是网络社会的一个节点 C_1，它与 C_2，…，

C_n等其他社会生活相互关联。实践构成了以上嵌套模型的核心分析单位。据该模型，乡村日常生活借助实践者(乡村居民)的演绎作用于环境变化，造成环境退化和环境改善两种不同的环境后果(分析框架的右边)。在接下来各章的分析中，根据具体的乡村环境变化议题，本书的分析重点将在模型的不同层次之间切换，并会利用一些辅助理论(auxiliary theories)分别发展出更加精细的实践论解释模型。

第三章——实践的代谢：传统乡村日常生活的再生产与环境退化

牛山之木尝美矣，以其郊于大国也，斧斤伐之，可以为美乎？是其日夜之所息，雨露之所润，非无萌蘖之生焉，牛羊又从而牧之，是以若彼濯濯也。人见其濯濯也，以为未尝有材焉，此岂山之性也哉？

——《孟子·告子上》

第一节
前现代性社会的生态平衡：事实抑或迷思

战国时期，邻近北方某大国的牛山昔日里林木丰茂、景色秀丽。但由于当时人们毫无节制地采伐，牛山的森林很快所剩无几。在一些放牧活动的作用下，迹地的植被再生能力也被抑制，牛山最终变成了光秃秃的面貌。这便是成语“牛山濯濯”（亦作“童山濯濯”）的由来。孟圣人提到的牛山因年代久远已不可考，但在此后长达数千年的中华文明中，牛山的环境悲剧在这片广袤大地的许多角落都轮番上演过，有的影响甚至一度延续至近现代。例如，据《诗经》记载，历史上黄土高原地区曾经“阪有桑，隰有杨”（《国风・秦风・车邻》），“鴥彼晨风，郁彼北林”（《国风・秦风・晨风》），“呦呦鹿鸣，食野之苹”（《小雅・鹿鸣》），与该地区现今千沟万壑、“风沙茫茫满山谷”（歌曲《信天游》）的景象形成强烈对比，不禁令人唏嘘。

牛山以及黄土高原生态恶化的历史经验表明，环境问题并不是在当代人类社会追求工业化、城镇化和科技进步等现代化发展进程中才出现的。相反，正如环境史研究所揭示的，人类活动对自然环境的不利影响自人类文明诞生以来一直都存在，至少在中国历史上，由人为因素导致的环境恶化案例屡见不鲜（王星光 等，2016；鲁西奇 等，2011；Bao，2004；Elvin，2004）。尽管如此，国内环境社会学界迄今对前现代中国社会的环境问题关注却相当有限。一项文献回顾指出，国内环境社会学研究对中国环境问题之社会成因的解释大体上沿袭了同一预设，即中国的环境问题是在工业化、城镇化、市场化等改革开放以来的现代化进程中才产生的。但是，这样一种预设首先在时间上将现代化时期和前现代时期割裂开来理解，非但容易陷入“改革开放前没有环境问题”的迷思，更有可能因为“误读了历史而无法正确解释改革开放以来环境问题的发生机制”（包智明 等，2011：200）。这一不足在当前有关中国乡村环境问题的环境社会学研究中表现得尤为突出。

21 世纪以来，国内环境社会学研究数量在持续增长（洪大用 等，2015；顾金土等，2011a），其中，相当多一部分研究都以中国乡村环境问题为研究主题。需要肯定的是，这些研究首先在很大程度上有助于我们了解当前我国广大乡村地区日渐凸显的诸如工业污染（陈阿江，2000）、乡村面源污染（洪大用 等，2004）、垃圾处理（卢春天，2003）、土地退化（荀丽丽 等，2007）等环境事实，研究者们也纷纷从社会学的角度对这些环境问题的成因提出了一些颇有见地的解释。整体上看，这些研究大多倾向于选择“乡村社会现代化转型背景下的环境问题”之叙事框架。从议题选择上看，既有研究明显更加关注城镇化、工业化和市场化以来中国乡村新衍生的一系列环境问题，研究的时间背景也大多限定在改革开放后①。相应地，在解释思路方面，目前绝大多数研究也都倾向于将中国乡村环境问题置于发展主义或现代化的进程中来理解（耿言虎，2017a；李华 等，2014；王晓毅，2014，2010；麻国庆，2013；张玉林，2006；洪大用，2001）。

笔者在此并不是要否定40多年来中国乡村的发展或开发历程对环境的负面影响，事实也表明，广大乡村当下普遍面临的许多环境问题（特别是环境健康与污染类问题）的确与其现代化进程具有一定同步性。但如果考虑到一些局部乡村地区在城镇化、工业化和市场化尚未开启前就已存在诸如生物多样性损失、植被破坏、资源短缺、荒漠化等环境问题，不难发现，“乡村社会从传统向现代转型”的框架并非适用于理解所有类型的乡村环境议题。进一步，在既有研究中，传统乡村日常生活通常被认为蕴藏了许多朴素的环保智慧，而作为传统乡村文化符号“载体”的乡村居民也被相应假设为环境“保护者”或“守护者”的正面角色；伴随乡村日常生活领域的现代化转型，原本和谐的人与自然关系逐渐被打破，最终招致了环境厄运（陈祥军，2015；荀丽丽，2011；陈阿江，2008；张雯，2008；麻国庆，2001）。这样一条解释思路固然有其合理性，但却并不能让人完全信服，因为它同样剪裁掉了发生在传统乡村社会背景下的那些环境退化事实②。综合来看，在近代乡村社会现代化转型的宏大叙事下，传统乡村日常生活的物质性以及人与自然环境关系的复杂性都明显被低估了。

本章试图要探讨的问题是：在前现代社会（包括传统乡村社会），人类是如何与自然环境互动的？由此引发过何种类型的环境问题？传统乡村日常生活又在这一时期的环境退化中起到了什么样的作用？对目前许多以现代社会与环境的互动为解释对象的环境社会学理论而言，以上这些问题明显超出了它们的理解范畴，故必须寻找一个更具综合性的分析框架。进一步，通过回溯研究区域（溪地镇和双屿乡）整个前现代

① 也有少量研究关注到了中华人民共和国成立初期二三十年间的政治运动对乡村环境产生的不利影响，特别是“大跃进”和“文化大革命”期间的乡村生态破坏问题（耿言虎，2014）。

② 正如有研究指出，中国古代传统社会的“天人合一”思想虽然与现代环保主义具有亲和性，但却从未实际改善过古代环境状况（肖巍，2004）。

时期的历史，本章选取了当地环境史上一个突出的长期环境退化问题作为研究案例。基于对该案例的剖析，本章旨在还原当地不同历史时期的日常生活与地方环境互动的基本模式，并着重考察“社会-环境”互动模式的动态变化在该环境退化案例中所扮演的关键角色。

第二节 实践的代谢：一个前现代“社会-环境”互动的分析框架

社会与环境的互动关系构成了环境社会学研究的核心任务（Catton et al.，1978）。在生产跑步机、生态现代化等一些西方经典环境社会学理论中，社会的概念往往等同于现代工业社会，工业化之前的传统社会及其环境问题并不在这些理论的考察范围内。即便是专注于解释现代工业社会中的环境问题，环境社会学在发展至20世纪90年代时也面临被其他研究学科边缘化的危机。彼时，兴起于工业生态学领域的工业代谢分析（industrial metabolism analysis，指研究现代工业生产过程中的物质流动）吸引了来自不同学科背景众多环境研究者们的关注，但环境社会学却迟迟未能参与到这场重要的学术前沿对话中。直至20世纪90年代末，奥地利女性环境社会学家玛丽娜·费希尔-科沃斯基（Marina Fischer-Kowalski）携其团队（即“维也纳学派”，The Vienna School）通过澄清社会生活的物质性，成功将工业代谢分析的基本理念引入并重新诠释人类社会与自然环境的一般互动关系，在此基础上提出了一个全新的环境社会学理论范式——社会代谢理论（Social/Societal/Society's Metabolism Theory）。

一、社会代谢理论概述

代谢的概念最早出现在生物学研究中，是单个生物有机体内“一系列交叉连锁有机化学反应的总称”（黄厚哲，1984：172），它包括有机体把从外界环境中获取的营养物质转变成自身组成物质并且储存能量的所有化学过程和有机体将体内的大分子转化为小分子并释放出能量的所有化学过程（即“分解代谢”）。生态学进一步拓宽了代谢概念的范畴，借以泛指自然界所有意义上的有机体（包括生物个体、种群、群落和生态系统等）与其外界环境间发生的物质交换过程（Odum et al.，1959：7）。如果我们将人类社会看成是一个有机体（社会学家斯宾塞的代表观点），那么一个社会与其自然环境同样存在以物质输入和输出为表征的代谢交换过程。例如,马克思和恩格斯在《资本论》中曾使用代谢的概念来分析资本主义制度下受利润驱动的“大农业”生产对土地环境的负面影响。他们指出,“大农业”生产使得人类社会与自然环境之间的代谢交换出现“断层”(rift)——与土壤肥力保持有关的物质在被大量攫取后而流失,土地环境原本的平衡状态因此变得难以为继(Foster, 2013, 1999; Dickens, 2004; Martinez-Alier, 2007)。

与马克思和恩格斯相比,维也纳学派提出的社会代谢理论的解释对象不再局限于现代资本主义社会,而是针对整个人类社会不同发展阶段(采集狩猎社会、农业社会、工业社会)下“社会-自然”的不同互动关系提供了一条更具综合性的解释思路。费希尔-科沃斯基等首先对“社会”这一关键概念作了澄清,认为社会是一个由符号和物质共同构筑的混合体(hybrid)系统,它既包含了使得人类社会区别于自然生态系统的文化符号系统,同时也包括了由一系列生物物理元素组成的各种物质部件(material compartments)——它们是自然环境与社会系统的交集所在,涵盖了两个系统的一系列具体互动内容(Fischer-Kowalski et al., 1999; Fischer-Kowalski, 1997)。社会系统的物质部件大致可分为人口、牲畜、人造物三类(Fischer-Kowalski et al., 2016; Fischer-Kowalski, 1998):一方面,一个社会中的人口及其饲养的牲畜本身都是生物有机体,他们的生理活动本身就需要与自然环境发生代谢交换;另一方面,房屋、道路、基础设施、工具、机器、车辆等基于特定社会需求和文化符号而被创造出来的人造物也构成了社会系统物质部件的重要内容,它们虽然不是生命有机体,但其创造过程本身以及后续的使用和维修过程同样需要与自然环境发生类似的物质交换。总的来说,由于人、牲畜和人造物等物质部件的生产和再生产都连带着物质的攫取、转化、分配、消费和丢弃(“从摇篮到坟墓”),一个社会因此也可近似地看作一个具有代谢机制的有机体:每个社会为了维持自身相应的代谢谱(metabolic profile)都需要不断与其外界环境发生物质交换。

通过强调人类社会对自然环境的另一条重要干预路径(社会的物质输入),社会代谢概念特别有助于理解工业化以前社会与自然的互动关系。尽管如此,该概念依然不能完全反映“社会-环境”的互动关系,因为人类社会与自然环境的互动并不只是代谢交换关系,还有其他的互动形式。这便涉及社会代谢理论的另一个关键概念——自然殖民(colonization of nature/colonizing nature)。

根据社会代谢理论,自然殖民是指“出于提高自然对社会的实用性的目的,通过组织化的社会干预方式对自然过程实施的有意识的和持续性的改造”(Fischer-Kowalski et al., 1999:234)。自然殖民具有多种表现形式,它们包括:将自然生态系统改造为牧场、耕地等农业生态系统或人类居住空间，驯养动物，修改物种基因密码，等等，不一而足。自然殖民旨在维持一个社会系统特定的代谢谱，可以被视为确保自然资源能够持续、稳定地服务于社会代谢的一种策略。例如，当自然环境不能提供社会代谢所需的生物量（biomass）水平时，社会则会寻求自然殖民的策略将一部分自然生态系统改造为农业生态系统，进而提高环境的净初级生产力（Net Primary Production）。相比社会代谢，自然殖民虽然并不涉及社会系统与自然环境间的物质交换，但同样是“社会-环境”互动的重要内容。从对自然环境的影响来看，一方面，自然殖民的过程本身就伴随着一些显著的环境变化，有些变化可能是人类社会所期望的，自然殖民改造后的环境可以更好地服务于社会代谢；但另一方面，自然殖民也有可能会导致一些负面环境结果，如植被破坏、生物多样性损失、土地退化等等。需要指出的是，自然殖民的结果也并不是一劳永逸的。当社会减弱或停止对自然殖民时，已经殖民化的自然环境也可能在生物地球化学循环作用下一定程度上回归原本的自然过程（如垦荒而得的耕地在休耕后可能会重新变为荒地、林地），即生态学研究中生态系统的自然恢复过程。

社会代谢理论一经提出便在国外环境社会科学界引起强烈反响。一方面，如前所述，与既有理论视角相比，社会代谢理论对“社会-环境”互动的解释不再局限于现代工业社会，而是通过找回社会向自然环境的物质攫取过程将前现代社会中人类对环境的影响也纳入了考察范围，所以要更加综合和全面；另一方面，社会代谢理论将“社会”概念操作为社会系统，且并未对系统的层次、类型、规模等作出严格规定，故适用于考察家庭、社区、组织、区域、民族、国家等一切意义上具有系统特征的社会。基于以上理论优势，社会代谢理论在近20年来被广泛应用在实证研究中。

二、对社会代谢理论的批评与改造：以实践论为视角

社会代谢理论提供了一组富有启发性的概念工具，但也存在一些突出的理论缺陷。首先，在应用社会代谢理论指导实证研究时，研究者们普遍倾向于选择物质流计算（Material Flow Accounting）的量化分析方法——即通过计算一个社会系统流入和流出的物质量变化来呈现该社会与自然环境的互动情况（Marull et al.，2010；Huang et al.，2006；Singh et al.，2001；Schandl et al.，2002）。对此，有批评指出，大多数沿用社会代谢理论框架的研究目前都流于物质流核算的技术性分析而缺乏理论和方法上的必要反思，特别是对社会代谢这一核心理论概念的阐释仍不充分：“代谢概念像只‘黑匣子’（black box）一样继续在泛滥”（De Molina et al.，2014：55）。关于社会代谢理论的另一点批评集中在它对社会物质性的强调，这样一种“真实主义”（realism）的立场

在一些批评者看来有矫枉过正之嫌，它使得人类能动性和文化符号等在分析“社会-环境”互动时又被相对忽视了（Sieferle, 2011）。维也纳学派在近期的一项研究（Hausknost et al., 2016）中专门回应了后一点批评，澄清了人类能动性在社会代谢理论中可以扮演的重要角色，但在笔者看来，他们的回应并没能有效修补该理论中能动性和物质性两个关键社会维度间的裂痕。换言之，困扰当代社会理论界的主客体二元论同样也构成了社会代谢理论的一个悬而未决之难题。

实践论的兴起对社会代谢理论的完善具有重要启示。由上一章的文献回顾可知，实践论和社会代谢理论共同强调社会生活的物质性之维，这为两个理论的整合创造了契机。近年来，意大利社会学家达里奥·帕多文（Dario Padovan）为促进实践论和社会代谢论两个理论视角的融合做了一些具有借鉴意义的探索工作。帕多文与合作者们在 2015 年发表的一组文章（Padovan, 2015a, 2015b; Padovan et al., 2015）中指出，实践的物质性决定了它们的再生产总是要以一定的物质消耗为基础，由此触发了它们实际嵌入的社会系统与自然环境的物质交换过程，实践之于社会代谢类似于酶在有机体代谢过程中所起到的催化剂作用。同时，实践也是社会代谢的结果，由相互关联的实践织就的社会生活正是在社会代谢的过程中完成了自身的再生产。此外，实践的构成元素还牵涉到特定的意义、符号和规范等，它们也是驱动实践代谢和自然殖民的关键因素。综合来看，实践论的引入不仅有助于阐明社会代谢理论中一直晦涩不清的关键概念——社会代谢，同时也超越了该理论先前关于社会概念的主客体二元论理解。

本章试图要分析的是前现代社会与其自然环境的互动关系。受帕多文等启发，笔者在第二章综合分析框架的基础上提出了如图 3-1 所示的本章分析框架。

在图 3-1 的分析框架中，最内核的一环表示的是一个被考察的社会系统（或该社会系统的日常生活），它是由 A_1，A_2，…，A_n 等一组相互关联且各自存在一定物质消耗的实践所构成。作为基本分析单位，各个实践的物质消耗又可以细分为物质输入和物质输出两个方向（分别用白色和黑色两种箭头表示），一个社会中所有实践的物质消耗情况则代表了该社会的代谢谱，即它与自然环境总的物质流动情况。按照流动方向的差别，一个社会系统与自然环境同样包括输入和输出两个不同方向的物质交换（同样分别用白色和黑色两种箭头来表示）。此外，为了维持自身代谢谱，社会系统还需要对自然环境进行一系列的自然殖民活动（图中用菱形表示）。本章拟考察的是前现代社会的环境问题，鉴于物质输出引起的显著环境变化主要发生在现代化之后，本章将分析焦点置于物质输入一侧，即重点关注一个社会开发和利用自然资源所产生的环境影响①。

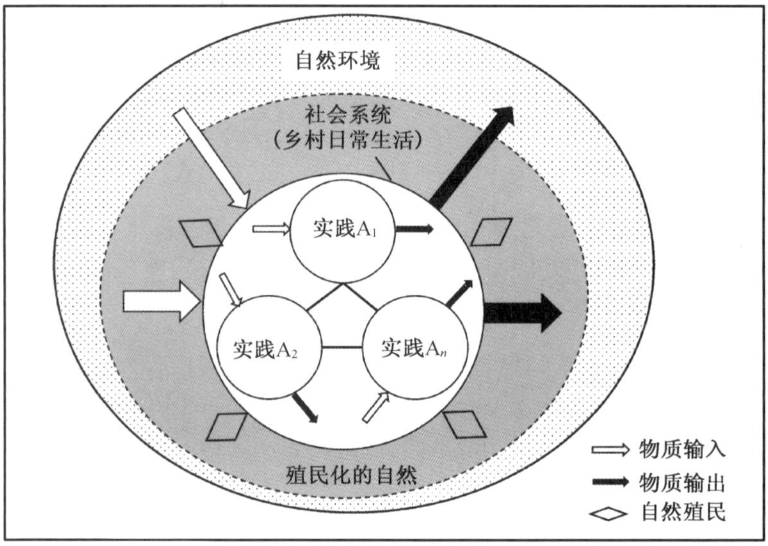

图 3-1　本章分析框架:实践的代谢

利用以上框架,在接下来的几节中,本章将以闽西一个山村群落历史上的森林退化问题作为研究案例,并结合日常实践、实践代谢、自然殖民、物质交换等关键分析概念对前现代社会与自然环境的互动过程及其环境后果予以重点分析。

① 需要说明的是,上述分析框架并没有将人口变量纳入分析。在围绕环境退化的一些理论解释中(如IPAT模型,钟兴菊 等,2016),人口一直是重要的解释变量,研究者们倾向于将环境问题视为人口规模增长的后果。如前所述,未经改造的社会代谢理论也将总人口规模的生理代谢视为一个社会的基础代谢。但正如上一章已阐明的那样,实践导向的环境变化研究主张实践而非个人行为应当为环境变化负责,作为实践"演绎者"角色的人,其环境影响已经被分解到不同的社会实践中了。本章据此认为,人口对环境的影响既是间接的,也不能还原为社会个体,故在上述分析框架中没有强调人口因素。

第三节
研究设计

一、研究案例：前现代溪地的森林退化问题

本章选取的研究案例是中华人民共和国成立前发生在闽西长汀县溪地镇境内(今溪地镇和双屿乡)的森林退化问题①。该地区在距今数千年前曾经被大片原始森林覆盖，但此后的很长一段历史时间里，在当地人类社会活动因素的持续作用下，境内原本茂密的森林植被共发生了两次大规模的退化过程，并最终酿成了一场难以逆转的生态危机。

一般认为，中国社会的现代化转型始于清末，位于东部沿海地区的乡村最早受到现代化浪潮的冲击(贺雪峰，2006；陈光金，1996)。相比之下，溪地所在的闽西现代化转型起步稍晚，直至20世纪三四十年代该地区才迎来了第一波真正意义上的现代化浪潮(温锐 等，2004)②。20世纪40年代的溪地社会尚未被卷入现代化的进程中，属于典型的传统乡村社会，中华人民共和国成立前当地的森林退化历史也为本章考察前现代社会的环境问题提供了一个绝佳研究案例。

二、森林与社会

根据联合国粮农组织(FAO)的定义，森林是指“面积在0.5公顷以上、树冠覆盖超过10%的土地并且主要不是作为农业或城市用地的土……这些树应达到5米的最低高度”③。本章将森林的概念简化为由众多高大林木所覆盖的土地，它同时也是众多其他不同生物的栖息地，构成了一个独立的生态系统。作为生态系统，森林环境除了为

---

① 有关研究区域的自然环境、地理区位、历史沿革和更多介绍，请参见导论一章。

② 吴小平(2003)的研究认为，福建土著居民的农业生产在六朝前长期落后于周边地区，这是由其特殊的地理环境和相对独立的地理单元共同决定的。

③ 参见 http://www.fao.org/tempref/docrep/fao/006/ad665e/ad665e00.pdf。

社会提供木材等森林资源外，还承担了净化空气、涵养水土、调节气候、保护生物多样性等多项生态系统服务功能。在一些自然或人为因素的作用下，森林可能会出现面积减少、森林结构丧失以及生态系统服务功能下降等森林退化现象（朱教君 等，2007），即“木材、生物多样性和任何其他产品和服务等森林整体潜在效益的长期下降”①，而不当采伐、人为纵火、过度垦殖等社会因素一直是全球范围内森林退化的主要原因。森林恢复是与森林退化相对应的一个概念，可以理解为退化的森林生态系统（包括迹地）在一定条件下其木材、生物多样性以及其他任何产品和服务等整体潜在效益的改善。按照是否有人类活动参与恢复过程，森林恢复又分为自然恢复和人工恢复两种类型（杜晓军 等，2003）。

三、资料基础

本章使用的资料主要有以下四种来源渠道：一是与溪地有关的地方志文献；二是关于整个闽西地区社会和环境状况的研究文献；三是以溪地为具体研究区域的学术研究文献；四是笔者在溪地实地调查中掌握的文本资料以及通过访谈当地居民获悉的信息。

首先是地方志文献。笔者一共搜集到 5 本溪地所在州府或县的地方志，它们都或多或少涉及溪地在不同历史时期的一些情况。按照成书的年代先后顺序，这些地方志分别是：(1) 宋代开庆元年（公元 1259 年）的州府志，简称“1259 年府志”；(2) 清代乾隆十七年（公元 1752 年）的州府志，简称“1752 年府志”；(3) 清代光绪四年（公元 1878 年）的州府志，简称“1878 年府志”；(4) 清代光绪五年（公元 1879 年）的县志，简称“1879 年县志”；(5) 民国三十一年（公元 1942 年）的县志，简称“1942 年县志”。

其次是关于古代闽西社会与环境状况的文献。这些文献主要包括对闽西客家人迁移历史的研究、对不同时期闽西社会生活的考察以及对闽西古代环境状况的记述等，它们既涉及一些古籍文献，同时也包括一些当代闽西社会研究专家所做的工作。

再次是研究区域选在溪地的近代学术研究文献。这类文献又可细分为两类：一类是直接以近代溪地的环境问题为选题的研究论文和调查报告；另一类文献则属于在溪地开展的考古学、人类学、民俗学、历史学等学科研究。按照社会学研究规范，笔者对这些研究者的真实姓名以及研究文献中出现的真实人名、地名等皆技术性地予以隐去。

① 参见 http://agris.fao.org/agris-search/search.do? recordID=XF2015010085。

最后，笔者在溪地实地调查中还掌握了一些文本资料，包括当地个别宗族的家谱、文化工作者撰写的文本以及当地政府部门的档案资料和宣传材料等。另外，通过对个别溪地知情村民（特别是年长村民）的访谈，笔者还对历史上发生于溪地的一些重要事件以及当地人过去的生产和生活方式有了大致了解。

第四节
山都木客时期的溪地森林
(新石器时代至唐末宋初)

一、"山都木客,丛萃其中"

考古发现,闽西一带早在距今至少1万年前后(旧石器时代向新石器时代的过渡时期)就有了人类活动的足迹,他们是这一地区最早的土著居民——古越族人(吴锡超,2014;尤玉柱 等,1989)。20世纪50年代,一位著名闽籍林姓人类学家曾特意前来溪地考察几处新石器时代遗址,证实溪地早在距今四五千年的新石器时代就有古越族人在此居住生活,过着原始氏族社会生活。一般认为,古越族人是闽西最早的土著居民,他们是生活在华南地区、有别于当时中原华夏族(即汉族祖先)的一支古代部族,也被认为是闽西地区后来许多土著少数族居民(如畲族)的祖先(郭启熹,2002;叶文宪,1990)。

据谢重光(1995:31)的考证,闽西一直到唐中叶前主要是土著少数族居民的居住地,汉人在这一整个区域的影响微乎其微。唐人牛肃所著的《纪闻》一书曾记述了闽西最初建制时的土著居民,并称他们为"山都木客":"(闽西境内)地多瘴疠,山都木客,丛萃其中……山都所居,其高者曰人都,在其中者曰猪都,处其下者曰鸟都。人都即人形而卑小,男子妇人自为配偶。猪都皆身如猪。鸟都皆人首,尽能人言,闻其声而不见其形,亦鬼之流也。三都皆在树窟宅,人都所居最华。"(转引自《太平寰宇记》卷一百二)从以上带有强烈猎奇心理的文字记载来看,当时居住在中原的汉人对闽西土著居民的了解十分有限,因而将他们误识为"妖怪""野人",山都木客的称谓也因此增添了几分玄幻色彩。古代闽西地区栖息的山都木客历来是国内人类学和民族学界津津乐道的话题(蒋炳钊,1983;陈国强,1963),一部分研究认为他们是古越族人的后裔,但也有研究认为他们是先于汉人迁来闽西的畲族人①。由于年代久远且文献记载不详,诸多细节已不可考,笔者决定沿用山都木客来指代溪地土著居民(包括古越族人),并将唐末宋初前的溪地人类历史统称为"山都木客时期"。

二、山都木客们的日常生活

上文提及的林姓人类学家基于对溪地几处新石器时代遗址的考古发现,在 1957 年公开发表的一篇学术论文中对数千年前②当地最早的一支山都木客——古越族人社会生活的诸多细节予以了还原:

我们可以想象当时应有人类的集团住在这个地方。他们已有固定的住所,在这十个遗址的山上……山上无洞穴,他们的住所应是构筑竹木的屋子,在山顶或山坡稍平的地点。……但自石器时代过后人类不再住在山上,竹木的屋子朽烂消灭,垃圾土被冲刷到山下,一直剥蚀到露出自然土,故现在看不到建筑遗址,只有石器陶器留在原处。

当时人类的生活方法应已有几种。采集天产的草、根、木、实、雏、卵、虫、贝当然还是继续着。石镞很多,可证已能用弓箭猎取小鸟兽。由陶器上的方格纹以及陶网坠的存在,可知已能结网,有网便能捞鱼。当时已在新石器时代,应已晓得种植果树菜蔬甚至谷物,因为陶器是食物的容器,食物多方需要陶器,食物之中谷物的烹煮尤其需要陶器,故陶器之多可以证明已有谷物。

他们的生产工具便是磨光的新石器。石器已有很多类可供各种用途:石锛用于预备食物,制造竹木等器物,有段石锛加了柄可以增加工作效力,为重要的工具,石镞、石枪用于打猎。还有其他种类用于别事。制造石器的工艺已经很精,除了撞击剥削等旧石器时代遗留下来的技术之外,还晓得锯断、穿孔、磨光等法。除了石器之外应还有竹木器、骨角器等,但不能保留下来。溪边石卵很多,当时的人必定会拾取投掷动物,作为一种武器,但这是不必加工的,所以不能算作遗物。

陶片上有小方格纹,很像是由麻布印成,又已有陶制纺轮,故可证已知纺织,即已经有布和绳子、带子,也即已有布制的衣服。

他们的生产工具还是石器和竹木器等,故生产力还是比铜器时代低,其生产方法必是集体劳动,故当然是在原始共产社会。但已进到末期,其构成的集团应是氏族……

---

① 1878 年府志有如下记载:"唐时初置州,徙内地民居之,而本土之苗,仍杂处期间,今人呼为畲客。"

② 溪地境内出土的新石器时代文物后经测定属于距今 4 000 年左右的新石器时代。

他们的意识形态比较难以推知，但由他们制造石器陶器的技术可知智力已很发达，很能认识自然物的性质和形态。由于石器的形体对称，陶器的花纹复杂美观，可知已有审美的观念。

（节选自林姓人类学家1957年发表的溪地考古调查报告）

由以上文字片段可知，早在几千年前，溪地就有了过着原始氏族社会生活的古越族人，他们的日常生活已经涵盖了近十种相互关联的实践活动。除了采集和狩猎两类对所有原始社会都十分重要的实践，上文还推测称溪地古越族人很可能懂得种植谷物。果真如此的话，这表明当时的溪地社会可能已经诞生了原始农业生产实践。

自新石器时代的古越族人后，溪地的山都木客时期又延续了长达近三千年。在此期间，中原汉民社会于春秋战国时期已经完成农业革命并步入农业社会，但闽西社会的发展直至唐代中叶都相对缓慢，一直停留在原始社会阶段，突出体现在农业生产实践方面未有显著发展。1752年府志对清初溪地一带（推算距溪地镇约25公里）另一支山都木客——畲族人之后裔的日常生活有如下记载：

（县）东南百余里，有徭民焉。结庐山谷，诛茅为瓦，编竹为篱，伏荻为户牖，临清溪栖茂树，阴翳蓊郁然深曲。其男子不巾帽，短衫阔袖，椎髻跣足，黎面青睛，长身猿臂，声哑哑如鸟，人呼其名曰畲客。妇人不笄饰，结草珠，若璎珞蒙髻上，明眸皓齿白皙，经霜日不改；析薪荷畚，履层崖如平地也。以盘、蓝、篓为姓，三姓自相匹偶，不与乡人通。种山为业，夫妇皆作。生子坠地，浴泉间，不避风日。所树艺曰稜米，实大且长，味甘香，所产姜、薯、蓣、豆、菇、笋品不一，所收酿有蜂蜜，所畜有鱼、豕、鸡、鹜，皆鬻于市。粪田以火土，草木黄落，烈山泽，雨瀑灰浏，田遂肥饶，播种布谷，不耘耔而获。精射猎，以药注弩矢，着禽兽立毙。供宾客，悉山雉、野兔、狐、兔、鼠、蚓为敬。豺、豹、虎、兕间经其境，群相喜，谓野菜，操弩矢往，不逾时，手拽而归。俗信巫事鬼，祷祠祭赛，则刑牲庀具，戴树皮冠，歌者言，击饶吹角，跳舞达旦。送死，棺椁无度，号泣无文，三日而葬，远族皆至，导饮极欢而去。其散处也，随山迁徙，去瘠就腴，无定居，故无酋长统摄。

（节选自1752年府志）

以上文字片段记载的是清顺治年间（公元1638—1661年）溪地一带土著畲民社区的日常生活。需要说明的是，当时溪地已有大量汉民迁居此地，大多数山都木客们此前要么早已融入汉民社会、搬到山下居住，要么数百年前已迁离溪地（郭启熹，2002）。因此，上述文字提及的畲民社区应当是溪地附近至清初仅剩的山都木客。如果我们将这支当时已经罕见的山都木客后裔与古越族人比较则不难发现，尽管时过境迁，他们的日常生活却共享了一些相似的实践，例如：都在深山里居住竹制结构的屋子，同样从事着采集和狩猎的生产实践等。与考古揭示的古越族人的生活相比，当时的畲民日常生活也有了一些新的发展，表现为酿蜜、饲养禽畜、祭祀、送葬等新出现的日常实践。

“种山为业”表明当时溪地一带畲民的日常生活中已确定有农业生产实践。由“粪田以火土，草木黄落，烈山泽，雨瀑灰浏，田遂肥饶，播种布谷，不耘耔而获”①等相关描述可知，畲民社会的农业生产本质上是一种“刀耕火种”的原始农业生产实践。考虑到当时溪地汉民社会从事的是“精耕细作”的农业生产实践，刀耕火种实践只有可能是当地畲民从祖先（甚至包括古越族人）那里继承而来。以此反推，这些畲族人的祖先很可能到山都木客时期结束时还从事着原始农业生产实践。据此可进一步推论，相比中原汉人社会早在春秋战国时期就已转型至农业社会，在整个漫长的山都木客时期，溪地社会可能都未实现向农业社会的转型，而是一直停留在原始社会的发展阶段，至其晚期最多也只能算作是准农业社会。

三、原始林的局部退化与整体平衡

山都木客时期的溪地土著居民是如何与其自然环境互动的呢？尽管缺乏具体的数据资料，但我们仍然可以从山都木客时期溪地土著居民们从事的日常实践中寻找到一丝线索。

在以上还原出的溪地山都木客们从事的一些日常实践中，每项实践都或多或少涉及自然资源的利用，但能够直接利用当地森林资源的实践主要包括采集、狩猎、造屋、刀耕火种这几类。其中，采集实践据估算一般对自然环境的实际影响并不大（马立博，2010：99），故可以忽略不计；狩猎涉及对多种野生动物资源的捕杀，从而在一定程度上会损害到森林生态系统的生物多样性②，但还不至于引起森林退化；原始社会人类居住的房屋结构一般较为简单，建造所需消耗的木料也较少，也属于环境影响较小的日常实践。相较之下，刀耕火种代表的原始农业生产是山都木客时期溪地土著居民对森林资源消耗最大的一类日常实践。

尹绍亭和耿言虎两位学者对云南少数民族部落的刀耕火种实践与森林退化的关系曾进行过一系列的专门研究（耿言虎，2014；尹绍亭，2008，2000，2002）。他们发现，刀耕火种是一种源自新石器时代的古老农业生产实践，刀耕火种分别意指砍伐和焚烧树木，借以获得耕种所需的肥料和土地。换言之，刀耕火种实践的开展和再生产会消耗木料，因此是以一定面积的森林破坏为基础的，势必会引起局部森林的退化。如前

① 这句话翻译成白话文是：用火烧过的土来给田施肥，草木枯黄时分放火焚烧山岭和沼泽，雨水冲刷灰烬（“浏”通“流”），田于是就获得了肥力，在此基础上播种，不用翻土、除草就收获了。

② 例如，考古发现旧石器时代地球上有近 30 种冰河世纪巨型动物的灭绝似乎都与当时人类的大肆捕杀有关（Ponting，1991）。

所述，溪地一带畲族土著居民同样从事着刀耕火种实践，由此推断山都木客时期的溪地森林在局部地区(特别是土著居民的栖息地)可能因此发生过退化现象。

刀耕火种导致的局部森林退化虽是事实，但从以上文献记载来看，山都木客时期溪地所处的闽西地区却一直为茂密森林所覆盖，似乎并未受到刀耕火种的太大冲击。例如，西汉建元六年(公元前135年)淮南王刘安的一封谏文曾对当时闽西的原始森林环境做了如下描述："地深昧而多水险……夹以深林丛竹，水道上下击石，林中多蝮蛇猛兽。"(《汉书·严助传》卷六四)唐人牛肃的《纪闻》一书也对溪地所在州域的环境状况有类似记述："山深，林木秀茂。"(转引自《太平寰宇记》卷一百二)此外，1878年府志中也描绘过唐代置州之初溪地一带的原始自然风貌："莽莽万重山，苍然一色，人迹罕到……"综合来看，山都木客时期的溪地森林整体上可能受刀耕火种的影响较小，并未出现大规模的退化现象。

刀耕火种实践之所以对森林的破坏是有限的，在于其具有"砍烧轮歇""循环耕种""撂荒耕作"等典型特点，即不会持续在一片林地耕种，而是待耕地土壤肥力消失后便会转战新的林区，这为退化森林的恢复预留了很大空间(杨伟兵，2001；尹绍亭，2002)。被废弃的耕地在没有外部压力的干预下可以自然生长出次生林，从而实现森林的自然修复。从实践代谢的角度来看，砍烧林木获得耕地其实是一种自然殖民活动，目的是保障农业生产实践开展所必需的肥料和土地；轮歇式的耕作可以视为一定时期内减轻或停止自然殖民，这为被殖民的自然(退化的林地)回到原本的自然过程提供了条件，也是森林可以自然修复的根本原因。溪地附近畲民的刀耕火种同样也具有"随山迁徙，去瘠就腴，无定居"特点，尽管他们很可能是迫于耕地肥力退化的环境压力才迁往他处①，但这样的一种"游耕"实践客观上却促进了退化林地的自然恢复，使得整个溪地森林生态系统长期来看仍能够维持在一定的平衡状态。

综上所述，尽管山都木客时期土著居民的刀耕火种实践很可能导致过一些局部的森林退化问题(部分土著居民栖息地附近的原始林退化成了次生林)，但溪地森林生态系统的整体平衡状况却并未受到严重干扰，这样的状况直至唐末宋初随着大批客家人的陆续到来才被逐渐打破。

① 赵冈(1996)的研究表明，畲民刀耕火种的农业生产实践极容易导致局地山岭的植被毁坏以及土地退化，栖息地的生态恶化也是驱动畲民们在不同山岭间流动迁徙的重要原因。

第五节
客家人社会的崛起与溪地原始林的大规模退化（唐末宋初至清末民初）

唐末宋初以来，随着大批中原汉人（客家先民）的迁入，溪地社会开始了向农业社会的转型。与此同时，溪地境内的原始森林也开始了史无前例的大规模退化过程。

一、颠沛流离后的安家立业

有关客家源流的许多研究（吴福文，2000；练春招，1993；罗香林，1989）表明，西晋末年起中国北方中原地区的频繁战乱揭开了中原汉人南迁浪潮的序幕，客家先民只是当时大批南下中原流民中的一支——“司豫流人”（即古河洛人）。在此波的迁移大潮中，大多数流民最终都滞集在了现今皖南、豫西南、赣中以及湖北和江苏的部分地区，他们当中只有非常小的一部分经过长途跋涉抵达了闽西。据史料记载，唐开元二十一年（公元733年），有福州官吏来到闽西巡查，发现当地居住有三千多户的汉人“避役百姓”，他将这一情况上报中央政府，次年唐政权在此置州以加强对这些流民的统治。除了“避役”自发流入闽西的少量客家人，唐王朝在置州之初也将一些中原地区的汉民安置在此地，1878年府志记载道：“唐时初置州，徙内地民居之。”第二波客家人大规模南迁浪潮大约肇始于唐末宋初时期，由于时局动荡，大批客家先民再次从长江中下游地区出走南迁，闽西则成为这一波流民的三大重要接收地之一（其余两个接收地为赣东南、粤东北）。现如今，有相当一部分闽西客家人的“开基祖”（指最早在某地开创基业的祖先）都是唐末宋初时期才迁来此地。

溪地上官氏1996年修撰的族谱记载了他们一族的流动历史：

偕公于唐元和四年（公元809年）由陕入闽，其孙洎公，字文善，迁居邵武禾平。洎公第七世裔孙潘公于宋时卜居热水新坊。潘娶毛氏，生四子：昇郎、菖蒲、若宪、敖。昇生二子：统郎、益郎。统郎生九子：新郎、留郎、金郎、豪郎、虞郎、修郎、冠郎、丰郎、尾郎。其中，……；虞郎迁虞钦；……虞郎第五世裔孙六郎公……为龙门上官氏之始祖，迁居溪地的上官宗显、宗佑即为六郎公第九世裔孙。

（节选自溪地上官氏族谱）

由此可知，上官氏的祖先偕公于9世纪初（唐末）从陕西迁入福建，最初居住在闽西北的邵武地区，其后裔的一族最终迁至溪地定居，宗显与宗佑二公则是上官氏在溪地的开基祖。上官氏裔孙世系图中记载上官宗显生于宋大观三年（公元1109年），可以估计上官一族迁往溪地的时间约为12世纪中叶（南宋时期）。上官氏并不是最早迁来溪地定居的宗族，从各族族谱记载的世代来看，许多其他客家人宗族都早于上官氏来到溪地开基。当地文化学者推算估计，刘氏、邱氏两族大约在唐末宋初时期就已迁入溪地，他们很可能是当地最早的客家先民①。而在此后的整个宋代（特别是南宋时期），亦有大批客家先民陆续迁入该地。

客家移民的陆续到来打破了溪地漫长的山都木客时期以土著居民为主的人口结构，不仅开启了当地人口此后很长一段时间内较大规模的机械增长，也标志着当地客家人社会的逐渐崛起和溪地向农业社会（即乡村社会）的转型。在经历了颠沛流离的大迁徙之后，选择在溪地定居的客家先民们开始尝试在一片由茂密原始森林覆盖的山岭间移植中原社会的日常生活，与此同时，当地原始林的覆盖面积却随着这批新住民的到来开始持续减少。

二、"山林的开启"：客家先民对溪地原始林的大规模采伐

许多历史文献都记载了在唐中叶建制之初客家先民对闽西这一区域原始林的大规模采伐。例如，唐人牛肃的《纪闻》描写了闽西客家人对原始林的大规模采伐："……（州境内）大树千余株，皆豫章，迫隘以新造州府，故斩伐林木。凡斩伐诸树，其树皆枫松，大径二三丈，高者三百尺。"（转引自《太平寰宇记》卷一百二）再如，1878年府志记载道："当造治之初（指唐代刚在此地设州时，笔者注），凡斫大树千余，树皆山都所居，天远地荒，又多妖怪（指山都木客，笔者注），獉狉如是，几疑非人所居。"从以上文献记载中可以提取到两点关键信息：一是在首批客家人抵达之际，闽西还是一派植被茂密、人兽共栖的景象，应当还是以原始林为主的环境面貌；二是客家先民在初来乍到之际曾大规模毁坏闽西地区的原始森林，大批古木在此期间被采伐。据此推测，溪地的原始林因为客家先民的迁入应当曾经历了一次大规模的采伐。采伐原始林而新空余出来的林地对客家先民而言至少有三种用途：一则被建上了民宅，二则被开垦为耕地，三则

① 一种说法是，因为刘氏一族最早在溪地定居，故溪地早期的名称为"留镇"和"柳村"，"留"与"柳"均取自"刘"的谐音。

被人工植上了生长周期更快且具有一定经济价值的杉木。

（1）民宅的建造。如前所述，无论是古越族人还是畲族人，山都木客时期的溪地土著居民似乎都更倾向于居住在山上由自己用茅草和竹木搭建的简易住所，这与客家先民从中原社会习得的居住实践存在很大差异。首先，客家人的祖先世代居住在平原地带，他们因此更倾向于在地势平坦的地带建造房屋。溪地境内以山地地形为主，溪地各族的客家先民也都选择在如今的北、中、南三村所在地段开基。其次，客家民宅的房屋结构要更为复杂，整体上需要占用更多土地，消耗更多木料。长汀县客家人居住的传统普通民宅一般为土木结构（俗称"泥瓦房"），主要由泥土夯成，仅房梁和房柱为木质结构。泥瓦房在建造时通常都会设计有大厅、天井、谷仓和至少两个房间，房屋外一侧一般还会另外搭建一个厨房，总占地面积大约为 200 平方米（见图 3-2）。与泥瓦房相比当地的大户人家则会专门建造砖木结构的住所，会设计更多的大厅、天井和房间，因此不仅需要更多的房柱来支撑，占地面积也要高出好几倍。例如，清康熙十九年（公元 1680 年），溪地李氏一族曾在北市村附近修建了一所占地 2 000 多平方米、包含 50 多个大小厅堂和 18 个小天井的大宅（当地人称之为"'九厅十八井'[①]的下大屋"），该民宅的修建统共使用了数百根直径达 50 厘米粗的房柱，均是从溪地境内的山岭砍伐所得（据《长汀县文史资料第 37 辑》）。需再次强调的是，溪地客家先民选择的宅基地并非都是开阔且平坦的非林地，绝大多数民宅应该是在原始林被采伐后的迹地上修建的。

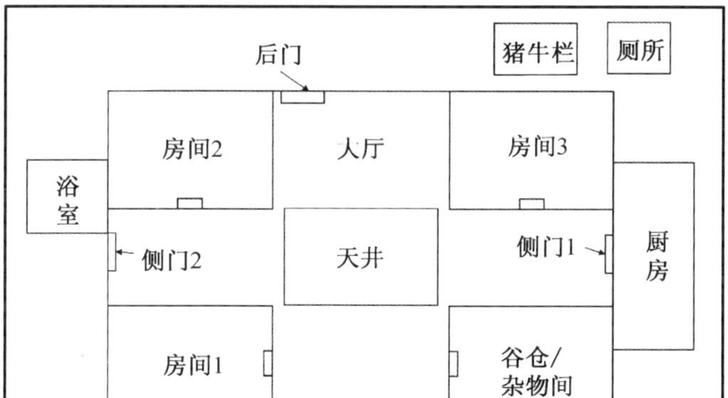

图 3-2　溪地传统客家民宅

（笔者根据网田村刘 WY 家的祖宅绘制）

---

① 九厅是指门楼、下、中、上、楼上、楼下、左花、右花等九个正向大厅，各个大厅均有不同的功用，如上厅供祭祀和族长议事，中厅用来接官议政，偏厅用于会客等；十八井包括五进厅的五井、横屋两直各五井、楼背厅三井。

（2）耕地的开垦。与溪地土著居民刀耕火种的农业生产实践相比，客家先民所熟悉的农业生产实践则可以用“精耕细作”来概括。除了生产工具的升级（铁犁牛耕的使用）和农作物的差别（水稻的引入）外，与山都木客从事的游耕制刀耕火种实践相比，精耕细作的农业生产实践最大的一点不同在于其通常是在固定的耕地上开展的。要想在一片森林覆盖的土地上推广精耕细作，首先必须要通过铲除地表植被以开垦出一定面积的固定耕地。据1259年府志记载，宋绍兴年间（公元1131—1162年），当地政权曾调度1 500名军人在闽西安营扎寨，配发相应的种子和农具，以“屯田”之名协助当地客家移民对当地山林进行大规模开垦；嘉定年间（公元1208—1224年），溪地也被分配有约30名轮差军人在此设立“奚地寨”，指导和保障汉民的开垦进程，特别是解决客家人与土著居民因为土地开发爆发的争端。

（3）人造林。原始林迹地除了被用作宅基地和耕地外，客家先民也尝试在一些山岭上种植了新的树种，尤以杉树（又作沙树）最为普遍。闽西的自然地理条件特别适宜杉木生长，其生长周期较快，通常只需二三十年便可成材（朱文蓉，2001：19）。1878年府志记载了当时闽西地区大规模的“植杉”风潮：“杉木一名沙木，插条生者，大可数围，为室奉，为棺木奉，初栽插时，跨山弥谷，栉比相属，动辄数十里。”《闽产录异》也对闽西一带人造杉林构成的新景观做了如下记述：“其木大至数周，高至十余丈，远望浓郁，株株相同。”溪地北市村郑氏一族的族谱记载称，他们的先人在清代曾“蓄山林树木售银生息”，由此可见溪地境内的原始林也开始逐渐被人造林所取代。

从实践代谢的角度来看，客家先民在溪地的定居可以理解为他们在全新的自然环境中试图移植中原社会的一系列日常生活实践。但是，溪地最初的原始自然环境并不能完全满足这些外来实践对应的代谢谱，所以溪地客家人才发动了以原始林为对象的一系列自然殖民活动，旨在创造或改善日常生活开展所必需的土地、木料等一系列物质资源的持续供应条件。从某种意义上来讲，溪地客家人社会的崛起是以对原始林不断扩大的殖民过程为基础的，客家先民们对他们的后代而言是伟大的“拓荒者”，对当地自然环境而言却是不折不扣的“殖民者”①。自然殖民的结果是，原先被茂密原始森林覆盖的层层山岭逐渐被民宅、耕地和人造林所取代。虽然我们无从得知溪地境内的原始林具体是什么时候消失的，但可以肯定的是，自客家人到来以后，溪地的原始林在一系列的自然殖民活动作用下整体上开始逐渐退化，首先突出表现为大规模采伐后森林面积的显著减少。人工林的兴起在一定程度上弥补了森林砍伐对当地生态系统的

① 殖民一词在汉语语境中虽然是贬义词，但笔者并无借此苛责客家先民的用意。实际上，人类社会自诞生以来就一直在有意或无意地控制、影响甚至掠夺自然，自然殖民几乎是所有人类的“原罪”。

影响，但无论是从林分结构还是从森林生态系统的服务质量来看，溪地原始林的整体退化是不争的事实。总的来说，溪地原始林在这一时期的大规模退化与客家移民在此重建日常生活的过程具有同步性，特别是与为了维持一系列日常实践的代谢状况而发动的自然殖民存在密切关联。

三、溪地森林的最后剪影

尽管溪地原始林随着客家人的到来大规模退化，但当地在此后长达数个世纪的时间里都依然保留有覆盖面积可观的森林。例如，在溪地镇西北方向与扬文乡接壤处有一座名为西夏山的山峰，因为是溪地一带少见的高山（海拔约600米）而成为一些文人骚客咏叹的对象。例如，元代时一位当地的吴姓诗人曾登上西夏山并记录下了他在山顶极目远眺的景色：

层峦耸翠气萧森，蜡屐梯云曲径深；
峭壁远拱青玉案，平台高傍白榆林。

至清初（顺治年间），另一位当地的范姓诗人也登上西夏山，同样作诗描述了他在山顶眺望观察到的景观：

高踞峰头望远村，万山如垤水如蜓；
茂林深树仙能住，秋月春花且共论。

笔者也曾于2016年登上过西夏山，站在山顶上，整个溪地的景色都能尽收眼底。因此，以上两位诗人所作的诗描述的正是不同历史时期溪地的环境面貌。从"层峦耸翠""茂林深树"等描述来看，元代和清初的溪地应当有相当大面积的森林植被覆盖，尽管它们很大概率是客家人到来之后新植的人造林。1752年府志收录了清代（约乾隆年间）一篇由当地人撰写的名为《溪地南市村温泉》的文章，其中也记载称当时一条流经南市村的河流上游还有由上百棵参天古松组成的一片茂密森林："汤泉略湖走瀵而北会于溪……溯溪而上二十丈为观音堂，地旷而夷，古松百余本，历落扶疏，高出云表。"另据当地民众反映，在清咸丰十年（公元1860年）太平军过境溪地时，当时许多溪地村民曾逃往红河村（溪地下辖行政村，笔者注）后山的密林里躲避（据1981年《长汀县地名录》，内部资料），表明溪地直至清末都保留有一定面积的森林。但是，以上大概是笔者能够找到的民国以前关于溪地森林的最后记载。大约自清末民初以来，溪地森林发生了第二次大规模的退化，境内许多山岭上的大片森林在不到短短100年间几乎全部消失了，最终酿成了一场极其严重的生态危机。

第六节
清末民初时期溪地的生态危机

一、近代溪地的生态恶化

20 世纪 40 年代初，时任民国福建省研究院土壤保肥试验区主任的章水尧(化名)前来溪地调研时针对溪地当时已经严重恶化的生态环境留下了这么一段文字记录：

四周山岭，尽是一片红色，闪耀着可怕的血光。树木，很少看到！偶然也杂生着几株马尾松，或木荷，正像红滑的癞秃头上长着几根黑发，萎绝而凌乱。密布的切沟，穿透到每一个角落，把整个的山面，支离碎割；有些地方，竟至半山崩缺，只剩得十余丈的危崖，有如曾经鬼斧神工的砍削，峭然耸峙。再登高望远，这些绵亘的红山，仿佛又化作无数的猪脑髓，陈列在满案鲜血的肉砧上面。在那儿，不闻虫声，不见鼠迹，不投栖息的飞鸟；只有凄怆的静寂，永伴着被毁灭了的山灵……一遇大雨，则黄色的急湍，自天边直泻而下，万马疾驰似的怒号奔跃，它们越来越拥挤，越来越猛烈，冲破堤防，冲断桥梁，冲毁庐舍，浩浩荡荡，直冲到绿田深处，化作一片汪洋。

（节选自章水尧 1942 年的溪地调研报告）

正如章水尧所描述的，至 20 世纪 40 年代初，溪地境内几乎所有山岭的森林覆盖都急剧减少，靠近南、中、北市三村附近一带的山林几乎被采伐殆尽，许多山岭都变成了触目惊心的“濯濯牛山”“火焰山”，并由此引发了严重的水土流失问题。近代溪地的生态恶化集中体现在：(1) 水旱灾害频繁。由于森林植被遭到破坏，雨不能蓄，旱不能抗。每逢雨季，大量的泥沙随着山洪冲积到山下，洪水退去之后耕地则变成了沙坝，溪地境内超过三分之一的耕地都因此变成了荒地。(2) 河道淤塞，航道被阻。因为长期大面积的水土流失，骤增的泥沙淤塞了河道，使得溪地境内许多河流的河床不断抬高(高于耕地约 1 至 1.5 米)，造成“河比田高”的景象。境内的一条江道在清代原本还可以直通邻县(据 1879 年县志、1942 年县志)，但因为河道阻塞已经不能通航了，渡口也被废弃。(3) 土壤贫瘠。由于山地土壤长期受侵蚀，其表层土已经难觅踪迹，露出粗砂粒风化层，其土壤养分含量极低，植被难以生长。(4) 小气候环境恶劣。由于大面积的山地失去植被覆盖而裸露，地面热量辐射强烈，气温升高，蒸发量增大，致使原本温润的小气候转向干热化，夏季经常出现反常的高温天气。溪地人用"山光、水浊、地瘦、人穷""晴三天闹旱灾，雨三天闹水灾"等来概括当地的生态环境恶化，这样的环境灾难持续了近大半个世纪，成为许多老溪地人无法磨灭的苦难记忆。直至 20 世纪 80 年代，随着一些有效环境治理措施的介入，溪地的生态环境才逐渐得以改善①。

很显然，近代溪地生态恶化的直接导火索是以森林面积锐减为表征的森林退化。当山岭失去森林植被覆盖之后，森林原先调节气候和涵养水土等生态系统服务功能也一并消失，由此引发了水土流失、局地气候变化、土壤退化、生物多样性损失等一连串的环境问题。溪地森林的消失具体肇始于何时呢？笔者查阅了很多文献资料，亦询问了许多当地专家和民众，但都未能给出一个确切的时间点。如果我们承认太平天国时期溪地尚有大片森林，则可以推测其森林退化时间在 1860 年以后至 1940 年以前，即清末民初时期。针对森林退化的成因，溪地坊间众说纷纭，概括起来主要有"林氏灭族说""温泉致害说""社会失序说"三种。

首先是林氏灭族说。据传说，林氏一族在古代曾是溪地人口规模最大的宗族之一，有"林半街"(意指半个街道上都住着姓林的)之称。后来，官府在溪地修建农田灌溉系统时破坏了一座林家祖坟，林氏一族的先人因不满官府的裁决结果而聚众抗争，并伺机打死了当时的知县。官府为此震怒，派一众官兵前往溪地缉拿凶手，并下令"'林'木尽烧，石头过刀，除'林'务尽，不留毛草"。林氏一族因为惧怕而连夜出走、转徙他乡，来不及外逃的则改为"李"姓以避祸。此后，溪地再无姓林的人家居住，当地也因此流传着溪地森林消失是林氏灭族招致"天谴"的说法，即溪地再也无"林"(一语双关)。笔者通过查阅地方文献发现，溪地"林氏灭族"一案在历史上确有其事，可能也确实造成了一定的森林破坏。但从时间上来看，溪地林氏的灭族事件发生在元末至正二十六年(公元 1366 年)左右，远比估计的溪地森林消失的肇始时间要早。所以，"天谴"一说只能算是民间戏说，并无科学依据。

另一种说法是温泉致害说。20 世纪 50 年代初，上文提及的那位人类学家在溪地境内进行考古调查时也注意到了彼时连片童秃的山岭，村民向他反映称可能是因为南市村的温泉散发出抑制整个境内草木生长的硫黄气味。且不论硫黄影响草木生长是否有科学依据，单单考虑到南市温泉在宋代就被开发了，当时乃至此后很长一段时间内溪地都有森林覆盖(前文甚至还提及清代离温泉不远还有一片茂密的森林)，可见温

① 关于溪地 20 世纪 80 年代的环境治理，笔者会在下一章予以专门介绍。

泉导致溪地森林消失的说法亦难采信。

溪地森林消失的第三种说法为社会失序说。按照该种说法，清末民初以来频频发生的社会动乱先后对溪地森林造成了重大破坏。清朝末年，太平军与清廷在溪地境内交战的炮火以及太平军"兵燹所至，无木不伐"的传统(曾国藩语，转引自陈嵘，1983：52)可能率先对溪地森林造成了前所未有的大规模破坏。民国初年，溪地境内发生了两次大型的宗派林权斗争(分别在1912年和1916年)，宗派之间互相疯狂抢伐对方林地的林木，再一次重创了已经十分脆弱的山林。1934年，国民党军队进驻溪地，以修路建堡为名大肆砍伐林木充作军用资材，进一步加速了境内森林的退化过程。概言之，社会失序说认为，溪地近代史上三次大规模的恶性毁林事件应当为当地生态恶化负主要责任。

社会失序说是笔者比较认同的一种说法，它在一定程度上解释了为什么溪地境内在清末仍然有文字记载的森林会在近代短短数十年间急剧恶化。社会动乱确实给溪地森林造成了重创，也是当地生态恶化的重要社会因素。但如果单单只是社会动乱，似乎尚不足以给溪地招致如此严重的生态危机。如前所述，几次社会动乱并非接连发生的，而是历次动乱都有相当长时期的时间间隔。例如，太平军过境至两次宗派林权斗争之间时隔约50年，至国民党军队进驻又经过了约20年。从时间上来看，在每一波社会动乱对溪地森林造成破坏后都有相当长一段时间的社会稳定期，从而为森林的自然恢复预留了相对充足的时间，加上当地客家人在"垦荒"进程中反映出他们已经掌握了一定的造林技术，假以时日，遭遇破坏的森林生态系统完全有可能恢复。清末民初以来，溪地的森林何至于会持续向恶性的方向演化呢？对调查资料进一步的分析发现，溪地传统日常生活的再生产在很大程度上干扰了森林和自然环境的恢复进程。

二、"积重难返"：溪地森林恢复的社会干扰

20世纪50年代初，就职于福建某高校的生物学家李吾盛(化名)前往溪地调研当地的植被覆盖和土壤侵蚀情况，指出除土壤、气候和地形等自然因素外，还有一系列社会因素在毁坏溪地森林，干扰森林的自然恢复：

1. 火灾　溪地附近山顶山脊，常发现火警，不几日则可见一次，有时延烧数日而未熄，其起火原因，不外各乡居民，喜纵火烧山，牧童采樵者尤甚，常结队成群，入山采樵或放牧，工余一无所事，则起火为戏，奏与取热，或烧熟食品，以致蔓延；或因入山伐木，先烧毁野火树枝，再取树干制炭；或因焚毁树木杂草而垦殖田园，或以田园上部之山腰山脚，每喜烧去草皮，以作草木灰，或焚后之炭灰表土，任其冲落下田，以作肥田之用；或在清明时节，入山扫墓，焚烧冥纸，点放鞭炮，一致延烧，一经着火，燃烧甚速，致广大

优美林地一焚而尽。

2. 滥伐森林杂木 远近居民,常伐树木,供木材及薪炭之用,每届秋冬二季,黎明即成群结队,携斧挟镰,入山采樵,不论良材杂木,悉遭砍伐,黄昏时节挑运下山,每人每日少则一担,多则数担。普通村民,除耕田种园外,均以上山取柴草为唯一日常副业,此种采樵工作,直至翌春雨季时,柴薪贮藏能供用达半年时间之久,方稍为停竭。

3. 采掘株根 丘陵或山岭之间,因火灾或砍伐森林杂木之后,所遗留树木之株根,当地居民又常携锯斧锄钯,上山砍掘,不仅树木基部全部砍去,则连留在地下之根部亦以锄头掘出,以供燃料之需,此情形不仅根绝植物之再生,而且增加切沟侵蚀之形成,土壤崩溃之加速。

4. 任放牲畜 村中居民常以耕牛牲畜,随意放之于优美草地或灌丛地带或深山密林之地,不事管理,而影响草木之生长而加速山丘童秃之形成。

5. 垦殖田园 在低谷或山丘缓斜坡地之零星优美草地,仍不断开辟新田地,所开辟之新田园,因经营之不合理,不到数年,地力又渐薄弱,未能继续栽培作物,而又抛弃,渐次变为砂砾之地,此种砂砾地带,受雨水所冲刷,而又形成片面侵蚀与切沟满布之境地,侵蚀范围又逐渐扩大。

6. 铲刮地皮 附近居民因田园地力薄弱,产量减少,内地肥料缺乏,外来肥料又不易,不得已铲刮草皮,作为堆肥之用,久而久之,相传为习;后以草皮渐少,则刮表土代之。又因当地极端缺乏燃料,居民常以携地铲刮草皮草根,晒干以作燃火之需。致山丘坡地,虽杂草亦难以保存,表土被刮,心土暴露,形成严重侵蚀之境地。

(节选自李吾盛 1951 年公开发表的学术论文)

根据上述分析,除社会失序的因素外,溪地村民日常生活的开展在很大程度上抑制了溪地森林的自然恢复。在李吾盛列出的 6 点破坏溪地森林系统的社会因素中,除了第 5 点提到的垦殖田园外(一种自然殖民活动),村民对森林的其他许多破坏行为似乎都与燃料、木料、肥料、饲料(简称“四料”)的获取存在密切关联,从这些从森林中攫取的物质名称来看,它们分别对应了当地传统乡村日常生活中一种或多种实践(见图 3-3)。换言之,溪地村民实施“烧山”、“伐木”、“采掘株根”(当地人也称“挖树蔸”)、“任放牲畜”、“铲刮地皮”等活动旨在获取日常实践代谢所必需的一些物质,尽管这些物质对于当时溪地森林生态系统本身的平衡和自然恢复也十分重要。特别是,当林地的草皮和表层土在被村民刮走分别作为燃料和肥料后,森林自然恢复的一个重要前提也随之丧失了。对此,章水尧亦深有同感:

(溪地)乡民愚昧,更不知加意保护,为着日用所需的燃料,自灌木茅草以至枯枝落叶,均被砍伐;为着肥料的缺乏,更不惜放火烧山,铲挖草皮;为着饲料的难以获得,又纵放牲畜满山啮食。苍翠的山岭,不断地受着蹂躏,遂一变而为支离割裂的光山;更继续地受着摧残,青草绿叶终于全部绝迹了。

(节选自章水尧1942年的溪地调研报告)

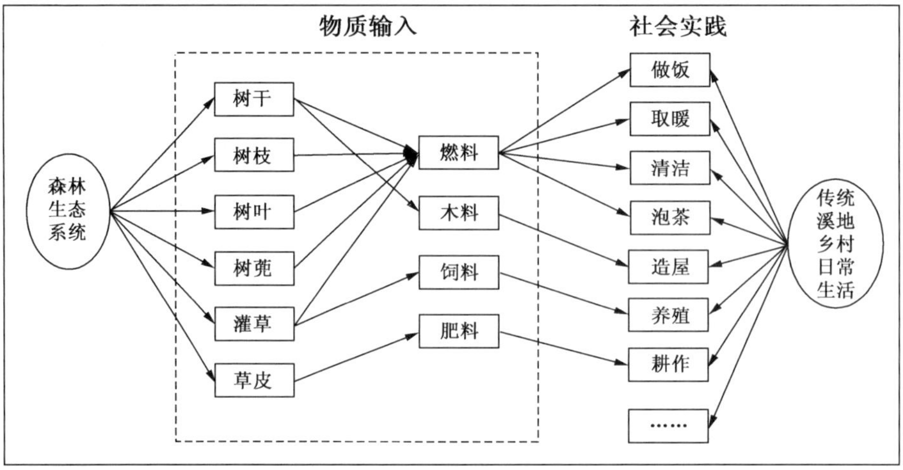

图3-3　溪地传统乡村日常实践代谢对森林资源的消耗

除了阻碍到森林的自然恢复外,溪地居民日常生活的开展也使得森林的人工恢复进程同样遭遇挫折。面对不断恶化的生态环境,溪地也曾不断开展造林行动予以因应,但却一直未能取得太大成效。除了一些技术上的因素外,当地村民"竭泽而渔"式的樵采活动才是人造林无法长成的最大干扰因素。1938年,一位文化工作者到溪地进行抗日宣传,并在某当地刊物上撰文对溪地近代以来的生态恶化原因做了如下分析:

造成了这贫穷的基本原因,大概是溪地山多树少的缘故罢。山上的泥沙,随着雨水向河里冲,河床很快地增高起来,极容易酿成泛滥,农作物就受莫大的损害;所以唯一补救的方法,就是提倡种树,发展森林。目前所栽植者不多,离长成的时期还远,历来不到三四尺就被砍下烧火,出卖。民众智识浅陋,不晓得种树的重要,眼前有点小利,将来可就不管了……

(节选自1938年当地某刊物上发表的《溪地印象》一文片段)

由上可知,在传统乡村日常实践代谢消耗所需的"四料"代表的社会干扰一直未被移除的情况下,溪地森林的人工恢复之路也变得异常艰难。综合来看,实践代谢所代表的不断被再生产的乡村日常生活正是近代以来溪地生态持续恶化的社会根源。

第七节 小结

本章关注的是前现代社会与自然环境的互动模式，并着重分析了原始社会和传统乡村社会的日常生活在环境退化中所扮演的实际角色。在社会代谢理论的基础上，本章提出了适用于理解前现代“社会-环境”互动的一个分析框架——实践的代谢。据该框架，日常生活的再生产即一组日常实践的代谢，这一过程涉及社会与其自然环境的物质交换；在实践代谢的驱动下，自然环境中的物质被源源不断输入社会中，并且社会还会通过自然殖民策略来改造自然环境，旨在维持一个社会系统特定的代谢谱。本章选取了历史上溪地的森林退化作为研究案例。溪地的森林退化前后历经了三个阶段：首先是山都木客时期原始林的局部退化；其次是唐末宋初以后原始林长达数个世纪的大规模退化；最后是清末民初以来境内森林的急剧消失和生态恶化。溪地自唐末宋初以来的森林退化过程表明，环境退化并不是乡村社会在向现代化转型的过程中才出现，前现代乡村同样面临一些突出的环境退化问题，并且这些问题与传统乡村日常生活也存在千丝万缕的联系：在溪地客家人社会崛起的过程中，客家先民为了移植中原地区的乡村日常生活发动了一系列的自然殖民活动，当地原始林面积因此大幅减少，并逐渐被民宅、耕地和人造林所取代；清末民初时期，溪地森林由于社会动乱遭受重大破坏，而乡村日常生活的再生产却成为森林恢复的社会干扰，最终发酵为严重的生态危机。

第四章 实践的兴衰：乡村日常生活转型与环境治理

无论当前社会的愚蠢和不公有多么明显，对它们的批评都会由于一个简单提醒而失格：通过设计来再造社会只会让它比原先更糟糕。鉴于那些手段的无效性已被证实，所以各种可能的目标也都站不住脚了。

——齐格蒙特·鲍曼(Bauman, 1991:269)

第一节
“不变”的日常生活与乡村环境治理困境

当代中国乡村环境问题的演变与乡村发展的轨迹基本同步。根据国内环境社会学界较为主流的现代化解释框架，乡村环境质量恶化与过去几十年来中国社会的剧烈变迁存在密切关联，包括工业化、城镇化、市场化和科技进步等在内的现代化宏大进程给乡村社会生活带来了巨变，变迁中以及变迁后的乡村社会与其生态环境之间难以重新建立一种协调的关系，这是许多乡村环境问题形成的根源（耿言虎，2017a；王晓毅，2010；陈阿江，2000）。过去十几年来，国家不断加大乡村环境治理力度，试图扭转快速发展导致的乡村环境恶化局面，改善乡村环境质量。应当说，这些努力在解决许多以工业污染和破坏为典型的外源性乡村环境问题方面取得了较好效果，伴随环境保护作为乡村发展目标的理念深入人心，那些从外部扩张到乡村、片面追求经济利益却伴有明显负面环境后果的社会过程终于得到有效约束。但当环境治理涉及那些植根在乡村日常生活中的环境问题时，治理难度明显要更大。研究表明，近年来由国家推动的环境治理项目在解决一些与乡村日常生活相关的环境问题（如面源污染、生活垃圾处理、草原沙化等）时，大多遭遇了不同形式和程度的挫败。研究认为，尽管造成这类环境治理困境的原因有很多，但决策或治理过程未能触及日常生活本身的改变是它们普遍未能取得显著成效的一个重要因素（唐国建 等，2019；耿言虎，2017b；吴柳芬，2015；荀丽丽 等，2007）。

面对上述环境治理困境，有研究者悲观地感叹道：中国乡村的日常生活已完全堕入了现代化“陷阱”，即便乡村居民的环保意识提升了，也几乎不太可能为了环保的目标而主动放弃现有的日常生活（张玉林，2016）。日常生活的社会学研究认为，日常生活是最为基础和稳固的社会生活，通常不轻易发生变迁，且很难去撼动（Scott，2009）。由此可知，日常生活的这种“不变”特质在很大程度上增加了治理相关环境问题的复杂性和艰巨性，限制了治理成效的取得。

本章尝试要回答的问题是：在一个特定社会中，大多数社会成员都习以为常、较为稳定的日常生活在什么样的条件或作用机制下可能会发生变迁？进一步，如何凭借恰切的制度安排或治理策略使得乡村日常生活朝向有利于环境改善的目标发生根本转变，或者说乡村生活的可持续性转型何以可能？笔者认为，探索这两个问题的答案对于当前的中国乡村环境治理具有重要积极意义。本章的立足点有两个：一是处在变迁状态下的乡村日常生活为解决植根其中的环境问题制造了契机；二是乡村日常生活具有可治理性，在充分理解乡村日常生活内在结构和动态过程的基础上，可以通过必要的政策干预来有意识地塑造、引导甚至加速乡村日常生活的变迁过程，减轻其不利环境影响，促进相关环境问题的有效治理。

第二节 理论回顾与分析框架构筑

在当前国内环境社会学界，研究者们通常对乡村居民在推动乡村日常生活可持续性转型过程中扮演的角色寄予了厚望，其核心主张可以表述为：通过必要的环境教育宣传，培育乡村居民的环境关心，使他们主动放弃或转变具有不利环境影响的现有日常生活，以实现乡村环境质量的改善（夏循祥，2016；卢春天 等，2015；宋言奇，2014；洪大用 等，2004）。这样一种看法虽然有其合理性，但首先却违背了社会变迁中“文化滞后”（culture lag）的基本规律（奥格本，1989：106-144），即思想观念领域的变迁普遍滞后于其他社会生活领域，特别是与环境变革直接相关的物质生活领域。然而，既有研究已经证实，环境关心并不能有效预测个体环境行动，二者间存在明显的落差（彭远春，2013b；周志家，2008）。综合来看，通过村民观念体系调整来引领乡村日常生活转型道阻且长，对当前异常严峻的乡村环境治理形势指导意义也十分有限。鉴于此，本章将目光转向国外环境社会科学界转型议题研究中另一个备受瞩目的理论框架——多层次视角（Multi-level Perspective，MLP）。

一、多层次视角概述

多层次视角最早由里普和肯普（Rip et al.，1998）提出，后由弗兰克·吉尔斯（Frank Geels）领衔的一批研究者（Geels et al.，2017；Geels et al.，2007；Verbong et al.，2007；Smith et al.，2005；Geels，2005，2002）进一步发展和完善，是目前国外可持续转型研究领域最炙手可热的理论框架。该理论关注的社会现象是社会生活中各种各样的社会-技术体制（social-technical regimes），即“由制度、技术、人造物、规范、行为和网络构成的一种相对稳定的构型”（Smith et al.，2005：1493），这些体制决定了技术的“正常”发展和使用。每个社会-技术体制都各自承担了一定的社会功能，例如，交通系统承担了个人出行功能，类似的还有能源系统、居住系统、用水系统、农产品系统等等。通常情况下，这些体制都历经了很长一段时期的发展过程，体制内部所有元素之间的耦合与协同关系使得它们倾向于拒斥任何形式的重大变化，而多层次视角的核心理论关切的正是社会-技术体制的激烈变迁过程，即社会-技术转型（social-technical transition）。

之所以被命名为“多层次视角”，主要是因为该理论框架依循三个不同分析层次来解释转型的动态过程：(1) 社会-技术体制本身，它一方面在一系列锁定机制（lock-in mechanisms）的作用下趋于稳定，另一方面也会在路径依赖（path dependence）形成的轨迹上经历一些以增量变化（incremental changes）为表征的系统优化过程；(2) 小生境（niches），即诞生革新的场所，这些革新虽然明显区别于现有的主导体制，但却在一些特定地理区域内、缝隙市场中或政策扶植下能够斩获一席之地；(3) 图景（landscapes），即能够影响社会-技术体制的一些外部情境，它们一般呈缓慢发展趋势（如人口变动和意识形态变迁）或者表现为一些大规模震荡事件（如经济危机、战争等），这些变化或多或少会动摇现有社会-技术体制，从而为小生境中的一些革新取得突破开放了机会窗口。多层次视角认为，转型的出现并不是由单一驱动因素决定的，而是在图景、体制和小生境三个层次相互强化的过程中实现的（见图 4-1）。

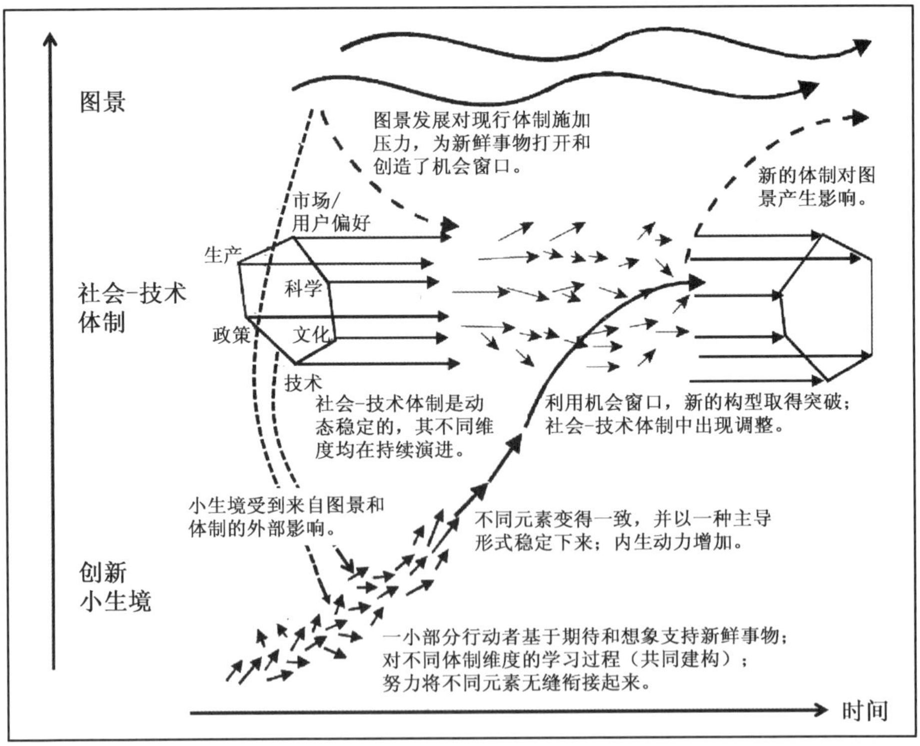

图 4-1　社会-技术转型的多层次视角

（资料来源：Geels et al.，2017）

图 4-1 生动地勾勒出了多层次视角下社会-技术转型的基本逻辑：(1) 受图景和社会-技术体制的共同影响，一系列革新元素在小生境层次诞生，这些革新元素之间相互构成竞争关系。随着实验活动的开展，不同革新元素被逐渐整合为一个相对成熟和稳定的新社会-技术构型，其内部动量(internal momentum)也明显增加，成为一种重构既有社会-技术体制的替代方案；(2) 在社会-技术体制发展过程中，体制内部会出现一些无法通过增量变化解决的新问题，或是感受到来自图景层次的压力，既有体制便会开始变得不稳定，结果为其他体制创新开放或制造了机会窗口；(3) 利用新出现的机会窗口，小生境层次的新社会-技术构型取得突破并取代旧的社会-技术体制，与此同时也会对图景产生影响。综合来看，社会-技术转型是图景、社会-技术体制和小生境三个层次动态互动、相互增强的结果。

多层次视角的支持者们援引了多个西方社会历史上的经典转型案例来说明该视角的解释力(Geels, 2005, 2002; Correljé et al., 2004)。例如，在 19 世纪下半叶初始时期的美国社会，马车一度是主导美国城市居民出行的交通体制；但当时快速工业化和城市化的社会背景(图景)给马车主导的交通体制施加了压力，由此围绕既有交通体制出现了很多新的问题和内部紧张(如运营成本增加、交通堵塞、安全问题等)；既有交通体制面临的问题正好为当时刚刚发展成熟的汽车技术制造了机会窗口，汽车在此后几十年间迅速取代马车被美国民众采纳，美国社会的交通体制因此在 20 世纪初实现转型(Geels, 2005)。

尽管多层次视角最初主要是致力于描述和解释不同社会-技术体制转型的具体动态过程，但对许多研究者而言更具吸引力的莫过于该视角的政策意义，即如何干预那些存在问题的转型过程或者通过操纵转型轨迹使之朝向预期的目标调整。在环境研究领域，近年来有越来越多研究者尝试应用该视角来拆解可持续性转型的相关议题，其中不乏一些国内学者的贡献(孙冰 等，2016；薛奕曦 等，2013；Whitmarsh, 2012; Van der Brugg et al., 2005; Elzen et al., 2005)。这些研究大体上遵循了这样一个相同的前提：社会-技术体制的不可持续性是当前众多环境问题的根源，仅靠生态效率(eco-efficiency)的提高已无法有效解决这些问题，当务之急在于社会-技术体制的可持续性转型。在《科学》杂志新近刊载的一篇文章中，吉尔斯等(Geels et al., 2017)在回顾多层次视角及分析一些成功转型案例的基础上，针对如何刺激和加速社会-技术体制的可持续性转型总结了几点制度创新的方向：一是通过津贴、奖励等政策安排大力培育生态革新；二是对实验、学习、宣传、用户招募等与革新完善和推广有关的过程予以政策支持；三是增进革新与待改造体制之间的耦合度或一致性；四是积极淘汰现有社会-技术体制。

多层次视角一经提出便在诸多研究领域引起强烈反响，特别是近年来该视角对转型治理的日渐清晰的重要启示吸引了越来越多政策研究者的关注。与此同时，围绕该视角的争论却从未停止过，陆续有一些学者基于不同的理论立场对该视角提出批评，包括“对能动性的分析不足”（Genus et al.，2008；Smith et al.，2005）、“关键分析概念界定不清”（Berkhout et al.，2004；Markard et al.，2008）等等[①]。近年来，随着实践论在社会理论领域的兴起，一些实践理论家也陆续开始关注社会变迁和社会转型的相关议题，并从实践论的角度对多层次视角发起了挑战。

二、实践论对多层次视角的挑战

自吉登斯和布迪厄于20世纪70年代末提出了实践论的初步构想以来，很长一段时期内，许多实践论的理论建构工作都是围绕实践的内在结构和再生产两大核心主题来开展，鲜有实践理论家认真探索过实践论对社会变迁研究的指导价值。实践论的经典代表人物夏兹金（Schatzki，2002：252）甚至曾直言不讳，相较于社会变迁，他提出的实践理论主要是关注实践再生产过程中呈现出的连续性（continuity）。当然，“实践论不处理社会变迁议题”是一种误读。一方面，正如吉登斯对结构化理论所做的注解表明的那样，实践每次被演绎的过程都可能包含了对前一次演绎的修改或调整，社会变迁的可能性蕴藏于社会生活被循环往复再生产过程的任何时刻（Giddens et al.，1998：89）。另一方面，21世纪以来，实践论的另一个代表人物——修芙领衔的学术团队开始投入到社会变迁的实践理论建构进程研究中，从实践论的角度对社会变迁议题进行了拆解，并重点批评了多层次视角对社会-技术转型过程的一些不恰当理解。

在修芙等人提出的实践理论中，实践被定义为由物质、技能、意义三组相互关联的元素构成的实体，实践既有可能通过忠诚的实践者们在日常生活中对它们循环往复的演绎而趋于稳定，也可能因为实践者的背叛而发生改变（Shove et al.，2005）。修芙和沃克（Shove et al.，2010）举了洗澡实践的例子：每当一个人要洗澡的时候，他或她就会将构成洗澡该项实践的物质（水、肥皂、浴室等）、技能（如何抹肥皂和冲洗身体）、意义（干净、清爽等）等三组元素组合起来；与此同时，这些实践元素间的连接也在他或她演绎该项实践的过程中被增强或修改了。在2012年出版的《社会实践的动态过程：日常生活及其如何变迁》（*The Dynamics of Social Practice：Everyday Life and How It Changes*）一书中，修芙等阐明了实践变迁的基本原理：实践构成元素间的连接被建立、

① 吉尔斯（Geels，2011）在一篇文章中对这些批评分别予以了详细回应，并在此基础上对多层次视角进行了一些修正。

维持或打破导致了实践的产生、延续和消失；在此基础上，修芙等还就如何通过制度安排推动实践转型进行了讨论（Shove et al.，2012：21，139-164）。

基于对实践动态过程的诠释，修芙等对多层次视角提出了挑战。在他们看来，多层次视角采用了一种结构主义的叙事框架来拆解转型议题，强调新的技术和供应系统在社会-技术转型过程中的关键推动作用。具体到可持续转型治理方面，多层次视角倾向于将如何通过更有效的资源使用方式来满足既有的社会功能和需求作为政策干预的主要内容，政府部门和企业因此被假定为可持续转型治理中最关键的行动者。换言之，多层次视角关注的虽然是社会-技术体制的转型，但主要是在强调“技术”供应在转型过程中的主导作用，体制的“社会”意涵被简化为社会过程对技术革新发展和取得突破的影响。修芙和沃克（Shove et al.，2010：471）对这样一种转型治理思路展开了批评。他们指出，多层次视角对于供应系统的强调使他们相对忽视了社会成员（或消费者）及其期待，因为未能充分考虑到一个社会的生活方式或需求模式而对转型过程的理解具有片面性。以可持续性转型治理为例，社会成员很多看似正常化（normalization）的期待实际上却反映了一些不可持续的需求模式（如每天洗澡、保持恒定室温等），从实践论出发，这些需求模式的存在都是为了保证特定实践的顺利开展。如果只是专注于研发和推广生态效率更高的可持续技术和产品，而不对这些不可持续的需求模式和其植根的实践本身做任何干预，可持续性转型的目标注定难以达成。修芙等人据此认为，多层次视角选取社会-技术体制作为分析单位并不恰当，应当将分析单位变更为日常生活实践，用实践转型分析来取代对技术转型的分析，将实践重构作为转型治理的目标。

或许是受修芙等人的启发，另一位实践理论家夏兹金也在新近发表的一组文章中对多层次视角存在的本体论谬误予以了批判（Schatzki，2016a，2016b，2015）。夏兹金认为，基于实践论暗含的“扁平本体论”（flat ontology）假设，社会生活是由无数在时空中被（再）生产的相互关联的实践构成的社会整体（the plenum of the social），并以实践的形式进行演化，大大小小的社会现象本质上是位于同一层次、不同规模的实践现象。夏兹金据此认为，多层次视角从小生境、社会-技术体制、图景三个层次来考察社会现象具有“本体论漏洞”（Schatzki，2016b：35－36）：一方面，小生境和社会-技术体制实际上指代的只是同一个社会整体的不同内容或部门，它们位于连接过去和现在的同一空间中，也共享着相同的社会状况、制度和现象，故应看作是同一层次；另一方面，所谓宏观层次的图景描述的也不过是实践构成的社会整体的一些元素、部门或实际测量特征。

概括起来，实践论对多层次视角的挑战有两点：一是没能从日常生活变迁的角度来考察技术转型现象，二是对于社会现象的分层考察在本体论意义上站不住脚。

三、本章分析框架

笔者认为，多层次视角为本章考察如何推动乡村日常生活朝有利于环境保护的方向转型提供了一个富有启发性的分析框架。尽管多层次视角使用的诸如社会-技术体制、“锁定效应”、路径依赖以及内部动量等从技术社会学和进化经济学等学科舶来的一系列分析概念对社会学研究者而言稍显陌生，但它所叙述的社会转型过程却并不难理解。如果用日常生活的概念来替换社会-技术体制，似乎更加有助于我们来把握该视角的基本脉络。简单来理解，林林总总的社会-技术体制在某种意义上反映了一个特定社会中日常生活的不同面向，如能源体制反映的是日常生活中做饭、取暖、照明等能源使用现象，交通体制折射的则是与出行、旅游等相关的日常生活现象。概言之，虽然多层次视角关注的是社会-技术体制的转型及其治理过程，但这些形形色色的转型现象同时也是一个社会中日常生活不同维度下变迁的写照，是从结构主义的视角对日常生活领域中各种转型现象的考察。

实践论对多层次视角的上述两点批评在笔者看来具有合理性，但这两个理论视角并非完全是对立的。笔者注意到，近年来已经有一些研究工作在努力促进两个视角的融合（Hargreaves et al.，2013；Crivits et al.，2013；McMeekin et al.，2012；Gram-Hanssen，2011）。这些研究普遍认为，实践论对日常生活内在结构的理解要比多层次视角更为科学和全面，但多层次视角在解释（日常生活）转型的动态过程方面更具独到之处。本章分析框架的建构是另一次促进实践论和多层次视角整合的全新尝试。笔者的第一个依据是吉尔斯本人对实践理论家批评曾经作出的回应。吉尔斯认为，实践论与多层次视角所研究的现象有很大相似性，只不过是采用了差别的概念工具：“稳定的或惯例化的那些实践可被看作是‘体制’，而那些新兴的、流动的实践则可被看成是‘小生境’”（Geels，2011：37）。通过这样的概念对接，实践论对多层次视角的第一点挑战似乎可以获得妥善处理。进一步，针对实践论对多层次视角本体论谬误的批评，笔者认为也不难化解：即便承认所有的社会现象都属于同一层次，社会现象也可以分为日常生活代表的社会现象和日常生活以外的社会现象①，多层次视角所言的“小生境”和“图景”两个层次的社会现象都可以归为后者，它们共同构成了日常生活的外部情境。综上，本章提出了图 4-2 的分析框架。

① 这里所说的“日常生活以外的社会现象”，指的是对日常实践活动的开展不具有直接关联的那些社会现象。但作为日常生活开展的外部情境，这些现象的动态变化却有可能对既有的日常生活产生重要影响。

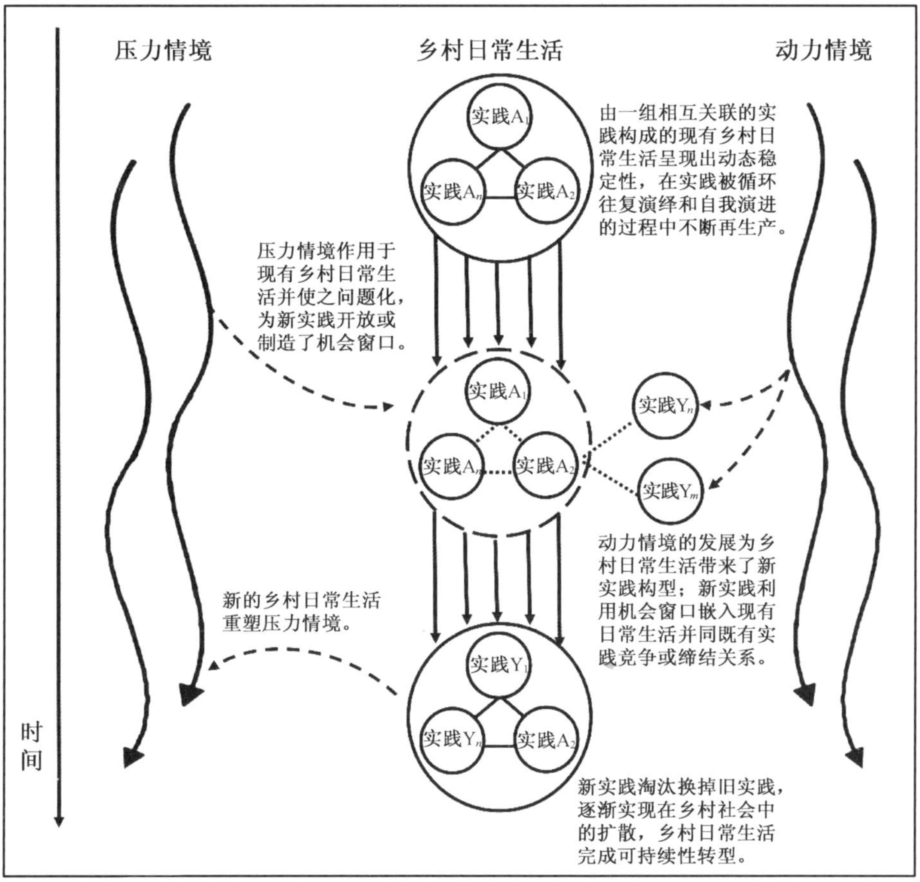

图 4-2　本章分析框架：实践的再造

如图 4-2 所示，本章所建立的分析框架共包括乡村日常生活和外部情境两个主要分析概念。其中，乡村日常生活是由 A_1，A_2，…，A_n 等一组相互关联的实践拼接而成。一般情况下，乡村日常生活处于动态稳定的状态，以实践被循环反复演绎的方式进行着再生产；与此同时，乡村日常生活内部本身也处于持续变迁的过程中，体现为演绎实践的效率提高，且通过这种内部效率的调整可以自我消化日常生活中出现的大多数问题。所谓外部情境，指的是不属于乡村日常生活但却与其存在密切关联的一切外在因素。笔者将日常生活的外部情境区分为两类——压力情境和动力情境。所谓压力情境，指的是使得既有日常生活无法正常开展的那些外部过程，它们的存在使得原本习以为常的日常生活被"问题化"；动力情境是日常生活的另一类外部过程，一些不同于既有日常生活的新实践构型在这些过程中被不断培植或引入，这些新实践构型会在特定契机下招募到忠诚的实践者而被激活，进而通过竞争取代一些既有实践或与它们缔结关系，成为构成日常生活的新实践。

根据上述分析框架，乡村日常生活的可持续性转型应当被看作是乡村日常生活与外部情境交互作用的结果。一方面，真实存在的环境问题或环境问题的社会建构过程代表了乡村日常生活的压力情境，它的存在使得乡村日常生活开始被问题化（如被贴上“不环保”的标签），表现为一些内部实践的关系变得松散，为实践的再造开放了机会窗口。另一方面，乡村发展、政策安排等则构成了乡村日常生活的一些动力情境，它们让一些新实践构型（图 4-2 中的 Y_1，Y_n）变得可及，利用乡村日常生活被问题化的机会窗口，这些构型与既有实践发生竞争或缔结关系并成功嵌入日常生活中①。简言之，乡村日常生活的可持续性转型可以被理解成在外部情境的作用下日常生活中一些既有实践的“环境问题化”并被有利于环境改善的一组新实践所取代的过程。

在本章接下来的部分，基于对闽西溪地地区 1940 年以来水土流失治理的案例研究，笔者将检验以上分析框架的解释力，并结合案例研究的发现对如何通过制度创新推动乡村日常生活的可持续性转型予以总结和讨论。

① 需要指出的是，区分压力情境和动力情境的标准并不是确定的，在不同条件下二者是可以相互转化的。例如，乡村发展带来的一些环保产品或技术可以看作是乡村可持续性转型的一种动力情境；但它同样可能会带来外源污染，这时便构成了乡村可持续性转型的一种压力情境了。因此，区分一种外在因素究竟是压力情境还是动力情境需坚持具体问题具体分析的原则。

第三节
研究设计

上一章考察了一个闽西乡村聚落——溪地的森林退化史。我们从中了解到，至清末民初时期，溪地境内的森林因为多次社会动乱而被损毁殆尽，加上当地乡村日常生活再生产对森林资源的高度依赖，致使森林环境长期难以恢复，并最终酿成了十分严重的生态危机。其中，由地表植被破坏引起的水土流失问题可以算是当地生态危机最集中的体现。

为了应对日趋严峻的生态危机，自 20 世纪 40 年代以来，在当地政府部门（包括民国政府和 1949 年成立的中华人民共和国中央人民政府）的主导下，溪地开启了长达半个多世纪的水土流失治理历程。以 1980 年为分界线，溪地的水土流失治理大体上可以被划分为两个阶段：前一阶段的水土流失治理工作主要是围绕迹地植被恢复展开，在当地政府部门的动员下，当地干部民众曾组织了数次大规模的植树造林运动，但却因为种种原因一直未能取得显著成效，至末期水土流失的整体严重程度甚至有所增加；在第二阶段，当地政府部门加大了对水土流失治理的各项投入，并将当地乡村居民的生活能源改造纳为重要治理内容，水土流失问题最终获得了有效控制，实现了生态环境的明显改善。

溪地水土流失治理为本章考察乡村日常生活的可持续性转型提供了一个现实案例。首先，该案例有助于展现日常生活转型在与日常生活相关的环境问题治理中所扮演的关键角色。其次，1980 年以来溪地的水土流失治理与当地乡村发展进程具有时间同步性，因而满足检验本章前述分析框架所需的必要条件。最后，当地政府部门为了推动溪地生活能源转型而制定的一系列政策举措也对我们探索如何通过制度创新引领乡村日常生活的可持续性转型具有重要启示。

个案研究所使用的资料包括当地政府部门提供的档案文件和汇编材料、媒体的相关报道以及实地调查中对一些关键人物的访谈等。

第四节
溪地早期的水土流失治理及其困境（1940—1982）

一、1940—1949 年的水土保持实验

溪地有计划的水土流失治理最早可以追溯到 20 世纪 40 年代中华民国国民政府在溪地开展的一系列水土保持科学研究工作。1940 年 12 月，民国福建省政府下辖的福建省研究院承接了当年福建省经济建设计划中关于荒山利用、农田土壤改良和防治土壤冲刷的课题研究，以溪地为研究试点，在当地成立了一个研究防治土壤冲刷的科研机构，最初命名为“福建省研究院土壤保肥试验区”，直属福建省研究院，规格也与省研究所同级，编制 20 多人，圈定了共计 4 000 多亩的试验场地和苗圃。由于该机构的主要工作内容集中在水土保持实验研究方面，1944 年省研究院将其更名为“水土保持实验区”。1945 年抗日战争结束后，省研究院随省政府从永安迁回福州，水土保持实验区却被留在溪地，并由当时的省政府报请中央政府农林部接管。1947 年 8 月，水土保持实验区与广东东江流域一家水土保持研究机构合并，正式更名为“农林部东江水土保持实验区”，该机构一直保留到 1949 年中华人民共和国成立前夕。

溪地水土保持科研机构自设置以来围绕水土流失治理在当地开展了一些实际工作。在民国三十六年（公元 1947 年）民国福建省政府报请农林部接管该科研机构的一封公函中①，时任福建省主席对该机构在溪地的水土流失治理绩效做了如下总结：

本府（民国福建省政府）有鉴及此，曾于民国廿九年（公元 1940 年）冬准由省研究

① 1941 年，为适应抗战需要，中华民国国民政府第三次全国财政会议将财政划分成国家财政与自治财政两个大系统：前者包括原属国家及直辖市、省的所有财政收支；自治财政以县（市）为单位，包括县（市）、乡（镇）的全部财政收支。抗战胜利后，国民政府还都南京并实行财政改制，于 1946 年修订《财政收支系统法》，恢复了中央、省、县（市）的三级财政系统。改制后，直属福建省研究院的水保实验区办公经费由原先国家财政拨付改为省财政拨付，故福建省政府以财政困难为由请求中央农林部接管该机构。

院就该乡(溪地)设立水土保持实验区,从事控制土壤侵蚀之工作,期于局部地区之实验逐渐推广以至于全境。该区自成立以来,关于工程之措施,系先从事于构植柴排(一种用木料打造的用于加固坡岭、防止崩岗的工程措施)、建筑坊坝、开辟梯田、深耕植树,流沙得以阻遏,绿田不至湮灭,迳流因而控制,旱干转滋润湿。然后又从事于搜罗草本,密栽地面;选择果木,加肥种植。前者使地面被覆植物逐渐恢复,后者藉以示范乡民从而仿效。截至目前,总计筑成柴排四百余座,坊坝四千余座,开辟梯田达十平方市里(约2.5平方公里),栽布牧草约略相等……

(民国三十六年1月14日福建省政府致农林部公函)

由上可知,民国国民政府在溪地设置的水土保持科研机构主要开展的是水土流失治理的一些示范工作,包括利用工程措施降低水土流失的危害等级、筛选保土植物促进山岭植被恢复、教导村民合理开发荒地等。据1941年入职该科研机构的一名李姓资深技佐撰文回忆,该机构于中华人民共和国成立前在溪地境内部分水土流失严重的流域植树造林逾400多亩,开辟荒地利用示范场300亩,在许多山岭修建了大大小小的工程措施来缓解水土流失问题。目前看来,这些带有科研探索性质的水土流失治理工作虽然只在溪地的局部山岭开展,但是在当时确实取得了一定成效。但由于时局动荡,加上长期经费短缺和人力不足等制约因素①,许多科研项目未能按照预期完成,这些努力最终也没能阻挡当地生态不断恶化的趋势。此外,尽管这些治理工作旨在造福溪地民众、引导民众共同参与治理,事与愿违的是,村民不仅参与热情不高,甚至在某些方面还干扰到了该科研机构一些治理工作的顺利开展。整体来看,中华人民共和国成立前溪地的水土治理基本宣告失败。

二、1950—1982年的运动式治理

1949年中华人民共和国成立后,溪地的水土流失治理步入了新的阶段,且这一时期的治理工作仍由驻扎在当地的上述科研机构主导。稍有变化的是,该机构后更名为长汀县水土保持工作站(简称“县水保站”),主管单位也由民国中央政府的农林部更变为长汀县政府,但仍在溪地南市村设有驻扎办公地点。与前一阶段相比,新时期溪地的水土流失治理工作具有更加广泛的群众基础,当地政府部门多次发动村民在境内陆续开展了数次大规模植树造林运动。

中华人民共和国成立初期,依据1950年6月颁布的《中华人民共和国土地改革法》

① 笔者查阅相关公函文件发现,溪地的水保科研机构编制人员只有22人,但从未配齐过。1945年,福建省政府报请农林部接管该机构的主要缘由也是“经费无着”“收支短绌”。

和1951年9月由福建省人民政府制定并发布的《福建省土地改革中山林处理办法》，通过重新确定林权，溪地境内所有山岭都被划分给农户。与此同时，为广泛发动群众参与水土流失治理，县水保站按照上级部门要求于1951年发出“家家造林，人人植树”的号召；次年，县水保站又在溪地境内发动了一场以“自采、自育、自造”为主题的“三自”运动（即自己采集树种、自己培育苗木、自己营造林木），在当地村民中进一步掀起了植树造林的风潮；1954年，县水保站下辖的苗圃站开始大量培育树苗，并免费提供给溪地村民造林。一篇新闻报道记录了当时溪地村民积极投身造林运动的景象：

……解放后，福建省人民政府和龙岩市政府重视老革命根据地的恢复生产，重建家园，除了多次发放救济粮（款）和农业贷款外，又建立了溪地水土保持实验区，并派出工作组到该区具体指导，开展了大规模的“封山育林”和苗圃育苗的准备工作。几年以来，荒山渐渐长出了小树，草也长得更长，一些光山也开始有了一些草木生长，大大加强了溪地区的人民对造林的信心。今年春，人民政府提出“大力造林，消灭自然灾害”的口号后，立刻得到全区人民的热烈响应。在“大力造林，消灭光山”“争取溪地人民的丰衣足食”等口号鼓舞下，全区人民热烈投入了造林热潮，溪地乡一个七十四岁、曾在土地革命时任乡苏维埃主席的郑MS，带着自己的儿子带头参加栽树，自己栽了两天，还到处动员别人把树栽好。土地革命时期的护林积极分子李LZ，打着锣，到处宣传封山育林和造林的好处，他自己也带头参加栽树。树栽好了以后，他每隔一两天就到山上去看看树有没有活。牛起乡马寨下村，全村一百十六户、五百五十二人，就栽了四十五万株；溪地乡农民廖XG从春节的第二天开始栽起，一连栽了四十多天，他一人就栽了四万多株，大家造林的热情很高，事前都学会了栽树的方法，提出了把树栽活的保证。马寨下村的四十五万株，三百株桉树，给它起的名叫“翻身树”，栽下几天没有下雨，八十多个农民就自动到河里挑水浇，连挑了三天，把树全都救活了。

……以前溪地区农民怕涝怕旱，很难指望有好收成，因此秧苗一插下，就到外乡挑柴谋生，既少下肥料又不除草，今年大家的生产完全两样了。如以前溪地乡修水利全年出不上一千工，大家随便搞一下就算了事。今年四月初的头两次动工，大家就出了四千工，农民的生产情绪很高涨。全区生产计划提出：今年农业生产要增产一成半。马寨下村农民吴WZ，以前常说种田收成没有把握，把家里的粪尿都卖给人家换米吃，今年栽了树，水圳开了，他看收成有希望，家里粪尿都留着不卖了，他每天都抽空去拾三次粪，还叫他的媳妇在田头路尾多割草皮，拾粪作肥，他说：“原来两亩田收谷子三担，今年有把握多收几担。”溪地区的农民正在为将来幸福的美好生活而不懈地劳动。

（节选自1952年5月19日福建某省级报纸的新闻报道）

在依靠群众路线开展的造林运动背景下，溪地水土流失治理的确取得了一些实际成效。据官方文件记载，截至1958年，溪地境内共计植树造林6.36万亩，对17万多亩山地实行了封山育林，修建了60座水土保持土谷坊，并挖16万多个水土保持鱼鳞坑。在这种综合利用生物措施和工程措施的治理结果下，不少山头长出了郁郁葱葱的幼林，一些地方招来了飞鸟山禽，溪地昔日"不闻虫鸣""不投栖鸟"的景象也有了逐渐好转的迹象。但好景不长，自1958年的"大跃进"运动开始后，在"全民炼钢"的社会氛围下，溪地多年营造的幼林在很短时间内再次被砍伐殆尽、充作炼钢燃料，水土流失治理工作也随之陷入低谷。

解放后，溪地人民在党和人民政府的领导下，开展了大规模的治山治水运动，曾使溪地地区面貌大有起色。但自58年来，森林又遭受大肆砍伐，植被再度破坏，现今山林仅残存一鳞半爪，山地重呈童秃面貌。由于植被的几度破坏，加上自然条件，尤其是土壤特性的影响，本区水土流失已十分严重。据63年9月份省规划队调查统计，水土流失面积达24.69平方公里，占总面积的24.6%①。目前绝大部分山地，表土已被侵蚀无遗……近40年来，平均每年地名蚀去20厘米，面蚀十分严重，年冲刷量可达474万公方。沟蚀更为剧烈，绝大部分地区，切刈密度都在20以上，有的地区，甚至高达30～40。它们下切都在30厘米以上。不仅如此，还有600多条的大崩切沟，它们下切都在30厘米以上。不仅如此，还有600多条的大崩切沟，它们下切量少则数米，多则20米以上，直崩山顶。因此，造致了千沟万壑，支离破碎，令人触目惊心的现状。而这些沟谷仍以惊人的速度在发展着。

（节选自《长汀县溪地水土保持站1963年治理工作总结》，时任县水保站技术人员李SP手稿）

"大跃进"运动结束后，溪地水土流失治理工作得以恢复。1962年，为贯彻国务院颁布的《国务院关于奖励人民公社兴修水土保持工程的规定》，长汀县政府在恢复县水保站的基础上新成立了"长汀县兴修水利指挥部水土保持办公室"（简称"县水保办"），共同推进溪地水土流失治理工作。除了邀请福建省内一些高校科研人员前往溪地开展水土流失问题的实地勘察和治理技术指导外，县水保办还在溪地各村选拔村民进行水土保持的专门技能培训，进一步提高水土流失治理的科学性。在此期间，继续有大量村民被发动参与溪地的水土流失治理工作，并再次取得一些成效。据统计，截至1967年，溪地累计修建了18座石谷坊，1 172座土谷坊，长达552米的水平沟，612座山围塘，1 600多亩台地、梯田，促进植被恢复共计38 297亩。

---

① 笔者注意到，撰稿人李SP在原手稿上将数字"24.6%"圈了起来并打上了问号，根据报告的下文内容来推测，李SP个人很可能不大认可省规划队的调查结果，认为这一结果低估了溪地境内的水土流失情况。

1966年,“文化大革命”爆发,溪地刚刚恢复的水土流失治理再次面临困境。一方面,县水保办、水保站在“文革”伊始就遭受冲击而无法正常运转,并于1968年与“长汀县溪地苗圃站”合并为“长汀县溪地林苗水土保持站”。虽然合并后的站名依然保留了“水土保持”一词,但站内的工作重心却转为了林苗经营,水土流失治理工作实际上基本处于停顿状态①。另一方面,由于社会局面动荡,林权再次被打乱,团伙性的乱砍滥伐现象十分猖獗,溪地境内刚刚人工新植的幼林也没有幸免于难。当时溪地民间流传着这样一首歌谣:“新公革联万万岁,树子敢倒板敢锯,日日纸票有落袋,猪肉有够酒够醉。”②特别是自20世纪70年代开始,受全国性的“农业学大寨”影响,溪地发起了“向山要粮”的开荒造田运动,使得原本已失去植被覆盖的山岭生态变得更加脆弱。

“文化大革命”是导致溪地水土流失治理受挫的又一个因素,在此期间,不仅所有治理计划都被打乱,境内水土流失的严重程度因此加剧。据不完全统计,1967年至1976年间,溪地新增水土流失面积达19.914 6万亩,占流失总面积的18.61%。直至1980年和1982年县水保站、县水保办先后恢复,溪地水土流失治理才再次被提上日程。

三、反思:什么导致了“造林不见林”的治理僵局

回顾1982年以前溪地水土流失治理的历程,无论是20世纪40年代的水土保持实验,还是中华人民共和国成立后的数次运动式治理,最终都未能有效解决当地水土流失问题。从技术层面来讲,治理水土流失的山岭涉及的技术其实并不复杂,利用人工造林促进植被恢复即可达到涵养水土的治理目标。事实也证明,溪地水土流失治理面临的困境主要不在于缺乏有效的造林技术,而是由长期以来人工营造的幼林未及长成便遭到毁坏所导致的,呈现出“造林不见林”的怪象。造成幼林被毁坏的原因有很多,1949年以前的动荡时局和中华人民共和国成立后的“大跃进”运动、“文化大革命”等社会失序因素固然有不可推卸的责任,但在笔者看来,只强调“治山”而未能将村民日常生活纳入治理内容才是导致这一时期水土流失治理低效乃至反弹的根本原因。

自唐末宋初步入农业社会以来,打柴一直是溪地日常生活中的一项重要实践,它的开展主要是为了将森林资源转化为一种日常生活燃料类型——薪柴,以满足做饭、烧水等其他日常实践开展的燃料需求。在森林资源较为充足的条件下,打柴实践的开

---

① 为了减少水土流失问题对农业生产的危害,1974年当地干部曾发动溪地群众上山挖壕沟拦沙蓄水。

② “新公”和“革联”分别是“文革”期间长汀县的两大造反派组织。这首歌谣的大致意思是:“文革”期间新公和革联两个造反派相互斗争,老百姓可以光明正大地上山砍树、制作建房所需的木料,每天都能赚到钱落入口袋里,吃猪肉和喝酒都管够。

展通常并不至于影响到森林生态系统的平衡；但对近代以来的溪地而言，打柴实践已构成当地生态恢复的一个显著干扰。治理水土流失，除人工造林外，还需实行封山育林。尽管中华人民共和国成立后当地政府部门曾多次宣布封禁一些水土流失严重的山岭以减少村民对新植幼林的破坏①，但据一些资深的溪地水保工作人员回忆，封山育林在当时"只是一句空话"。一项1963年的调查估计，当时溪地每天至少有2 500个村民上山砍柴、割灌草、扒树叶，甚至对新植的幼松过度打枝、扯松针。正是由于一直未能移除村民打柴实践开展对植被恢复的显著干扰，溪地20世纪80年代前的水土流失治理才陷入了一种"边治理边破坏""年年造林不见林""造林者也是毁林者"的僵局。

① 例如，长汀县人民委员会曾于1959年12月发布了《关于严格禁止滥砍乱伐林木的通知》，明确规定"容易引起水土冲刷地区的林木不准砍伐"。

第五节
溪地水土流失治理的新局面(1983年以来)

进入20世纪80年代,溪地的水土流失治理迎来了一系列重大的政策转折。1982年6月,国务院在1957年颁布的《中华人民共和国水土保持暂行纲要》基础上推出了《水土保持工作条例》,对全国水土保持的重要性、工作方针和治理模式作了规定。同年9月,长汀县县委、县政府发出《关于水土保持工作的意见》,同意恢复县水保办,继续与县水保站共同主持以溪地一带为核心的全县水土流失治理工作。1983年4月,时任中共福建省委书记的项南同志前往溪地视察,就当地接下来的水土流失治理做出了一些重要批示。同年5月,福建省人民政府颁发了名为《关于同意长汀县溪地公社为全省治理水土流失试点的几个问题的批复》的文件,将溪地列为全省开展水土保持的重要试验点,组织省农业厅、林业厅、水电厅、省水土保持办公室、省林科所、林学院、龙岩市政府和长汀县政府(简称"八大家")来共同承包溪地的水土流失治理工作,并决定从人力、物力、财力等方面给予必要支持。从这一时期国家或国家的代理机构出台的一系列政策不难看出,溪地水土流失治理被提升到了前所未有的高度。

一、从"治山"到"治灶":治理目标的调整

新时期,溪地水土流失治理目标也作了重大调整。一方面,前一阶段以造林种草为核心的"治山"工作仍是新时期水土流失治理的重点内容,由于治理资金更为充足、上级下达的治理任务十分艰巨等因素[①],新时期的造林运动较前一阶段声势要更为浩大。笔者在实地调查中了解到,自1983年起,当地水保部门多次广泛发动境内村民上山挖沟、造林,林业部门也利用飞机播种技术在境内多次播撒草籽、树种,加快植被恢

① 项南在1983年视察溪地时亲自指示,自1983年起至1987年止,省林业厅每年下拨20万元育林基金用于溪地的水土流失治理,同时要求溪地要三年内完成境内所有山岭的植被覆盖,做到山上看不见"红颜色",只能看见"绿颜色"。

复。特别是20世纪90年代以来，当地政府将一些水土流失问题较轻的荒山承包给部分农户、企业进行林业经济开发，充分调用社会和市场力量促进水土流失治理。

与此同时，通过总结过去治理的失败经验，新时期溪地的水土治理将村民日常生活的燃料改造作为了另一个工作重心。1983年省委书记视察溪地时曾针对新时期溪地的水土流失治理明确指出，为了加快植树造林的成效，必须严格执行封山政策，但前提是"给群众找到解决烧什么的问题的途径"。在综合比较下，同年下发的省政府文件中明确提出要改造溪地以薪柴为主的燃料结构，在当地大力推广燃煤作为新燃料。1983年起至1987年连续五年间，由龙岩市每年安排从外地收购一万吨燃煤，供应溪地烧煤；与此同时，省水土保持办公室每年也拨出30万元专门用于溪地的燃煤补贴。于是，一场由当地政府推动的燃料改造运动在溪地正式拉开了帷幕。

二、再造实践：村民是如何从烧柴改为烧煤的

薪柴是构成千百年来溪地村民开展的做饭、取暖、泡茶、养殖等诸多日常实践活动的一个重要元素。根据笔者接触到的许多溪地年长村民的讲述，当时境内村庄附近的山上因为环境恶化几乎无柴可砍，使得20世纪80年代前溪地村民薪柴的获取变得耗时耗力、异常艰困，往往需要去几十里地之外的其他乡镇"偷柴"。自清末民初溪地生态恶化以后，薪柴短缺已经演变成为严重影响当地日常生活顺利开展的一个大问题。

我小时候我们这里是真穷，山上真的是一毛不拔……我十多岁就去砍柴。像我们砍柴要走三十多里路去旁边的北水镇"偷柴"，因为我们这里山上没有柴……早上六七点就要从家里出发，下午家里人会去（回途的）半路上接我，加起来需要花费一天半的人工。

（余FJ，男，60岁，北市村村民、镇退休干部，2015年8月21日）

我们小时候去打柴都要走很远，一直要走到高速公路那边的那个驴子岭，打个柴要一天半的时间，把人累死掉了，还要家里人去接，不然自己根本挑不回来。

（刘WY，男，60多岁，网田村村民，2015年8月22日）

我去县里念中学要经过溪地，发现他们这里的山都是光秃秃的，上面只长了些不高的"老头松"。那时候，我们北水人日子很苦，但比溪地还是要强些。同样是上山打柴，我们北水每天可以打两捆柴，这边（溪地）的人只能打一捆。溪地人没柴烧经常跑去我们那里"偷柴"，被逮到了要挨打的。

（蔡CW，男，47岁，北水镇人、县水保站工程师，2016年11月24日）

溪地前一阶段长达四十年的低效水土流失治理也将砍柴和烧柴推到了风口浪尖。因为薪柴短缺，很多溪地村民不顾当地封山育林的禁令，上山砍伐为了治理水土流失

新植的幼林，使得治理行动难以取得成效。一来二去，当地水土流失治理与村民日常烧柴之间的矛盾也在不断激化。在水土保持管理人员眼中，那些只是依循日常生活惯例上山打柴的"平民"成了不折不扣的"愚民""刁民"，需要通过教育和宣传手段对他们进行"思想改造"。

溪地近十年来迭遭兵匪的扰乱，山上林木，早已荡然无存了。乡民愚昧，更不知加意保护，为着日用所需的燃料，自灌木茅草以至枯枝落叶，均被砍伐。

（摘自章水尧1942年在溪地的调研报告，作者系水土保持实验区时任主任）

溪地地区的老山，不是没有森林资源的，根据我们的实地观察，山上尚有不少幼林，然而连同成林在内，群众乱砍乱伐破坏甚为严重。群众为解决烧柴，不仅砍树，而且挖树根，这将造成大面积的严重水土流失。追其原因是山林缺乏管理所致，因此，我们抓住了这环，通过大队的护林防火及水土保持委员会组织，开展了封山育林教育。

（摘自《长汀县溪地水土保持站去冬今春（1962年）工作总结》）

说实话，有些老百姓虽然嘴巴上不说，但心里面终归还是明白的，种树是好事，所以自觉不去砍树。但有一些"刁民"才不管你这些，上到山上去能砍的就砍，我们怎么劝都不管用，实在拿他们没办法。没收了他的工具，下次你还能在山上碰到他，时间长了变成了"老油条"。

（余HX，男，60多岁，南市村人、前镇水保员，2015年8月16日）

在生态恶化与水土流失治理构成的双重压力情境下，溪地传统日常生活中与薪柴有关的诸多实践都被问题化。虽然当地干部和民众尝试通过提高薪柴使用效率来促进这些问题的解决，但村民开展做饭、取暖等日常实践对燃料的需求量一直居高不下。在此情形下，寻找合适的替代燃料似乎成了唯一的问题解决方案。

（一）新实践的培植

在确定将燃料改造纳入新时期水土流失治理目标之后，在综合比较一系列当时可及燃料性价的基础上，当地政府部门决定在当地主推燃煤，并辅以沼气。这里需要交代的一个背景是，溪地乃至所在县并不产煤，在改革开放之前，长汀县包括县城关地区在内的大多数城乡家庭一直都是使用薪柴来开展做饭、取暖等日常实践。虽然燃煤的发现、开采和使用在中国有着相当悠久的历史（薛毅，2012），但在20世纪80年代前，燃煤从未真正走进过溪地人的日常生活。考虑到村民烧柴对水土流失治理的不利影响，当地政府曾在当地尝试过推广烧煤。据县志记载，1964年，长汀县人民委员会在溪地境内首次推广烧煤，但收效不大；1976年，在"群众烧柴已成严峻问题"的情况下，长汀县政府从邻县运进大量燃煤在溪地平价供应，最终推广效果仍然不佳。1983年省委书记视察溪地后，省政府决定每年拨款 30 万元专门用于溪地的燃料改造补贴，当地政府部门也制定了相应的政策在水土流失严重的村庄重点推广烧煤。具体做法如下。

（1）建立燃煤供应系统。按照省政府下达的治理任务，自 1983 年起五年内，龙岩市政府每年需要拨给溪地 1 万吨的燃煤指标。为此，长汀县水保局（原水保办）在溪地成立了一家燃煤公司，承担下拨燃煤的平价分销任务。燃煤公司下设若干分销供应点，并提供配送服务（见图 4-3）。据村民们回忆，住在街上或离供销点比较近的村民一般会自己用板车拉煤回家；而那些距离供销点相对较远的村庄，经常是几户人家合伙委托供销点用拖拉机送货至村口，待燃煤运到村子里后几户人家再分配和均摊运费。如此一来，烧煤的村民就不用上山砍柴了，只需定期去平价煤供销点采购燃煤即可，大大节省了人工和时间。

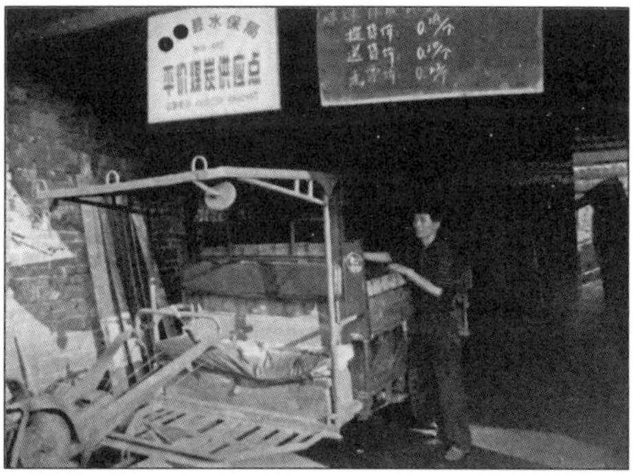

图 4-3　溪地的一个平价煤供应点

（翻摄自长汀县水土保持科教园的宣传资料）

（2）提供烧煤的技术支持。考虑到大多数溪地村民缺乏烧煤的经验，当地政府部门专门下派了一个技术人员小组在境内各个村庄挨家挨户帮助村民在厨房修建煤灶，并授以煤球制作的技术，普及与烧煤相关的技能（如引燃和更换煤球等）。与过去烧柴的老虎灶相比，煤灶在设计上最大的不同在于没有添加薪柴的灶门，且灶膛缩小为仅三颗煤球的大小。另外，由于煤灶内的煤球是全天候燃烧的，因此不必专门另起炉灶烧热水：在不做饭的时候只需移开锅头，换上装满水的水壶，干完农活回家就有热水可供洗手、洗澡，让村民感叹比烧柴要方便多了。

（3）实行对烧煤农户的补偿。为了鼓励更多的村民购买和使用平价煤，溪地政府部门利用省政府连续五年每年下拨的 30 万元燃煤补贴专款对当地烧煤农户出台了相应的补贴政策。自 1983 年起的连续几年内，溪地各村农户每年都能够免费领取到前述燃煤公司印制的煤票，可以直接折算成数量可观的燃煤。此外，如果农户家里有人参与村里或生产队组织的“治山”任务，所付出的劳动也会被折算成煤票。在实地调查中，有许多村民都向笔者反映，20 世纪 80 年代初光是村里每年派发的和“治山”挣到的煤票就已经多到家里烧不完了，足见当时对烧煤农户的补贴力度是相当大的。

在上述政策的大力扶植下，燃煤终于在 20 世纪 80 年代开始进入溪地村民的日常生活。与烧柴做饭、取暖相比，烧煤作为一种新的实践开展方式本身所具备的干净、节省人工、方便等诸多优点也逐渐开始显露，这对长期饱受薪柴短缺之苦的大多数村民来说格外具有吸引力。

（二）旧实践的淘汰

针对全面封禁之后一些农户坚持使用薪柴作为燃料的情况，溪地政府设立了专门的监督网络予以引导和规范。在镇水保站聘请了专职水保员，每个水保员分别辖管若干村庄及其山岭。另外，镇水保站还在各村一些具有威望的村民中选聘了专门的护林员。水保员和护林员除了所辖片区范围有所不同外，工作职责大致相同，除了包括动员群众完成年度"治山"任务外，再就是定期巡查负责的山岭，对违反禁令上山打柴的村民予以规劝和处罚。20 世纪 80 年代，为了完成上级下达的燃料改造任务，水保员和护林员还需要不定期前往一些农户家中抽查各户的燃料使用情况，督促烧柴农户尽快改为烧煤。在检查过程中，尽管有农户可能会将薪柴藏起来以逃避责任，但颇有经验的水保员和护林员表示，他们只要用手摸一下灶头的锅底（测试一下是否有油渍）就可以判断该户近期是否有烧柴，然后再决定是否以及如何处罚。

在 20 世纪八九十年代的溪地，打柴和烧柴的行为被明令禁止，一旦被水保员或护林员查获则意味着要受到不同程度的惩罚。水保员一般会在出入山岭的路口定期蹲守，"埋伏"那些上山打柴的村民，但他们的处罚方式总体上还算比较柔和。

八九十年代正是封禁严格的时候，山上一草一木都不准碰的。但还是有些脑袋不好的、经济条件不好的、年纪大的村民会上山打柴。我一般会选在中午的时候（巡山），估计他们那时候已经打完柴了，在他们下山的路上去捉他们。像我们经验比较足，大概了解哪些路上可以抓到人，就专门在那些路上等。抓到了会没收他们的工具，然后批评一下，问他们是哪个村的，让村干部领回去。

（丘 YL，男，53 岁，镇水保员，2015 年 8 月 18 日）

我们一般"逢三逢八"①就去巡山。最近几年基本上没什么人打柴了，但八九十年代的时候还是很多的。抓到有老百姓上山打柴，就把他们的工具没收掉，耙子啊，柴刀啊，绳子啊，一律没收，然后把他们砍的柴就地全部烧掉。我们虽然没有执法权，不能罚款，但如果没收他们的工具，他们的损失也挺大的。（问：不会反抗吗？）不会，他们自己心里清楚砍柴是"违法"的。那些年纪大的、脑袋不清楚的，我们也不敢跟他们拉拉扯扯，真出了什么事也怕他们家里人找麻烦。所以我们还是以说服教育为主，最多就是吓唬他们一下。

（韩 BB，男，61 岁，镇水保员，2015 年 8 月 19 日）

---

① 即每个月的农历初三、八、十三、十八、二十三、二十八日。

自1983年起，在政府部门的要求下，溪地各村都制定了所谓的《封山育林村规民约》《护林护草联防公约》，对打柴、烧柴现象视情节严重程度规定了不同等级的处罚方案，由村干部和护林员共同来执行。相对而言，这类处罚要更为严厉，处罚形式也十分多样化。

……严禁在我村管辖区内砍树、打枝、割草、挖树蔸、铲草皮、毁林开荒等，违者一律没收实物并处以罚款，处罚标准如下：砍伐一棵林木罚款20～100元，一根树枝罚款2～5元，一担草罚款50元，凡砍伐超过5株的加重罚款，除罚款外并处杀猪一头、放电影一部，写书面悔过书张贴各家各户……

（节选自溪地南秀村《封山育林村规民约》）

不敢上山砍柴，要罚钱的。（问：你们家罚过没？）八几年的时候被罚过，罚了总共100多块，很多钱。还把我们家的柴全都抄走了，斧头、柴刀也都抄走了，人都要气死了，最后也只能买他们的煤回来烧。（问：那你们服气吗？）不服也没有办法，村书记上山打柴也被罚钱的。他们家有人那次被查到了，没有办法也只好把家里的猪杀了，亲自挨家挨户分给大家吃。也有人家不愿意杀猪的，就接受罚款，拿出钱请全村看电影。那时候放场电影要50多块钱，有段时间村里放了很多场。放电影之前（打柴的人）要在全村人面前讲话（检讨），说自己不该上山打柴的，以后再也不敢了，让大家以后不要向他学习。

（谢老汉夫妇，60多岁，红河村村民，2015年8月17日）

我嫁来网田的时候才十七八岁，那时候这边日子真苦啊。政府不许我们老百姓打柴，可老百姓要生活啊。我上山薅松毛的时候被抓过好多次，那些人就把我辛辛苦苦打的柴当面烧掉。村里干部知道后，也要罚我的款，我们家小孩小时候也被抓到、罚过。我听说有的人家没有钱，他们家的稻子就被挑走了。后来大家都吓得不敢烧柴了，都知道被管山林的人查到要罚款、杀猪。（问：要是家里没钱或猪怎么办？）还有别的可以选，像胸前挂个牌子、拿个铜锣在村里边走边敲，一边敲一边说自己错了。也有买豆腐的，给每家每户送过去，大家就都知道他被抓到烧柴了。但杀猪和放电影是最常见的，大家都会去看，那些放电影和杀猪的人都被村干部要求讲话（检讨），他们一边讲一边哭，说自己没有用（没本事），让大家不要学。

（涂大妈，50岁，网田村村民，2015年8月20日）

在认识到砍柴和烧柴会被揪出来“公开批斗”之后，溪地村民开始逐渐放弃作为日常生活主要燃料的薪柴。尽管上述处罚措施以今天的眼光来看有些残酷，但当时却客观上加速淘汰了与烧柴有关的实践，这是燃煤能够顺利进入溪地人日常生活的一个重要前提基础。

综合来看，溪地人在20世纪80年代从烧柴改为烧煤是一个多重因素交互作用的结果：首先，生态环境恶化引起的薪柴短缺问题以及前一阶段水土流失治理成效不高问题使得与烧柴有关的日常实践面临巨大压力，从而为政府推广“以煤代柴”制造了契机；其次，政府通过政策引导大力扶植与烧煤有关的实践，使得燃煤成为溪地人开展日常生活的一项新选择；最后，凭借一系列处罚措施，烧柴逐渐从溪地人既有日常生活中淘汰，客观上加速了燃料转型过程。

三、迈向环境与日常生活的协变

自1983年将燃料改造纳入治理目标以来，溪地村民在很短的时间内便完成了由烧柴向烧煤的转型。据数据显示，从1983年至1986年年底，溪地全境有9 530户农户改为烧煤，相当于每年节柴0.762 4亿斤(《1986年长汀县水土保持工作总结》，长汀县水土保持委员会办公室，1987年1月2日)。此外，还有一些农户在政策扶植下建立了沼气池、太阳能灶。尽管溪地村民迅速改为烧煤带有明显政策引导的色彩，甚至有一定的强制性，但他们最终却变成与烧煤有关实践的忠诚实践者。例如，在1988年省里的燃煤补贴取消之后，大多数的村民并没有因此上山砍柴，而是继续花钱买煤烧，燃煤彻底取代了薪柴在溪地人日常生活中的地位，并且重塑了当地人的日常生活。

那时候生产队让我们上山挖穴、种草，忙一天9小时会给每个人发8毛钱的工资。我记得1块7就能买100斤燃煤，很划算的。(问：大概能烧多久?)100斤煤怎么说也得抵50多捆柴，可以烧很多天。所以你说是不是傻子才上山打柴呢！再后来，大家都出去打工了，赚回家很多钱，买煤花的那点小钱又算什么。

(涂大妈，50岁，网田村村民，2015年8月20日)

烧柴呢，人需要一直在(灶)那里看着，就怕柴倒下来把房子烧掉。烧煤不一样，煤放下去你就不用管了，可以跑去干别的事情，比如可以洗衣服啊，等(时间)差不多好了去看一下就好啦。刚开始烧煤确实有些麻烦，因为不会烧，经常烧着烧着就熄掉了，但慢慢习惯了就不会觉得麻烦了。烧柴煮的饭更香、更好吃，烧煤煮的饭没有什么香气。但打柴麻烦啊，所以都没人打柴了，不好吃好像也可以了，没有人再管好不好吃了。

(曾XY，女，49岁，南秀村村民，2016年12月10日)

以燃煤为核心开展的新日常生活不但缓解了溪地由来已久的薪柴短缺问题，同时也大大巩固了新时期水土流失治理的“治山”成效，特别是促进了封禁政策的真正贯彻。1983至1988年期间，溪地境内的山地封禁面积达9 163公顷。由于封禁政策被有效落实，溪地水土流失问题很快便得到了控制。1988年7月的遥感调查表明，强度水土流失面积较1983年减少1 453公顷，占流失总面积的14.3%。至1987年，溪地利用植物措施对 102 605 亩的水土流失区进行了植被恢复，占流失总面积的 43.2%，其中：播草促林面积 37 242 亩，乔灌混交林44 078 亩，经济林 3 126 亩，补植和改造“小老头松”达 13 084 亩，果树 5 075 亩。

实际上，“以煤代柴”只是开始，溪地的燃料转型仍在继续。大约自 20 世纪 90 年代，随着电网改造的完成，越来越多的溪地人开始从烧煤改为“烧电”。现如今，溪地已经很少有人烧煤，街道上的燃煤供应点也早已乏人问津。笔者在入户调查中发现，目前溪地村民开展日常生活使用的燃料具有多样化的趋势：几乎家家户户都用上了电饭煲和电磁炉等现代厨房家用电器，液化气的使用也比较普遍，另外有一些农户还用上了沼气、太阳能等“绿色燃料”……1983 年以来，由于村民日常生活的开展对薪柴的依赖大幅降低了，溪地森林因为不再需要承担村民日常生活燃料供应的功能而终于迎来了休养生息的机会，山岭终于由红变绿了，森林涵养水土的功能也逐渐得到恢复，当地的水土流失治理也因此取得了很大成效。一言蔽之，1983 年以来溪地生态环境的整体改善是以日常生活中的燃料实践（包括砍柴、做饭、烧水等）转型为重要前提的，当地的社会-环境关系也因此得以重构并朝向一种和谐、可持续的方向演进。

第六节 小结

日常生活的稳定性表现为其不易变迁且难以撼动，这是治理与日常生活相关的许多乡村环境问题的难点所在。基于实践论对 MLP 的批判，本章提出了一个适用于分析乡村日常生活可持续性转型的框架，并结合闽西溪地镇的水土流失治理案例探索了该框架的解释效力。分析发现，由于未能有效约束和排除村民日常生活的不利影响，溪地的水土流失治理在 20 世纪 80 年代前长期处于低效状态；20 世纪 80 年代以来，通过将日常实践设置为治理目标，加上恰切的制度安排，溪地的日常生活逐渐朝着可持续性的方向演变，进而推动了水土流失问题的有效解决。具体而言，溪地以燃料改造为代表的日常生活转型可以理解为日常生活与外部情境交互作用的结果：首先，生态恶化构成的压力情境使得做饭、烧水、打柴等围绕薪柴组织的日常实践被问题化，为溪地的日常生活转型提供了契机；其次，国家治理水土流失的努力构成了转型的动力情境，一些围绕燃煤组织的、更加可持续的日常实践构型在该情境下变得可及，并尝试透过与原有实践竞争或建立联系嵌入溪地日常生活当中；最后，在政策的大力推动下，燃煤相关的日常实践逐渐取代薪柴相关的日常实践并在更广泛的社会层面扩散，溪地日常生活可持续性发展。溪地水土流失治理的案例表明，乡村日常生活看似“不变”实则具有动态性、可治理性，在充分把握乡村日常生活演化机制的条件下，通过适当的干预，乡村日常生活完全可以朝着理想的方向转型，最终实现与生态环境的协变。

第五章 实践的能量：乡村居民日常生活中的情感体验与环境行动

我认为恰当的互动研究并不是个体及其心理，而是不同互为在场的人之行动中展现的秩序关系……这么说来，不是人和他们的那些瞬间，而是瞬间与它们的那些人。

——欧文·戈夫曼(Goffman，1967:2-3)

蜜蜂儿不落哟刺蓬棵，蜜蜂落在哟鲜花上。

——电影《阿诗玛》(1964)插曲

第一节
如何预测乡村居民的环境行动

环境行动可以理解为与环境变化相关的那些社会行动。根据发生的社会领域不同，环境行动一般分为环境行动主义（environmental activism）和环境行为两种不同类型：前者包括参加或支持由特定组织发起的环境运动、环保捐赠、环保联署、环境治理项目等，往往带有明显的集体活动性质，故又称为公域环境行动；后者则主要是指个体行动者在日常生活中采取的环境行动，也称私域环境行动（罗亚娟，2015；彭远春，2013a；Hunter et al.，2004；Tindall et al.，2003）①。进一步，根据影响方向的差别，私域环境行动又可细分为亲环境行动（pro-environmental action）和反环境行动（anti-environmental action）两类（Bain et al.，2012；Corral-Verdugo et al.，2003；Stern，2000）。本章接下来所讨论的环境行动为私域环境行动，即行动者在日常生活中采取的那些对环境保护具有重要性的行动，如用水、用能、处理废弃物、使用（不）环保的产品或基础设施等等。整体上，这些环境行动反映的是日常生活的开展对自然资源的使用效率和特定的环境影响，而个体社会成员在多大程度上倾向于实施这些行动，对于控制、减缓和解决那些植根于日常生活的环境问题（如生活污水、“垃圾围城/村”、雾霾乃至全球气候变化等）而言具有重要意义。

在国内以乡村环境变化为主题的社会学研究中，研究者们近年来开始关注乡村居民的环境行动。研究发现初步表明，相较于亲环境行动，乡村居民在当前的日常生活开展中似乎更多地会涉及许多反环境行动，包括污染水源的行为（陈阿江，2010），增加生活垃圾的塑料制品使用（邓霞秋，2015），会引起大气污染的秸秆焚烧（高新宇 等，

---

① 在一些研究者看来，环境抗争（environmental protest）属于环境行动的范畴（陈涛，2014；刘春燕，2012；冯仕政，2007）。但笔者认为，环境抗争的概念范畴要大过环境行动，应作更加详细的区分：第一，明确以环境保护为诉求的、群体性的环境抗争（“环境群体性事件”）可以大致看作是环境运动，所以属于环境行动主义（龚文娟，2013；周志家，2011）；第二，个体性的环境维权行动虽然涉及环境元素，但往往却不是为了亦不太可能引起显著的环境变化，故应当被看作是一种单纯的法律行动（陈涛 等，2016；顾金土 等，2011b）。

2016),作为乡村面源污染重要来源的畜禽养殖(耿言虎,2017b),等等。针对乡村居民明显的反环境行动倾向,一些研究者援引了主流环境行动研究中的“态度-行动”模型来予以解释。该模型假设,个体的环境行动是其自身环境关心的体现。据此,乡村居民更倾向于实施反环境行动主要是由于缺乏环境关心或环保知识造成的(夏循祥,2016;马道明,2015)。但正如我们在前几章已经讨论过的那样,“态度-行动”模型对环境行动的解释存在一些固有缺陷,仅仅根据个体环境关心并不能有效预测其环境行动(彭远春,2015;周志家,2008;武春友 等,2006;Poortinga et al., 2004; Kollmuss et al., 2002; Chan, 2001; Hines et al., 1987)①。此外,尽管已有定量测量结果表明当前国内乡村居民的环境关心普遍较低(范叶超 等,2015;卢春天 等,2015;宋言奇,2010),但亦有相当一部分研究揭示了乡村居民的一些(传统的)日常行动惯例具有显著的环保效益(孟和乌力吉,2015;王凯元 等,2011),反过来再次证明环境关心并不是决定乡村居民环境行动的必要前提。

在很大程度上,考察乡村居民的反环境行动需要考虑客观结构因素的制约。长期以来,在城乡二元社会结构的作用下,广大乡村地区的发展状况整体上要滞后于城市地区,乡村地区的环保投入明显不足。在此背景下,与城市居民相比,乡村居民能够接触到的环保技术、产品和基础设施亦十分有限,这在很大程度上会限制他们选择实施亲环境行动的可能性(张彪,2010;钱水苗,2009;洪大用 等,2004)。这样一种看法从实践论的角度来看也不无道理。环境行动总是嵌入在一项(组)特定的日常实践中(例如,做饭、洗澡、洗衣、打扫等实践都会涉及用水),而环保技术、产品和基础设施的改善其实是提供了更加环保的实践选择,因此有助于催生更多的环境行动。上一章的研究发现也证实了这一点。在溪地水土流失治理过程中,当地政府部门通过政策安排引入了更加有助于植被保护的燃料技术,在重构了斫樵、做饭、烧水等传统日常实践的同时,也大大减轻了村民燃料使用行动对当地环境的影响(详见第四章)。

过去十多年来,中国乡村居民环境行动的客观结构条件得到了显著改善。一方面,为了遏制日益严峻的乡村环境恶化趋势,国家环保部门近年来逐渐加大了对乡村地区的环保投入(“环保下乡”),乡村地区的环保基础设施正在日趋完善(马涛 等,2017;王刘飞 等,2017;吴柳芬,2015)。另一方面,笔者近几年的实地调查经历表明,在一些经济发展和社会建设相对领先的东部乡村地区,诸如太阳能热水器、LED灯、太阳能电池板、低能耗家电、绿肥等诸多环保技术和产品也已经变得可及。乡村地区环保

① 从实践论的角度来看,环境关心属于一种话语意识,而支配人类行动(包括环境行动)的则主要是与行动开展的实践相关的实践意识,所以环境关心并不能准确预测环境行动。

条件的改善客观上为乡村居民在日常生活中的环境行动提供了新的选择，尽管如此，这些因为“供给侧”的完善而新多出来的环保选择在多大程度上能够转化为个体村民的亲环境行动还需要进一步的深入研究①。

本章试图要回答的问题有：第一，在存在多种行动选择的条件下，决定乡村居民在日常生活（实践）中实施特定环境行动的具体动机是什么？第二，日常生活中那些与环境保护息息相关的自然资源或物（包括水、能源、稀缺资源、废弃物、基础设施、环保产品等）在乡村居民的环境行动中扮演了什么样的角色？通过追问这两个问题的答案，本章希望对第四章关于乡村日常生活可持续性转型的内容予以必要的补充分析。第四章考察了重构实践的物质性维度对解决与日常生活中相关的环境问题的积极意义，在此基础上，本章将重点关注实践的文化性维度，即一种环保或不环保的实践是透过何种文化机制吸引那些具有能动性的实践者并借助他们的开展（即环境行动）来影响环境变化的。详细考察实践者与实践的交互作用有助于明确乡村居民在环境治理中的角色，从而避免陷入一种“技术官僚式”（technocratic）的环境决策思维②，对更加科学、有效地推动乡村日常生活可持续性转型具有重要启示。

---

① 例如，吴柳芬（2017）对广西某乡村的调查发现，为了改善该村的“垃圾围村”问题，当地环境管理部门近年来在村里修建了垃圾回收站和焚烧炉等设施，不但未被村民接纳，反而招致了一些村民的厌恶、批评甚至破坏，最终没能有效矫正村民长期以来有害的垃圾处理行为模式。

② 所谓技术官僚式的决策模式，可以理解为“对社会进行管理和政治统治的国家精英和相关机构通过应用符合工具理性的技术手段来寻求强制实施一种单一的、排他的政策范式”（Centeno，1993：314）。一般认为，技术官僚式的决策过程虽然是理性的，但由于通常未能充分考虑到社会的真实需求和参与决策的意愿而被认为是一种相对缺乏民主精神的治理模式，这也是干扰政策执行效果的一个关键的不确定性因素。

第二节
理论背景

一、实践者的能动性:一个待阐释的实践论议题

作为一个新兴社会理论范式,实践论的理论建构工作仍在进行当中。在既有实践理论中,对实践物质性维度的强调几乎已成为大多数实践理论家的共识。或许是为了纠正唯意志论(voluntarism)对社会行动的片面解释,在不同版本的实践论(特别是将实践定义为实体的实践理论)中,包括物品、基础设施、工具、硬件以及人的身体等在内,各种各样物质元素的重要性都被理论家们置于特别重要的地位。例如,在修芙等人(Shove et al.,2012)提出的实践论版本中,"物质"是定义实践的三类关键元素之一(其余两类分别为"意义"和"技能")。夏兹金主张的实践概念虽不包含物质,但他却指出,人类行动者在实践的过程中必然会应用、操控和建构一些物质安排,"实践从本质上来讲是与物关联以及相互交织的"(Schatzki,2002:106)。尼科里尼(Nicolini,2012:8)则总结道:"所有的实践理论都认为,我们需要的理论要能够考虑到我们居于其中的这个世界的异质性本质,它包括承认物品和物质经常反噬我们以及抵制我们用我们的话语去包围它们的一些尝试。"正是由于不同实践理论共同认可自然物品和技术加工品对于(再)生产社会生活的重要性,当前许多实践论研究都蒙上了一层鲜明的后人类主义(post-humanism)色彩,研究者们普遍强调与实践相关的物质安排对社会变迁及其治理的重要意义(Naus,2017;Hargreaves et al.,2013;Magaudda,2011;Feldman et al.,2011;Southerton et al.,2004)。

目前各大主流实践理论倾向于对作为实践者的个体行动者的重要性轻描淡写。如前所述,由于反对任何形式关于行动的个体主义解释,实践论一贯主张用实践取代个体行动者作为核心分析单位,行动者只是实践的"承载者"或"开展者"(Shove et al.,2012;Nicolini,2012;Schatzki,2002)。换言之,作为实践"承载者"或"开展者"角色的个体行动者仅仅只是重复前人已经做过的事情,被动地习得了与实践相关的技能、理

解、动机和情感；能动性并不属于行动者自己，而是以一种知识的形态储存于实践当中。在许多实践理论中，实践者的行动虽然受到他们具有的能动性指引，但这些能动性却并不是经济学和心理学所假设的理性意识或价值取向，而是与特定实践相关的知识与技能（Spaargaren，2003；Giddens，1984）。总的来看，既有的实践论普遍将个体行动者的能动性视为实践的后果，能动性意味着人类参与不同实践获得的一种能够理解和有意识地行动的能力。这样一种理解显然区别于许多传统社会学理论关于能动性的认识[①]，相较之下，既有实践论在很大程度上弱化了能动性在社会行动及其变迁中所扮演的角色。

实践论自提出以来便一直伴随着争议，其中，有相当一部分批评指出该范式对人类能动性的贬低有矫枉过正之嫌。例如，有评论认为，目前的新实践理论为了超越个体理性和自觉反思对行动的解释而特别强调实践的惯常性（habituality），即主张一种前反思性的、具身性的行动解释模型，而这已经给理解实践变迁和个体能动性在变迁中的作用设置下不小的障碍（Miettinen et al.，2012）。类似地，沃德（Warde，2005）也指出，即便承认实践论主张的行动变迁源自实践自身的发展，但这并不意味着实践者在此过程中不重要；需要看到的是，因为实践者们可以适应、调整和转变不同的实践开展方式，实践者对实践的开展过程因此也同样为实践埋下了“持续变迁的种子”。以上这些批评的声音让越来越多实践理论家逐渐意识到，个体行动者及其能动性在实践论中的地位或许需要被重新评估，否则可能会再次落入结构主义的窠臼。也就是说，尽管实践优先，但具有能动性的人类行动者也是实践变迁过程中的一部分，他们与实践的关系需要被重新考虑。

迫使实践理论家们开始认真审视能动性议题的另一个重要因素是实践论在解释社会变迁及其治理时面临的一个实际困境。一些既有实践理论认为，一项实践的命运取决于它在多大程度上能够招募到能够且愿意开展它的那些人，即实践者：作为实践者，一个社会中大多数个体行动者都忠于开展一项实践时会赋予这项实践“生命”；而当这项实践的实践者们纷纷背弃它时，该实践也就被宣告“死亡”了（Shove et al.，2012）。研究表明，如果不考虑具有能动性的实践者在实践变迁中的角色，仅仅干预实践的物质安排，在大多数情况下难以有效推动实践向预期的方向转变（Evans et al.，2012；Caldwell，2012）。为什么某些实践会流行，而另一些实践却落伍了呢？为什么某项实践对一些人来说会格外充满意义，具有吸引力或感受很强烈呢？既有实践理论

① 例如，莱克维茨（Reckwitz，2002：252）曾明确提出，实践论独立于任何可以被称为“主体间性”的辩证推理，即基于一种“互动-心灵-互动”的辩证法发展出来的理论。

尚不能对这些问题给出令人满意的回答，但可以肯定的是，要想回答这些问题，必须对实践与实践者交互作用关系作出新的诠释。

在一项近期研究中，通过回顾情感社会学的最新研究进展以及夏兹金关于实践统合方式的论述，韦宁克和斯巴哈伦（Weenink et al.，2016）重新发现了能动性在实践理论中可能一直被低估的角色。他们指出，"能动性存在于情感中，而情感是由各种各样实践（再）生产的，人们以一种情感化的方式体验和参与这个世界"（Weenink et al.，2016：61）。更确切来说，情感能动性（emotional agency）起到了实践黏合剂角色，是决定一项实践能否成功开展的关键要素：第一，它们是一种执行和记住身体性能的重要的"实践理解"；第二，它们提供了那些依附于"基本理解"的或积极或消极、或强烈或平淡的效价（valences）；第三，它们通过情感唤起识别和执行"规则"来确保其能够对行为产生影响；第四，通过遵从、体验、再生产和改变属于特定实践的"定向-情感结构"，情感能动性让人们能够以一种确定的方式、朝向特定的目标执行实践（Weenink et al.，2016：70-72）。概言之，情感能动性指引实践者体验和参与由实践构成的这个社会世界。

在反思实践论长期以来忽视情感能动性的基础上，斯巴哈伦领衔的学术团队（Fraanje et al.，2019；Weenink et al.，2016；Spaargaren，2011）建议可以从美国著名社会理论家兰德尔·柯林斯（Randall Collins）的互动仪式论（Interaction Ritual Theory）中汲取灵感，以增进实践论关于具有能动性的实践者与实践之间交互作用关系的理解。

二、互动仪式论概述

互动仪式论的基本观点最早散见于20世纪七八十年代柯林斯发表的一组有影响力的学术作品中（Collins，1987，1981，1975）。借助这些作品的发表，柯林斯尝试提出一个全新的社会行动理论，旨在超越当时社会（学）理论界日渐凸显的"微观-宏观"二元论。用柯林斯自己的话来概括，他的互动仪式论是从戈夫曼的视角对涂尔干关于仪式的一些理论观点的再诠释（Collins，2004：34）。在《宗教生活的基本形式》（*The Elementary Forms of Religious Life*）一书中，涂尔干基于对澳大利亚和美洲一些原始部落社会的考察认为，集合群体所开展的宗教仪式是生产社会规范、道德标准和社会团结的一种重要机制（涂尔干，1999）。但是，涂尔干的仪式分析在20世纪中叶的许多功能主义研究者那里很大程度上被误读了：他们将规范和价值的再生产看成是一种宏观的、结构性、静态社会现象，因而忽视了文化再生产过程中的一些动态的、情境性（situational）的特征和机制（Collins，2004，1975）。受到戈夫曼（Goffman，1967）提出的"互动仪式"概念的启发，柯林斯构筑了一个关于仪式的理论框架。通过将涂尔干对宗教仪式的分析拓展到日常生活中各种各样的互动仪式，柯林斯试图去详细论述特定处境的行动者们(situated actors)是如何(再)生产出来社会规范和团结的。

综合涂尔干和戈夫曼的仪式概念,柯林斯将仪式界定为"一种相互集中的情感和注意机制,它会创造出瞬间共享事实(momentarily shared reality)并因此制造团结和群体身份的符号……不同强度的仪式或成功或失败"(Collins, 2004:7,15)。借助这样一个定义,柯林斯分析的仪式不再局限于涂尔干关注的宗教仪式,而是充斥于日常生活中各种正式或非正式的社会互动。柯林斯(Collins, 2004:44)阐述道:"日常生活即往来于由互动仪式串成的链条上的体验"。进一步,柯林斯在 2004 年出版的《互动仪式链》(*Interaction Ritual Chains*)一书中正式提出图 5-1 所示的互动仪式分析框架。

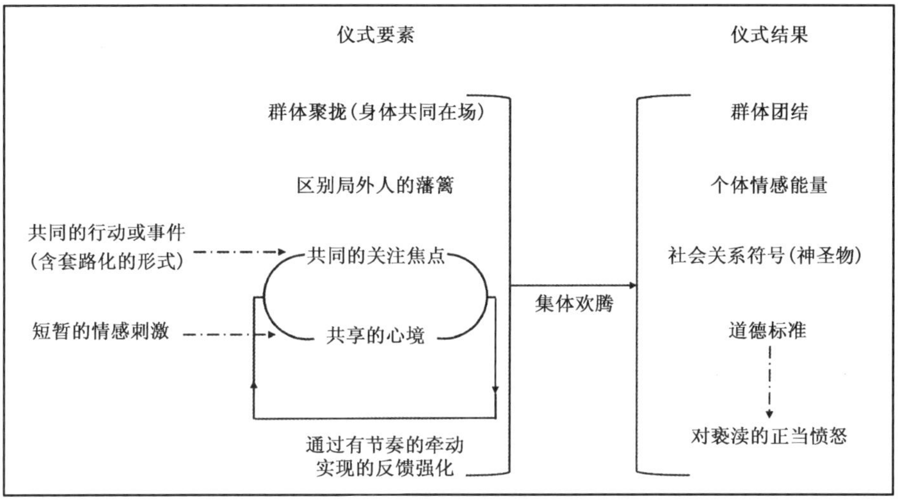

图 5-1 互动仪式模型

(Collins, 2004:48)

如图 5-1 所示,柯林斯分别从仪式要素和仪式结果两个方面来解析互动仪式。一项互动仪式的发生需要具备以下四种元素或起始条件:(1) 由共同的行动或事件引起的群体聚拢,即两个或两个以上的人物理上出现在同一场所并且因为身体的共同在场而相互影响;(2) 让仪式参与者能够与非参与者相区别的边界;(3) 一个共同关注的目标;(4) 短暂的情感刺激导致的共享心理状态。对同一个目标的关注会通过仪式中有节奏的牵动(entrainment)不断增强仪式参与者间共享的心理状态。柯林斯认为,一项成功的互动仪式会导致一种被涂尔干称作"集体欢腾"(collective effervescence)的过程,即人们感到兴奋、变得相互牵引,感觉到某种事情正在发生。具体来说,仪式互动的结果可以分为四种:(1) 群体团结,即一种群体成员身份的感觉;(2) 在个体身体里流动的情感能量(emotional energy,简称 EE),即个体"在实施行动时一种有信心、欢欣鼓舞、充满干劲、振奋和主动进取的感觉”(Collins, 2004:49);(3) 代表社会关系或群体的符号,它们是个体感知到的与集体相关联的符号,也即涂尔干所言的“神圣物”(sacred objects);(4) 一些不可亵渎的道德标准。

在柯林斯看来,能动性可被理解为情感能量流(flows of emotional energy),它们出现在互动仪式中并且沿着互动仪式链传递。互动仪式论认为,以情感能量流为表征的能动性最初是微观的,因为它们诞生自以面对面互动为基础的寓于特定情境中的互动仪式,它们以一种具身化的形式被参与仪式的个体行动者所携带。但另一方面,由于情感能量流可以沿着代表日常生活的互动仪式链传递,所以它们本质上并不是个体主义的。通过将情感能量作为互动仪式论的核心分析概念,柯林斯试图用一个“激进的微观社会学”(a radical microsociology)来超越社会学理论中长期以来的“微观-宏观”“能动性-结构”等二元论。

代表社会关系的符号或神圣物是互动仪式论的另一个重要分析概念,且物在许多互动仪式中充当了符号或神圣物的角色[①]。在正式的互动仪式(如天主教的弥撒、为往生者举办的告别式、一场球赛)中,不同神圣物(如弥撒中的十字架、告别式上的棺椁、球赛中的球)之于关注它们的仪式参与者而言具有重要的符号意义。类似地,在非正式的自然仪式(即日常生活中的大多数互动)中,物同样充当着代表社会关系的符号且对仪式参与者来说十分重要。例如,柯林斯(Collins, 2004:306-309)对吸烟仪式的分析发现,烟草及其吸食的工具在许多聚众吸烟者眼中的地位并不亚于正式仪式中的神圣物品。这样一种观点有助于解释行动者与物之间的关系:一方面,物可通过在互动仪式中抓住参与仪式的行动者的注意而获得意义或被赋予价值[②];另一方面,行动者反过来也会被这些具有符号意义的物感染,变得兴奋和充满活力(即情感能量水平上升)。柯林斯(Collins, 2004:38)以电池的两极来做比——一极是具有重要性的符号,另一极则是仪式参与者。当这些符号被感受到会在相同的或其他的仪式中出现时,之前的仪式参与者就会被它们吸引。参与仪式让“电池的两极”重新连接,也让个体身体里的情感能量再次达到更高的水平。在此条件下,行动者通常热衷于使用那些代表特定符号的物,并期待借此提高他们自身的情感能量储量[③]。据此,行动过程中物所承载

---

① 仪式中扮演符号的除了可以是物质性的物体,也可以是非物质性的,如国歌、方言、文字等。

② 符号或神圣物的诞生与再生产仰赖于发生在它们身上的仪式,如果没有这些仪式,它们将会变成“死亡的符号”(dead symbols)。

③ 柯林斯(Collins, 2004:149-151)指出,行动者参与一项互动仪式获得的情感能量会随着时间推移而消减,相关符号的重要性也会随之褪去。为维持自身情感能量水平,行动者会寻求周期性地反复参与该互动仪式,因此也促进了该仪式的再生产。

的符号意义带来的情感能量是行动者实施该行动的主要驱动因素，“情感能量的寻找者”（EE seeker）或许才是对行动中行动者最恰当的角色定位（Collins，1993）。

进一步，柯林斯的互动仪式论还着重分析了符号的三阶循环（Collins，2004：95-101）。一阶循环即参与者共同在场、面对面的互动仪式，符号最初也是在这些仪式中诞生的。一旦符号被创造出来，它们就能被参与者在其他仪式、通过其他媒介使用，由此会引起符号的二阶循环，即符号在互动仪式链中的传递情况。最后，在符号的三阶循环中，个体行动者还可在他人缺场的情境中私下利用符号开展仪式，如一个参与过弥撒的天主教徒手持十字架默默祷告，或一个亲临过演唱会的歌迷戴着耳机独自欣赏音乐播放器中偶像演唱的歌曲。

总之，柯林斯的互动仪式论强调了日常生活中的互动对生产群体团结和意义符号的重要作用。通过参与互动仪式，行动者们赋予符号（包括各种各样的物）以意义；而符号中蕴藏的情感能量也是吸引个体行动者们进一步参与互动、实施行动选择的主要考量。

三、本章分析框架

互动仪式论对理解实践论中未被充分讨论的能动性具有重要启示。尽管被柯林斯贴上了“微观社会学”的标签，但从上面的介绍中不难发现，该理论对社会生活的解释已超越了传统的个体主义思路，个体行动者在其中穿梭的互动仪式链才是社会稳定和变迁的根源。就此而言，互动仪式论与实践论虽然使用了叫法不同的核心分析概念——互动仪式与实践，但这两个概念所反映的对象具有诸多相似点，例如：都强调行动的物质性之维，都主张个体行动者的反复开展行动对社会再生产的重要性，都意识到行动者关于行动的共同理解，互动仪式链的概念与实践论主张的实践联结概念有异曲同工之妙，等等。韦宁克和斯巴哈伦（Weenink et al.，2016：72）据此认为，互动仪式可以被看作是那些情感强烈的实践，互动仪式的参与者即开展实践的实践者。尽管如此，这两个理论也存在一些显著差异，突出体现在对行动者能动性的认识方面。相较于既有实践理论关于实践者能动性的语焉不详，互动仪式论给能动性预留的解释空间明显要大得多。根据该理论，构成实践的符号或意义元素是由实践者在开展实践的过程赋予，而一项（组）实践中蕴藏的情感能量是招募和吸引实践者循环往复开展它（们）的重要机制。整体来看，互动仪式论为理解实践者与实践的交互作用提供了一个富有启发性的视角。

互动仪式论对物在实践中的角色的重新诠释特别有助于我们从实践论的角度更全面地理解日常生活中的环境行动。在很大程度上，环境行动可还原为行动者对与环境变化相关的物(包括水、能源、稀缺原材料、废弃物、基础设施、环保产品等)的使用或处理行为。既有实践理论将环境行动还原到涉及上述物质元素的实践(如洗衣、做饭、出行等)中来理解,倾向于从物的使用价值出发来解释环境行动,即行动者采取环境行动只是为了满足日常生活的基本需求(Warde, 2014)。在该解释模型中,物的符号价值被有意淡化了,行动者与物之间只是使用与被使用的关系:如果存在使用价值更高的物的选择,行动涉及的物则是可替代的。互动仪式论提示我们,实践者在开展实践的过程中会赋予实践涉及的那些物以符号价值,他们被这些有意义的物质符号吸引并通过持续开展实践来使用它们,进而获得一种情感上的积极体验。换言之,实践者与物会在实践中产生情感关联,蕴藏于物中的情感能量指引着实践者去开展实践、体验实践,并实施特定的环境行动。在此条件下,物的替代过程并非易事(因为意味着对"神圣物"的亵渎,很可能会引起仪式忠实参与者的"正当愤怒"与抵制),环境行动的干预因此不能简单理解为对物的治理(如淘汰不环保的基础设施、增加环保产品的供应等),物所代表的符号价值也需要被纳入科学的环境决策过程。

基于以上理论背景,笔者提炼出本章的分析框架(见图 5-2)。

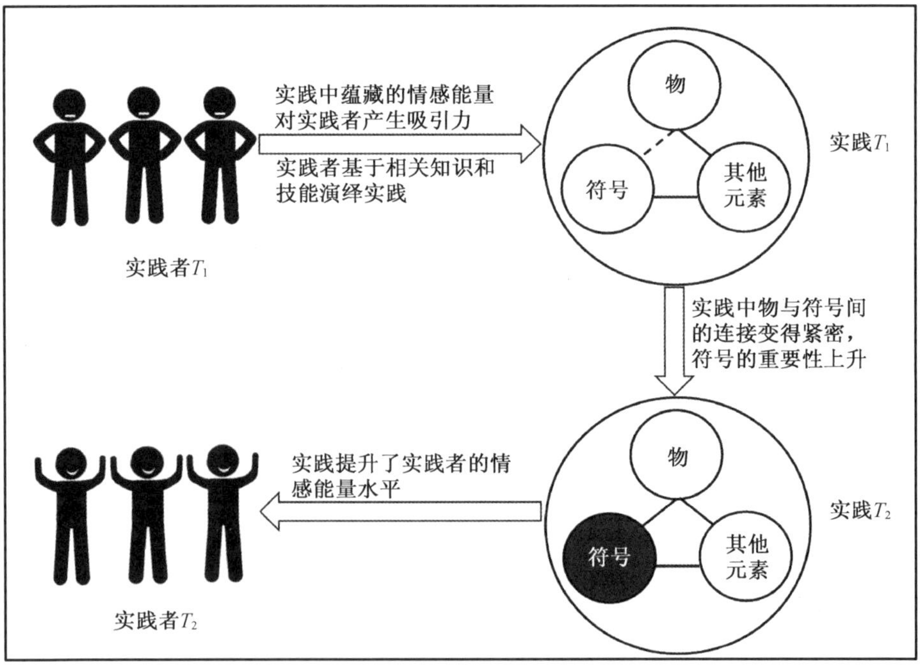

图 5-2　本章分析框架:实践与实践者的交互作用

在图 5-2 所示的框架中,笔者截取了 T_1 和 T_2 两个时间点对实践者与实践的关系分别进行考察。T_1 是实践者正准备开展实践的时间点。此时,实践者被一项实践中蕴藏的情感能量所吸引并基于自身掌握的与实践相关的知识和技能开展该实践;由于有一段时间未被开展,构成该实践两大元素——物与符号间的关系此刻较之前显得有些松散,即人们难以将特定的物与特定的意义符号关联起来[①]。通过实践者的开展,该实践中物与符号的关系再次变得紧密,符号的重要性也因为实践者成功的开展得到增强,实践达到了时间点 T_2 的状态。同样是在 T_2 所在的时间点,开展实践完毕的实践者们较 T_1 时也有了较大变化,即他们自身体验到的情感能量水平也因为这次的开展而回升。基于对笔者在溪地实地调查的两个研究案例的分析,本章接下来的部分拟运用上述框架来解释乡村居民的环境行动。

① 如前所述,情感能动性是统合实践元素的“黏合剂”。假设一项实践长期得不到实践者的开展,除了物与符号的连接可能会中断,一些其他实践元素间的关联也会变得松散或消失,这便意味着实践的“死亡”。

第三节 研究设计

在第三章和第四章的分析中，我们讨论了一个闽西客家乡村聚落——溪地镇近代以来以水土流失为表征的环境退化问题及其治理。在本章中，笔者继续选取了当地村民日常生活中与该地水土流失治理存在一定显著关联的一项社会行动作为研究案例，即洗温泉的行动。洗温泉可以看作是嵌入在溪地村民日常洗澡实践中的一项亲环境行动，具有鲜明的环保意义。借助对这两个案例的剖析，本章旨在对乡村居民为何选择特定的环境行动提出一个制度分析之外的解释模型，并希望能够详细考察村民环境行动与乡村环境治理之间的关系。

为探讨作为实践者的乡村居民与其环境行动实际嵌入的那些实践之间的交互作用，本章参考了柯林斯(Collins，2004：97-99)建议的关于互动仪式的具体研究方法。首先，应当从以下几点详细考察某个与环境变化相关的物：它是什么样的；它是否代表了一些积极的或消极的社会意义或负载(即是否是“神圣物”)；它是被一个社会中大多数社会成员广泛共享还是只对特定群体有意义。其次，追溯那些最初对该物赋予意义的实践：识别出通常都是哪项实践与该物所代表的符号相关联；辨别这项实践是传统的还是现代的、旧的还是新的、落伍的还是流行的。再次，分析代表符号的物在其他实践中的角色：该物是如何通过实践联结(或柯林斯所说的“互动仪式链”)与其他实践关联起来的；对这些实践又具有什么样的影响。最后，考察在他人缺场的情境中实践者对物的使用情况。

案例研究使用的资料按照来源渠道的不同可以分为三类：一是实地调查资料，即通过实地观察以及对一些关键信息人的访谈获得的资料；二是与溪地或研究内容相关的文献资料，包括地方志和与溪地相关的研究文献；三是从互联网上收集的资料。

第四节
温泉浴室及其环境效益

在本书的导论和第三章中，我们曾提及位于溪地南市村有一眼当地人唤作“烧水塘”的历史悠久的温泉。早在一本宋代编纂的方志（1259年）中，一位李姓长汀县时任县尉（掌管地方治安和军事的官员）就对该温泉留下了这样一段文字：

汤泉，在长汀县南四十五里，曰奚地市。周数十丈，能熟生物。绍兴间，县丞江灏力请于郡，层石池之，钩流渠之，又疏寒泉以破其烈，异向为两浴室，使男女有别。旁结庵，名“无垢”，环绕皆汤，惟佛殿后正中有井泉清冽，后因作露台于其上，泉遂堙塞，识者惜之。

（1259年府志“山川”一章）

由以上文字可知，溪地南市村的温泉在南宋绍兴年间就已经在地方官员的主持下被开发成公共浴室，分为男浴室和女浴室。因为温泉的原始温度较高（“能熟生物”），不适宜洗澡，当时还特意挖通渠道引低温的泉水来给它降温（“疏寒泉以破其烈”）。1752年府志中收录的《汤泉记》一文对南市村温泉的记述更为详细：

溪地东南隅有汤泉焉，平地腾涌，如釜底燃薪，瀑沸，莫可向迩。宋绍兴间，鸠石为池，横竖六尺，名四角汤。汤流而南，将十步，曰湖，清空莹彻，方广盈丈有奇，可浴；其西为澡，不半亩，屋覆焉，深可没膝，而水较绿。湖之旁有寺，曰无垢。寺前石钵二泉，滚滚自钵出，一热一冷，观者叹为奇绝。其他小泉如斗大，忽西忽东，起灭无常，虽居人莫指其定所也。汤泉略湖走澡而北会于溪。溪有双桥，一跨市中，稍下可坐百人，凭栏四望，紫雾迷濛，行人俱在烟际；一通村落，可露坐，水声凄急，难夜听也。溯溪而上二十丈为观音堂，地旷而夷，古松百余本，历落扶疏，高出云表。溪下挟汤水而隘于园林池沼间，池鱼甘以肥，园蔬滑腻如脂。夹溪左右，酒旆仍仍，当炎暑薰人，汗流如渍，好事者携酒鱼，摘嘉蔬，踏月寻流，洒濯湖畔，觉清快之气彻人心骨。至朔风栗烈，中夜寒生，就浴其中，暖风经宿不散。相传泉下尝伏火珠。元时，有外国人以珠引之，珠投水中，雄雌会合。嗣是，旁生小泉。或曰，其下皆硫黄，疯、疠、癣、疥诸异疾，浴之立愈。

今验以水气，似硫黄之说较信，而要未敢遽以为果然。

（1752 年府志，作者为乾隆年间溪地的一位李姓文人）

以上文字为我们提供了一些新的信息。一是南市村温泉在古代的基本用途。从文章记载来看，该温泉主要被用于浴室用水，但用过的洗澡水（“汤水”）会被当地人引来浇灌园林、蔬菜，亦有用来养鱼（“温泉鱼”至今仍是南市村的特产）。二是古溪地人对南市村温泉成分的认识。虽然并不十分确定，但当时的溪地人已经通过经验观察到温泉中可能含有硫黄等对皮肤健康有益的化学成分，这一发现也获得了现代科学测定结果的证实（见表 5-1）①。

表 5-1　溪地南市村温泉的化学属性

化学成分	K	Na	Ca	Cl	SO_4	HCO_3	CO_3	SiO_3	F
含量（毫克/升）	5.95	170.00	10.42	10.64	109.03	278.25	11.40	95.00	15.60
矿化度（毫克/升）	706.67（属于淡水型）								
pH	8.02（属于微碱性水）								

资料来源：《长汀县县志（1988—2003）》。

从文献记载中我们了解到，洗温泉是一项在溪地古已有之的社会行动，并且在今日广大溪地民众中仍旧十分风靡。笔者在实地调查中了解到，许多居住在南市村及附近村庄的村民都会定期去洗温泉，其中有相当一部分人是温泉的忠实光顾者，几乎每天都会去温泉里面泡一泡，甚至风雨、寒暑无阻。

我们这边的人都会去洗那个温泉。我们村像我这样的老头子，差不多每天都会去温泉水里面泡一泡。有的老头子闲着没事会一天去洗两次，早上一次，晚上又洗一次。（问：那您是从什么时候开始洗温泉的呢？）我啊，从小洗到大吧，有几十年咯。我们这边有的人家里面添了小孩子，才刚出生几天就放在池子里面泡，我们溪地人都是这样过来的，从小泡温泉泡到大。

（余 HX，男，60 多岁，南市村村民、前镇水保员，2018 年 1 月 26 日，电话访谈）

---

① 有关《汤泉记》中“元时，有外国人以珠引之，珠投水中，雄雌会合”的记载，笔者翻阅了相关文献并向一些当地人士打听，发现存在不同的故事版本。较为可信的一种说法是：元代时有一位外国人（有研究考证称是与旅行家马可波罗同行的一位旅伴）在福建旅行时途径溪地南市村温泉，便用一种随身携带的“珠”形设备来观察温泉（猜测可能是为了丈量泉眼深度），百姓误解其行为是用“雄珠”窃取温泉下蛰伏的“雌珠”。后来溪地人又开发出新的泉眼，当地人猜测可能是那位外国人丢失的“雄珠”生成的。据可靠记载，南市村在中华人民共和国成立前曾有一座“番子庙”（“番子”即客家话中外国人的意思），供奉的正是这位“窃珠不成”的“番子菩萨”，这也从侧面印证了上述说法。

我们村离街上(南市村所在的集市)很近呀,骑摩托车过去也就十多分钟吧。我在家闲着也没什么事,所以我每天都会去街上那个老人活动中心玩,看看他们打牌、下棋,有时候一天会跑好几趟。去街上呢,固定要干的一件事情就是去洗温泉,差不多每天都要洗,几乎很少在家里洗。(问:您知道都是哪些人去洗温泉吗?)去洗的人我也不是都认识,但我们村很多人和我一样都会去洗,因为交通方便嘛。我估计像南秀、北秀、仲池那样离街上比较远的村的人去洗的可能性会小一点,至少去洗之前可能会考虑下。(问:您夏天也会去洗吗? 不会觉得热吗?)夏天也会去洗啊,洗完整个人都很清爽,反倒不怎么觉得热了。

(刘 WL,男,64 岁,网田村村民,2016 年 12 月 11 日)

我天天都要洗澡。你看我们这边都 12 月了还这么热,去地里干活流了汗,不洗澡没办法睡觉啊。我自己本身也很爱洗澡,之前在城里打工养成的习惯,改不了。夏天呢,就在家里面用热水器烧水洗。但冬天如果天气很冷的话,我会更愿意去街上洗温泉。

(傅 MN,男,42 岁,仲池村村民,2016 年 12 月 12 日)

笔者经过调查发现,嵌入在溪地人日常生活中的洗温泉行动很大程度上可看作是具有显著环保效益的一项社会行动,尽管大多数的溪地人没有清楚意识到这一点,但他们确实在经常实施一项亲环境行动。溪地人洗温泉的环保意义主要体现在使用了地热这样一种相对可持续的能源以及对生活污水的无害化处理两个方面。

洗温泉首先涉及对地热能源的使用。温泉是一种地热能源,它具有清洁、可再生等诸多符合环境可持续性的优点。据县志中公布的科学测定结果,溪地南市村的温泉出露于第四系冲击岩中,底部基岩为燕山早期黑云母花岗岩,属于华夏系构造与桃溪旋卷构造复合区,温泉露头分布范围约 3 000 平方米,水温 70 至 80 摄氏度,流量 16.4 升每秒,储量相当丰富[长汀县县志(1988—2003)]。在溪地近代史上由于森林大面积退化导致的燃料奇缺的岁月里,南市村的温泉的存在解决了当地许多农户洗澡必须的“烧热水”难题。长汀县水保站的站长彭 SY 在访谈中向笔者表示,由于不需要自己在家里“烧热水”,溪地村民洗温泉的传统明显减少了他们日常生活对燃料的需求量,这在客观上帮助减缓了当地民众对森林植被的破坏过程。

如果不是溪地人都洗温泉,可以预料到溪地当时的水土流失程度可能还要更糟糕。

(彭 SY,男,50 岁,县水保站站长)

时至今日,在溪地民众物质生活水平得到极大改善的情况下,许多农户新建的小洋楼里都规划有专门的浴室,里面安装了电热水器、浴霸、浴缸等现代化洗浴设施,但许多溪地村民对洗温泉仍然热度不减，其环保意义在提倡节能、减碳的今天十分明显。并且，一些村民也清楚意识到他们这一行动的节能价值（尽管可能更多是出于经济利益而非环保效益的考量）。

我从小就泡温泉。我以前还没嫁到南秀村的时候，因为家里离温泉近嘛，所以天天都会去洗。现在住的地方离街上远，所以我一般还是在家里面洗热水器。我们家的热水器是烧太阳能的，没出太阳的话呢，也可以自己用电烧。但我还是更喜欢洗温泉，我一般去赶墟的时候才会去顺便洗一下，下去泡一会儿，跑起路来都会比较轻松。

（曾 XY，女，49 岁，南秀村村民，2016 年 12 月 10 日）

我们家里有电热水器，但我基本上不在家里洗澡。（问：为什么呢？）洗温泉还是更舒服一些，泡一泡对身体比较好。再说了，多少可以省些电，也挺好的。我们这里天气热，天天都要洗澡，每天都用电烧洗澡水你想想看多费电啊。（问：那为什么还要安装热水器呢？）我们家两个儿子比较爱在家里用热水器洗，但天气稍微冷点的时候，他们也爱去温泉泡一泡。

（邱 MSJ，男，64 岁，南市村村民，2016 年 12 月 13 日）

其次，溪地人洗过温泉的污水基本上实现了无害化处理。笔者在调查中了解到，溪地温泉浴室浴池中的水是流动的，每天清晨固定会集中更换一次，前一天用过的污水主要有两个流向：一是流向了浴室后的大片农田，被当地一些水稻种植农户用作灌溉水源；二是流往一些农户的私人鱼塘，因为用过的温泉水温度适宜培育鱼苗，并且此时泉水中携带的一些从人体剥落的有机物也充当了草鱼、鲤鱼、青鱼、鳗鱼、鲢鱼等各种鱼类的一种食物来源，这在客观上起到了净化水环境的效果①。在此情况下，溪地温泉浴室每日产生的污水并没有对当地的水环境造成显著的污染，也没有因为当地缺乏下水道设施而干扰到人居环境的清洁和美观，所以可以看成是一个具有环境可持续性特征的地方水循环。

洗温泉行动是溪地村民对日常生活中洗澡这一实践的主流开展方式。尽管现代化为开展洗澡实践提供了其他选择——用热水器在家洗澡，但村民们整体上还是更偏爱利用更加环保、可持续的温泉来洗澡。那么，温泉究竟有何独特的吸引力让村民成了它的忠实使用者呢？温泉对村民的吸引力又是如何产生以及再生产的呢？这是我们接下来想要重点探讨的问题。

① 一项不成文的规定是，为了确保温泉水质，在公共浴池内洗澡禁止使用香皂、沐浴液、洗发水等化学产品。

第五节
共浴实践中的情感体验

一、共浴作为一项仪式化的日常实践

洗温泉行动是溪地村民在日常生活中对洗澡实践的开展，更确切地说他们开展的是一项共浴的实践。溪地村民的共浴实践大体上满足柯林斯列出的互动仪式发生的几大要素（见图5-1），具有典型的仪式性：（1）群体性的聚拢。共浴的概念即一群人共同在一个浴室里洗澡，它意味着两个或两个以上的人身体共同在场，而浴室则是这种共同在场发生的场所。（2）可以区别局外人的藩篱。这里的藩篱有两个：一是以性别区分的两个不同大众池——男池与女池；二是所有来到浴池的人会自觉除去全身衣物，这是区分共浴参与者和未参与者的另一个重要界限[①]。（3）共同关注的焦点。在共浴的过程中，用温泉的水来浸泡和清洁身体是所有人共同专注的一件事情。（4）共享的心理状态。前往浴池洗澡的人大多分享着一种相似的心理状态，即因为浸泡在温泉中的身体受到生理刺激而产生的一种轻松、欢愉的心情。笔者的实地观察发现，在共浴实践开展的过程中，有些刚下水池的人会因为身体感知到的温差而无法控制地做出一些表情或声音上的反应（如发出一声“哇”或“嘶”），浸泡过程中一些人用熟练的手法清除身上的污垢，离开水池的人用干毛巾从容不迫地擦拭身体……这些举动如果被其他人关注到（如“感同身受”）则会变成一种有节奏的牵引，使他们意识到在该场所的所有人正在共同专注于同一件事情并会进一步被共浴的氛围感染和吸引，反过来也会强化他们在共浴中产生的那种轻松、愉快的心情。

---

① 作为一个局外人，笔者于2016年12月第一次进入大众池观察时发生了一个有趣的“小插曲”。因为之前没有过这种“集体泡澡”的经历，我被眼前的景象震惊了：一群赤身裸体的年长大爷们泡在冒着热气的一个大水池，有的在聊天，有的在专注清洁自己的身体……我衣衫完整地站在门口观察里面的景象，不出一分钟，我便吸引了所有人的注意，他们用看异类一样的眼神盯着我，让我更加不知所措，最后落荒而逃。

二、共浴的意义和村民从中汲取的情感能量

从仪式类型来看，共浴实践是一项非正式的自然仪式，它没有任何标准的仪式程序，却也能够在仪式参与者(即“实践者”)们中间引起彼此关注并建立起一种情感上的联结。

一方面，作为共浴实践中最重要的物，温泉也在长达近八百年的历史中与一些特别的社会意义发生关联。在官方宣传中，南市村温泉是“溪地三宝”之一(其他“两宝”分别为溪地鸡和宗祠一条街)，是一种最能够代表溪地和溪地人的符号。而在与溪地人的交流中，虽然他们很少会明确去表达，但却不难从言谈中感受到温泉在他们心目中举足轻重的地位。

我上中学的时候，溪地的日子很苦哇，人很穷，吃了上顿没下顿的那种。那时候我们这里的冬天好像也格外冷，我身上就只穿了一件薄薄的卫生衣，冻得人实在受不了。但好在我们学校对面就是温泉，我们一帮小孩就一天会去洗两三次，这样就不冷了。

(刘 WY，男，67 岁，网田村村民，2016 年 12 月 11 日)

这个温泉是很好的东西。像我儿子从福州回来可能有点水土不服啊什么的，得了那个荨麻疹，身上痒得不行，我就让他去洗洗那个温泉，然后慢慢就好了。那个温泉里面有硫黄，可以治皮肤病的，所以大家都喜欢泡温泉。我们这里有的人可能有风湿病啊或有点残疾的，也喜欢天天泡在那个池子里，肯定对病有好处。

(余 HX，男，60 多岁，南市村村民、前镇水保员，2018 年 1 月 26 日，电话访谈)

从小就泡温泉，早就变成了一种习惯啦。之前在外地打工的时候经常会想家，尤其是冬天洗澡很冷的时候，就会特别怀念这个温泉。所以呢，我每次回到溪地都会去泡一下，泡完了再去街上吃一碗芋子饺(注：一种溪地小吃)，然后才觉得算是真的回到家了，哈哈。

(涂 QS，男，30 岁，仲池村村民，2018 年 1 月 26 日，微信访谈)

我们这里过年之前都会去泡一泡那个温泉，把身上过去一年的晦气都洗洗干净，所以我认为多少有点“除旧迎新”的意思在里面吧。我们溪地人都是在温泉里面“泡大”的。我还很小的时候就泡温泉，还没池子高，记得我蹦下去的时候呛了好多水，很有趣，哈哈。

(沈 MM，女，23 岁，亮彩村人、大学毕业生，2018 年 2 月 15 日，微信访谈)

从以上溪地人关于南市村温泉的叙述中不难发现，温泉可以与众多符号关联：它是对溪地苦难岁月的见证，也是可以带来身体健康的一种美好愿望，是伴随每一位溪地人童年成长的印记，也是异乡溪地人对乡土的眷恋，同时还代表了溪地人身份……如果没有数百年如一日的开展，温泉可能只是“死亡的符号”，不会与任何符号关联起

来，共浴与其他洗澡实践类型也无法区别开来。尽管温泉被赋予的符号意义对不同溪地村民可能会有所差别，但每一位在温泉浴室中开展过共浴实践的溪地人基本上都承认温泉在溪地人日常生活中的重要性，共浴实践包含的社会含义也在溪地村民日复一日地开展中不断被丰富、强化并实现了再生产①。

另一方面，溪地村民也在反复开展共浴实践的过程中不断汲取情感能量。柯林斯的情感能量指的是一种有助于个体采取行动的一系列积极情感体验。高于棻(2007)基于对中国台湾一家女性公共浴池的参与式观察发现，在与他人互动的共浴过程中，人们的焦虑感会有效缓解，并可从团体成员间的彼此信任中获得一种积极的自我认同感。一些溪地民众也向笔者报告了他们在开展共浴实践中的情感能量获得情况。

温泉水里面的硫黄对身体很好，住在我们这边的人基本上都去泡。(问：您怎么知道里面有硫黄的?)洗完澡，你可以闻闻一下你的手，有那个硫黄味。(问：那您洗完温泉之后是什么感觉?)每天泡一下温泉我感觉很舒服啊，整个人很放松。你看我们这边的人大部分都活很大年纪，很少生疮害病，肯定和经常泡温泉有一定关系的。

(邱 MS，男，64 岁，南市村村民，2016 年 12 月 13 日)

大家一起洗澡，可以拉家常、闲聊。更主要的是，泡澡泡完一身轻松，不仅洗去身上的污垢、疲惫，感觉心灵也被洗涤了一样，这是自己泡澡没有的感觉。

(修 GX，女，24 岁，北秀村人、大学毕业生，2018 年 2 月 15 日，微信访谈)

(温泉的)大众池一般外边的人可能会不习惯，光着身子在一个大池子里洗澡多少会有点别扭，但是这就是我们溪地人最喜欢的温泉。客家人最讲究人情了，从同一宗亲繁衍过来的家庭会有很多千丝万缕的交往，这种关系可能已经隔了好几代了，身子自然也没有血缘关系，但是凡是某一家庭有红白喜事，他们都需要参与，不参与就会被认为是不懂事、很不合群的一种行为……从洗温泉这件事情也能够看出来，我们这里的人喜欢大家都聚在一起的那种氛围。虽然不过是洗澡，但是碰上一个(熟人)闲聊两句，氛围会好，洗得也开心。

(李 MM，男，24 岁，北市村人、研究生三年级，2018 年 2 月 15 日，微信访谈)

由上可知，在成功开展共浴实践后，参与共浴的溪地人能够明显体验到自身情感能量水平的提升：邱 MSJ 从其他村民的洗温泉行动中更加坚信温泉的保健功能，因此体验到了一种超越身体愉悦的轻松感和愉悦；修 GX 用“心灵被洗涤”来描述共浴带来

① 南市村附近有两所中学，所以几乎每个溪地人在上中学的时候都有过天天和同学一起洗温泉的经历。

的一种心理层次的独特积极体验;李 MM 描述的“氛围”可以理解为共浴实践的成功开展达到的一种集体欢腾状态,在这种状态下,个体从实践中汲取的情感能量趋近最大化,其个人也在这种状态中确认了自己“溪地客家人”的群体成员身份。

综上所述,共浴实践无数次的成功开展过程为该实践倾注了特定的符号意义,同时也让作为实践开展者的溪地村民获得了相应的积极情感体验。

第六节
无可取代的“大众池”

一、私人浴池与家庭浴室的崛起

在20世纪80年代以前，溪地村民可以选择的洗澡实践类型十分有限。因为森林退化酿成的长期燃料短缺问题，家家户户“惜柴如金”，能在家里烧水洗澡可以称得上是件极奢侈的事情。在此背景下，温泉的存在为溪地村民们“省柴”提供了可能，去温泉共浴几乎变成了溪地集市附近几个村庄村民最主要的洗澡选项，那些离集镇比较远的村庄民众也都会利用农历每月“逢二逢七”的六个“墟日”①来集镇上赶墟的空档洗一下温泉。历史上，南市村的温泉浴室长期以来只有一个大众池——慈母池，内设男池和女池，向所有人免费开放。笔者接触到的绝大多数溪地人都在大众池里面洗过温泉。

1994年以来，溪地在大众池周边新建了好几家收费的温泉浴室，为溪地人洗温泉提供了更多的选择，如“单人池”“鸳鸯池”等。与大众池相比，这些限缩了人口规模的浴池也获得了许多溪地民众特别是一些年轻女性的青睐。

我比较爱干净，读中学的时候因为没什么钱嘛，所以只能去洗那个公共浴室的大池子，但我会挑早上的时段去，因为刚换过水要比较干净一些。有的选的时候，我会更喜欢那种收费的私人浴池，更干净一些吧，那种10块、20块洗一次的我都体验过。(问：为什么不喜欢大众池呢？)看到一池子人谁想下去洗啊，还不如买个桶自己在家里面洗。

（傅SX，女，27岁，仲池村村民，2016年12月12日）

说来也很奇怪啊，小时候倒也没有觉得大众池有多脏，但现在大些了觉得可能对女孩子的健康还是不太好，会有点介意大家一起洗一个池子，所以我有时候会去洗收

① 即农历初二、七、十二、十七、二十二、二十七日。

费的。(问:是因为更私密一些的原因吗?)那倒也不是,主要是水质更干净、卫生一些。

(王 XL,女,26 岁,北市村村民,2018 年 2 月 15 日,微信访谈)

与大众池相比,收费的私人浴池为确保水质能够达到顾客们的预期而需要频繁更换池子里面的泉水,相对而言人均要消耗更多的水资源。并且,因为没有像大众池那样限制顾客,可以在浴池内使用洗发水、沐浴液、香皂等化学洗浴产品,私人浴池用过的泉水不能用于灌溉和养鱼,往往未经无害化处理就排放到附近的一条河道里,会污染水环境(见图 5-3)。因此,去私人浴池内洗温泉的环保性整体上无法与在大众池内的共浴相比。

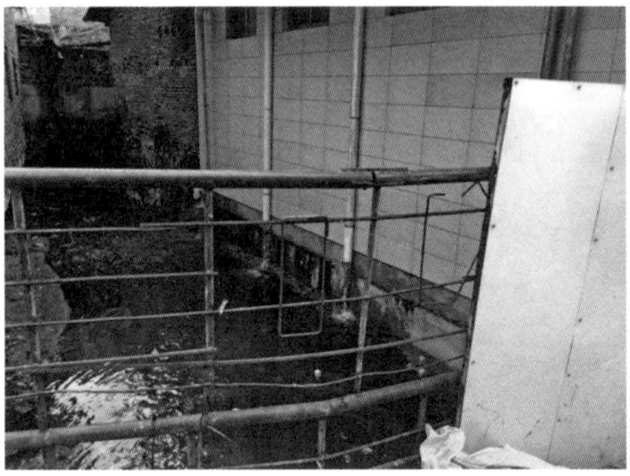

图 5-3 一家私人温泉浴池正向河道排放未经处理的污水

(笔者于 2016 年 11 月拍摄于溪地南市村)

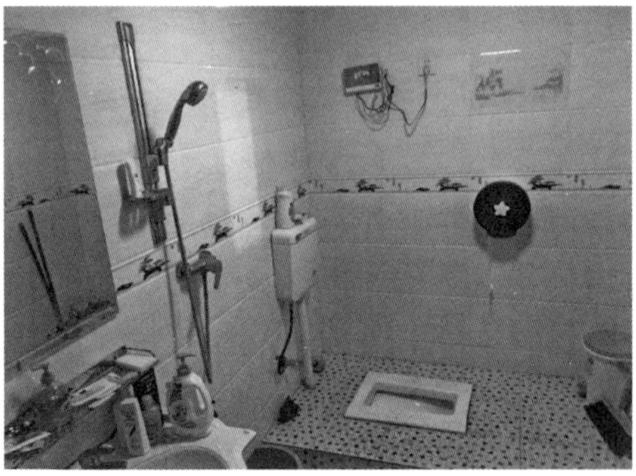

图 5-4 一户溪地村民家中浴室的内部陈设

(笔者于 2016 年 11 月拍摄于溪地北市村上官 YB 家)

对溪地民众去大众池共浴的另一个重要冲击是现代化家庭浴室的崛起。21 世纪以来,随着家庭经济水平的普遍提高,越来越多溪地家庭开始从原先居住的泥瓦房搬进了新落成的小洋楼里居住。在泥瓦房时期,溪地人的住宅内一般不设单独的浴室,厨房偶尔会承担浴室的功能(因为可以烧热水)。但在新建的小洋楼里,现代化的浴室似乎成了一个必不可少的配置。这种浴室大体上是参考城市居民的生活方式来设计和装潢的,其标准配备有热水器、淋浴、浴霸、洗手池、抽水马桶,少数村民家的浴室还安装有浴缸(见图 5-4)。

现代化的家庭浴室让溪地村民在家中洗澡更加便利,使得他们在共浴之外多了另一类可选择的洗澡实践。但与传统的共浴实践相比,在家洗澡意味着要消耗更多的水和能源。特别是对那些使用电热水器的家庭,仅仅是加热一个人使用的洗澡水就需耗费1至2度左右的电①。并且，由于目前溪地境内尚未建有专门的污水处理设施，在家中洗澡所产生的污水往往无法做到无害化处理，只能沿着家门口的水沟径直流向了住宅旁边的农田或河流湖泊中，从而加剧了土壤退化和水污染的风险。总的来说，溪地村民当前在家洗澡所具有的负面环境影响要超过去温泉大众池共浴，因此也应当被视为一项相对不环保的行动。

私人浴池和现代化家庭浴室的崛起使得共浴实践的实践者确实有了一定数量的流失。对那些居住在离温泉较远村庄的村民以及更加注重身体隐私的新世代村民而言，他们拥有了更多洗澡的选择。这些新的洗澡选择意味着一些新的水资源和能源消耗模式，与共浴实践相比会产生明显更多的负面环境影响，它们的流行势必会干扰到当地生态环境的可持续性。

二、难以割舍的"大众池情结"

但是，仍然有许多溪地村民（特别是一些年长村民）是共浴实践的忠实实践者。对大多数的溪地村民而言，尽管去大众池洗温泉的频率较过去的确显著减少了，但大众池似乎依旧散发着一股无法言说的魅力，这种魅力既是在私人浴池和家庭浴室中无法体验到的，也是吸引他们实施洗大众池温泉这样一项亲环境行动的主要原因。

怎么说呢，洗温泉还是要比在家里洗热水器舒服一点。但是因为我们村离镇上比较远嘛，不可能天天去洗。（问：那您是去大众池还是收费的那种浴池呢？）一般都是洗大众的，原来读书的时候就洗那个嘛，那种收费主要还是给你们这种城里的和外地人洗的，我们溪地人还是更喜欢大众池，我一有空就去洗。

（傅MN，男，42岁，仲池村村民，2016年12月12日）

现在去洗大众池的人确实没有以前多了，但我们这种老头子还是只认大众池。（问：洗过收费的那种吗？）那个没意思，还不如在家里洗呢，只有大池子里面泡着才有洗温泉的感觉。（问：那您会在家洗澡吗？）不会，我基本上从来不在家里洗。

（余HX，男，60多岁，南市村村民、前镇水保员，2018年1月26日，电话访谈）

我觉得吧，泡温泉只有大众池才能泡出那种感觉。与其说是感觉，不如用"情愫"这个词更恰当一些。

（李MM，男，24岁，北市村人、研究生三年级，2018年2月15日，微信访谈）

不难看出，大众池在长期共浴实践中已经与特定的符号密切关联起来，这些符号

① 溪地因为降水较多，太阳能热水器普及率相对较低，大多数家庭安装的是电热水器或可以混合使用太阳能和电的热水器。

意义并没有随着私人浴池和家庭浴室的崛起而消解，而溪地村民在开展这项实践的过程中能够获得独特的积极情感体验，这也是让他们对去大众池洗温泉情有独钟的主要原因。

在一个本地网络论坛上，笔者发现了有非溪地人发帖询问去溪地洗温泉的事宜。对此，本地人和外地人分别给出了两种不同的建议。从网友们的发言来看，外地人对大众池共浴的观感普遍不佳。例如，网友“＊＊＊＊＊深处”跟帖表示：“溪地的温泉好吓人，一伙人就那样在那儿洗，而且那水真是让人不敢恭维。”（2011 年 12 月 19 日）网友“＊＊＊＊12”也跟帖表示：“洗过一次的路过，再也不想去了，除非改造成活水的，露天环境的。在室内，有什么好洗的啊……家里的浴缸都比那好千万倍。”（2013 年 9 月 18 日）另一方面，也有许多溪地的网友努力向其他网友推广家乡的大众池。例如，网友“思＊＊”跟帖反驳称：“只有溪地大众池，才洗得出溪地的味道……体验下（大众池）吧，只有体验过才知道溪地人的纯朴。嘿嘿，保证刻骨铭心！”（2013 年 9 月 11 日）再如，在溪地长大的网友“＊＊＊义义”跟帖写道：“一定不能错过老槽（注：指大众池），里面的硫黄比较多，洗了才有效！人多一起洗很热闹啊！”（2013 年 9 月 12 日）对比上述网友的发言可知，大众池对溪地人和非溪地人的价值并不相同：外地人更关注的是大众池的使用价值，由于缺乏成功开展共浴实践的相关经历，大众池的符号价值并未被这些人认同，故他们并不推荐去洗大众池；相较之下，溪地人在无数次成功开展共浴实践的基础上早已赋予了大众池无可取代的符号意义，这些符号意义是他们在有其他选择的条件下仍然选择大众池的主要原因，他们自身也在共浴过程收获了一些局外人难以感同身受的积极情感体验。

第七节 小结

本章主要考察了乡村居民实施环境行动的动机因素。通过寻找柯林斯的互动仪式论与实践论的结合点，本章首先尝试从一种文化维度来理解实践者与实践的交互作用。理论分析的结果表明，实践者在开展一些仪式化的实践过程中会赋予一些物以特定的符号意义，而这些符号蕴藏的情感能量反过来也吸引着实践者们持续开展它们附着的那些日常实践。溪地村民洗温泉的案例表明，村民们之所以青睐在温泉大众池里开展共浴实践是因为大众池被赋予了特别的符号意义，尽管私人浴池和家庭浴室的崛起在一定程度上冲击了共浴这样一项具有环境可持续性的实践，但该实践依旧散发着独特的魅力让村民们在情感上无法彻底割舍它。

第六章 实践的延展：网络化时代乡村环境治理的新趋向

公元21世纪并非一定要引领一个新的社会。但它还是引领了。多维度的社会变迁像风一样，全世界的人们虽然都感受到了，但却还未及真正理解它们，更别说去把握变迁的过程了。作为研究社会的科学，社会学也因此面临着挑战。社会从未如此需要过社会学，但需要的却并不是任何一种社会学。

——曼纽尔·卡斯特(Castells，2000:693)

第一节
网络化浪潮中的乡村社会

20 世纪 70 年代以来，伴随信息通信技术（Information & Communication Technologies，简称 ICTs）在全球范围内的快速发展，人类社会迎来了一系列前所未有的、广泛且深刻的转变，社会科学研究者们一般使用信息社会（information society）或网络社会（network society）来概括这些变迁所塑造的崭新现代社会面貌[①]。步入 21 世纪，人们已越来越能够真切地认识到这场犹如疾风骤雨般的社会变迁，它集中体现为一种以网络化（networking）为表征的社会形态改变，即那些原本在地理空间上相距甚远、彼此间相对独立的不同地方社会透过信息通信技术搭建的各种网络开始相互密切关联起来。毋庸置疑，网络化所代表的社会变迁已经并且仍在不断冲击着当今人类社会的各个面向，我们正置身于一个由网络化开启的新时代。

网络化既反映了全球尺度上国际社会间关系日益紧密的现象（即全球化），同时也表现为不同民族国家和地区以内的一些重大社会变迁过程。21 世纪以降，由互联网（Internet）技术发展驱动的网络化进程正在引领当代中国社会的快速转变。中国社会的网络化最初主要集中在城市地区，对乡村地区的影响十分有限（汪明峰，2005；邱泽奇，2001）。但近十多年来，中国乡村的网络化势头异常强劲，这首先可以从乡村地区互联网使用者（即网民）规模的快速增长中直接观察到。据中国互联网信息中心（CNNIC）发布的数据显示，2006 年中国乡村网民规模只有 2 311 万人，截至 2020 年 12 月，乡村网民规模已经增加到 3.09 亿，短短 14 年间便增长了 13 倍之多[②]。自 2014 年以来，随着农村电子商务（下文简称“农村电商”）的快速发展，中国乡村地区的网络化

---

① 实际上，信息社会和网络社会都是指依赖信息通信技术而诞生的一种全新社会类型，但两个概念的侧重点略有不同：信息社会强调社会中活动和过程的基础之变迁，网络社会主要关注的是社会组织形式和结构的变化（Van Dijk，2006：19-20）。

② 中国互联网信息中心：《2008—2009 中国互联网研究报告系列之“中国农村互联网发展状况调查报告”》，2009 年 5 月；《第 47 次中国互联网络发展状况统计报告》，2021 年 2 月。

水平有了更大提升。有数据表明，2019 年，全国农村网络零售额达 1.7 万亿元，占全国网络零售总额的16.1%[①]。综合来看，网络化已构成当代中国乡村社会变迁新的重要意涵，乡村社会研究越来越不能忽视这一概念所揭示的那些新的社会事实。

近年来，国内社会学界对网络化的讨论日渐增多（宋辰婷，2017；唐魁玉，2014；刘少杰，2013a，2013b；郑中玉 等，2004），但其中以乡村网络化为主题的研究才刚刚起步（为数不多的研究请参见邵占鹏，2015，2017；刘能，2016；房冠辛，2016），从网络化的角度来考察中国乡村环境变化在很大程度上也尚待进一步研究来阐释。当前，网络化给中国乡村社会特别是其内部日常生活带来了哪些变化？这些日常生活领域中的新变化对乡村的环境保护提出了怎样的挑战？新形势下乡村环境治理又面临了哪些可以把握的机遇？这些是本章试图要回答的问题。

① 商务部电子商务和信息化司：《中国电子商务报告 2019》，2020 年 7 月。

第二节 理论背景

一、网络社会理论概述

在20世纪90年代末出版的“信息时代三部曲”[①]中，卡斯特指出，现代人类社会正在经历社会形态上的重大转变，他将这一转变过程命名为网络化。卡斯特举了同时代中国珠三角城市群网络化的例子（Castells，1996：403-410）。彼时，伴随中国经济的快速转型，香港在广州、佛山、惠州、江门、肇庆等珠三角城市的经济投资与日俱增，成功带动这些城市的经济发展。通过各自承担香港出口型贸易的部分功能，这些腹地城市彼此间的联系日渐密切，并以香港为关键节点与全球经济接轨。伴随城际交通线路的连通，信息通信系统的完备，更多机场和港口等重要基础设施的建成，以及港澳回归带来的新机遇，卡斯特预言未来这些城市间的联系会更加紧密并蜕变为一个“巨型城市”（megacity）：届时，珠江三角洲城市网络中的城市将不再只代表它们分别所在的地方，它们在诸多方面已经超越民族国家边界，成为全球经济、政治和文化网络中的重要节点之一。时隔二十多年，卡斯特对珠三角城市群的大部分论断如今已获得充分印证[②]。该地区的网络化是全球网络化的一个缩影，在当今全球范围内，网络社会作为一种全新的社会形态已相当清晰地呈现在世人面前。

网络化的本质是网络作为一种社会结构的广泛流行。在社会学意义上，网络指的是由行动者及其相互间的关系构成的“一组互相关联的节点（nodes）”（Castells，1996：

① 分别是《网络社会的崛起》（Castells，1996）、《认同的力量》（Castells，1997a）和《千年的终结》（Castells，1997b）。

② 2017年召开的十二届全国人大五次会议的《政府工作报告》中提出：“要推动内地与港澳深化合作，研究制定粤港澳大湾区城市群发展规划，发挥港澳独特优势，提升在国家经济发展和对外开放中的地位与功能”。在未来“粤港澳大湾区”建设计划的大力推动下，可以预见珠三角以及港澳地区的网络化水平还将进一步提升。

470)[①]。在社会生活中,网络代表了一种沟通性的社会结构,它连接着不同的社会行动者及其所在的位置(即节点),是处理不同节点间信息流动(information flows)的一种有效形式,且每张网络都各自对应着一组不同的目标,即程序(program)。在信息革命以前,社交网络、交通网络、通信网络、电网等传统网络类型实际上已存在了相当长一段时期。就此而言,广义上的网络化并不是当代社会才开启的社会进程,而是与城市化、全球化等其他社会变迁一样有着一段漫长的历史可以追溯。但卡斯特(Castells,2009:23)指出,传统类型的网络由于存在突出的灵活性(flexibility)、伸缩性(scalability)和生存性(survivability)等问题,决定了它们一直以来不能充当社会生活的有效组织形式。在全球尺度上,整个人类社会在信息革命前的网络化进程都十分缓慢。直至20世纪六七十年代,信息通信技术的迅速发展重新赋予了传统网络新的生命力,不仅有效修复了传统网络的一些固有缺陷,也让形形色色的网络在短短半个世纪内跃升为现代社会最基础的社会结构。

卡斯特(Castells,1996:453-459)认为,网络化实际上反映了一种流动空间(space of flows)逐渐支配地方空间(space of places)的逻辑。地方空间是指以地理邻近性和在场互动为特征的空间,它有着截然分明的地域边界,也是社会成员直接感受和体验到的空间,传统社会(包括现代工业社会)生活都是在此空间展开。网络化过程意味着地理邻近性不再是社会互动的必要条件,社会生活的开展越来越依附流动空间。卡斯特提出的流动空间是支持这种远时空距离实践活动同步发生的全新空间层次,其本质是一种缺场空间。与地方空间相比,流动空间的缺场性体现在时间和空间概念的转变:社会生活不再受限于"真实的"时间和空间,而是趋近于根据"无时无刻的时间"(timeless time)和"无处不在的空间"(placeless space)来安排。随着网络化水平的不断提高,流动空间将逐渐取代地方空间成为社会生活开展的主要场所,而网络社会的崛起则意味着经济、政治和文化等各个领域的社会生活都在各种网络相互联结、搭建而成的流动空间中发生。在网络社会中,设置网络程序、占据各种网络关键节点、熟知如何操控网络开关的人跻身为新权力精英,对网络的可及性成为新的权力分层标准(Castells,2009:47-49)。简单来理解,网络就像一个"局","局内人"代表被网络吸纳并在流动空间中开展社会实践的那些行动者,他们掌握了关键社会资源并控制和剥削着那些被网络排除在外、仍然生活在地方空间的"局外人","局外人"的唯一选项只有反对和抵抗"局"的存在。总之,流动空间支配地方空间是网络社会最显著的特征。

网络社会的一个重要特征是解域性(de-territoriality),具体表现为跨越地方空间边

---

① 本章所使用的网络概念包括但并不局限于互联网(Internet)。

界的各式各样的流动。由于网络化是跨地方空间的,网络中的流动因此也呈现出解域化的特征。卡斯特认为,流动空间对社会生活的组织和安排凭借的是在网络中被处理的、在节点之间循环的各种流动,包括资本、信息、技术、组织互动、声影、符号等。网络社会中形形色色的解域化流动不仅连接了原本并不具有地理邻近性的不同地方空间,同时也挑战了传统地方本位(place-based)的治理模式的有效性,流动治理成为新时期社会治理的主要任务。对此,英国社会理论家约翰·厄里(John Urry)的观点具有借鉴意义。厄里(Urry, 2003:188-190)声称,在网络化时代,作为治理主体的国家本身应努力调整自身角色以适应社会现实基础的新变化。传统国家在治理中扮演的往往是一种"园丁"(gardener)角色,即只对某一地方空间所对应的社会进行统治,像一位园丁一样规划这块领域内"需要种什么和需要除什么";网络社会崛起以及日渐常态化的解域化流动却极大地挑战了这种传统治理模式的有效性,社会生活的开展不再局限于地方空间内,而是变成了居无定所的"活物"。厄里(Urry, 2000)指出,充斥解域化流动的现代社会是没有边界的,单数的"社会"概念(society)已不合时宜,社会学研究的是更加接近复数的"社会"概念(societies)。这就需要国家努力蜕变为"护猎者"的角色,通过管理解域化流动以确保其所辖地方空间内"有充足的兽群可供狩猎",即有通畅的流动来维持社会生活的正常运转。

综上所述,网络化极大地改变了当代社会生活(包括日常生活)的面貌,地理邻近性对社会生活开展的曾经强大的约束力正在持续减弱。凭借在网络节点间循环的各种解域化流动,流动空间所代表的缺场力量逐渐取代地方空间代表的在场力量,成为社会生活的主导动态过程,流动治理也构成社会治理的新挑战。网络社会理论是当代社会理论领域中一个富有影响力的新理论范式,它关于网络化时代社会变迁的许多创造性阐释对时下的社会(学)研究具有重要启示。21 世纪初以来,由赫特·斯巴哈伦(Gert Spaargaren)、亚瑟·摩尔(Arthur Mol)、弗雷德里克·巴特尔(Frederick Buttel)等领衔的一批欧美环境社会学家们开始致力于探索将网络化社会理论应用于新时期环境社会学研究的一些可能性。

二、网络化时代的环境社会学议程

斯巴哈伦等(Spaargaren et al., 2006a; Mol et al., 2005)认为,卡斯特的网络社会理论对拓展当前的环境社会学研究富有启发性。遗憾的是,尽管网络社会理论对社会现实基础变化的论述有其独到之处,但在很大程度上依然未能超越一直为环境社会学所诟病的"人类豁免主义"(human exceptionalism),即该理论对环境事实整体上流露出相对较少的关切。例如,在《网络社会的崛起》一书中,卡斯特曾这样写道:在与自然进行数千年的史前决斗后，先生存，再征服，迄今我们的物种到达的知识和社会组织水平已经允许我们生活在一个支配性的社会世界里(Castells, 1996:477)。再如，流动在网络社会理论中扮演着关键分析概念的角色，但卡斯特重点考察的是诸如经济、政治、符号等一系列社会性流动(social flows)，而与环境变化直接相关的那些物质性流动(material flows)却并不构成其理论的主要关照对象。鉴于此，斯巴哈伦等人创造性地提出了“环境流动”(environmental flows)的概念，并详细讨论了网络化时代环境社会学研究的理论突破方向。

简单来说，斯巴哈伦等人提出的环境流动概念可以理解成由人为原因导致的物质在空间上的运动或变化，其本质为物质性流动。据此定义，从地下开采的矿物、灌溉渠中的流水、袅袅升起的炊烟都属于环境流动的范畴……如果承认人类社会生活的物质性，与社会性流动一样，物质性流动也与社会生活的开展息息相关，甚至是许多社会性流动的基础①。更确切来说，环境流动反映的是社会对环境的实际影响情况。正如笔者在第三章中已经讨论过的，社会生活的再生产涉及与外部自然环境的物质交换过程(社会代谢)，这些过程在空间层次上表现为各种各样的环境流动，它们既是社会影响环境的具体证据，也是考察环境变化议题的一个重要分析概念。例如，渔民过度捕捞鱼群贩售可能会引起渔业资源的枯竭问题，而气候变化及其治理需要特别关注机动车行驶过程中排放的那些温室气体。

尽管物质性流动并不是主流社会学研究普遍认可的那类社会事实，但它却在生产跑步机、生态现代化、社会代谢等经典环境社会学理论中一直享有一席之地。在斯巴哈伦等人看来，经典环境社会学理论对环境流动和环境问题的考察普遍局限于地方层次，导致它们未能充分关注到更大空间范围的环境变化及其社会动态过程。特别是自20世纪90年代起，随着气候变化、臭氧层耗竭、生物多样性损失等全球环境变化议题的科学研究增多，之前以局地环境变化作为主要解释目标的经典环境社会学理论的局限性纷纷开始日渐暴露。越来越多科学证据表明，地球环境是一个一体化系统(integrated system)，地球上所有的生态系统都彼此关联、相互联通，地方社会对地理邻近生态系统的影响可以透过地球系统抵达全球层面②。在此情况下，对于环境流动的考察

① 例如，人口的流动是通过“血肉之躯”的身体之迁移来实现的，金钱的流动长期以来是以钞票、硬币等物质形式开展的，“千里送鹅毛”实际上也传递了情感和符号。

② 例如，地方社会向大气中排放的二氧化碳最终会干扰到全球碳循环并引起全球气候变化。以全球气候变化为例，它的主要成因已经被科学证实为人类活动向大气环境中排放的温室气体，这些温室气体分别来自不同国家和地区所代表的社会，但是它们却并不会止步于各个社会的边界，而是会突破边界在全球范围内流动；尽管一个地方社会向大气中排放的温室气体对当地环境的影响并不明显，但却可能引起更大空间尺度的环境变化。

只有突破地方层次才能有力回应这些新浮现的环境变化事实。

网络社会理论的兴起是促成上述环境社会学家们转向于讨论解域化流动的另一个重要因素。受网络社会理论启发,斯巴哈伦等(Spaargaren et al.,2006b)提出,当前的环境社会学对于社会生活的考察和理解不能再忽视网络化这一社会现实基础领域的显著变化,特别是网络化驱动的解域化环境流动及其对新时期环境治理提出的那些挑战。他们首先指出,受网络化的影响,社会与自然环境的互动方式发生了重大转变,表现为局地环境变化除了受到地方社会的动态过程(或在场动态过程)影响,还会越来越受到来自地方社会以外的其他社会动态过程(或缺场动态过程)的作用。其次,网络社会的崛起也挑战了以环境国家(environmental state)为核心的环境治理模式的有效性,突出体现在对解域化环境流动的管控上经常失灵。环境国家不再是网络化时代环境治理中的唯一行动者,其先前扮演的角色亦亟待重新评估(Jänicke,2006)。环境流动范式的重要支持者欧斯特维尔(Oosterveer,2009:40)认为,如要更有效地治理解域化环境流动,当前需要探索一种跨地域的、多层次的和多主体的全新环境治理模式。

环境流动范式的提出可以看作是环境社会学界对网络社会理论的必要补充,通过找回流动的物质性,网络社会理论摆脱了人类豁免主义的桎梏。与此同时,凭借对解域化环境流动的强调,斯巴哈伦等为环境社会学设置了网络化时代的研究议程[①]。在这些学者的大力倡导下,环境流动范式迄今已被成功应用于相当多的环境社会学实证研究(Bush et al.,2015; Spaargaren et al.,2013; Widener,2009; Mol,2007; Oosterveer,2007)。除环境流动外,探讨网络化驱动的信息、文化、符号等与环境相关的社会性流动也构成近年来环境治理研究的一个重要创新方向(Naus et al.,2014; Gupta,2008; Mol,2008)。总之,网络化时代的环境社会学研究应重点关注解域化流动(包括物质性的和非物质性的)及其治理的相关议题,需要超越一时一地的地方空间、从跨地方的流动空间来考察社会生活,以实现对环境变化的社会动态过程更加全面的理解。

三、以日常实践为核心分析单位的网络社会研究

网络社会理论对考察中国乡村日常生活领域的变迁及其环境后果同样具有重要启示。虽然同为当代社会理论领域的重要转向,但网络社会理论使用了与本书的综合理论视角——实践论一组完全不同的概念工具。在此情况下,我们需要认真思考的一个问题是:网络社会理论与实践论是否具有整合的可能性呢?笔者给出的答案是肯定的,具体依据如下。

① 有关环境流动理论更加详细的介绍请参见范叶超、斯巴哈伦(2017)以及范叶超(2018)。

首先，实践论和网络社会理论是两个解释目标截然不同的社会理论。概括来说，社会实践论属于社会本体论范畴，其主要理论解释对象是社会生活的本源；按照卡斯特自己的话来说，网络社会理论是一种社会形态论，关注的是社会生活的时空组织形式。由于解释对象不同，两个理论并不存在必然的理论竞争。

其次，网络社会理论为实践论预留了相当充分的演绎空间。受吉登斯的实践概念影响，卡斯特曾明确提出，网络社会与传统社会相比最大的差别在于那些支配性社会实践(dominating social practices)的空间形式变化，并将流动空间定义为“通过流动运转的共时性社会实践(time-sharing social practices)的物质安排”(Castells, 1996:442)。换言之，卡斯特对网络社会理论的建构是建立在观察和总结生产、消费、政治和文化等不同社会实践领域重大变化的基础上，网络社会的崛起则意味着社会生活中的支配性实践活动开始超出地方空间、依照流动空间中各种各样的流动来组织和开展。由此推论，社会实践可以充当考察网络化进程的一个关键分析概念，实践论在网络社会研究中大有用武之地。

最后，近期版本的实践论中关于实践网络的讨论为我们促进两个视角的融合提供了一条可行的思路。实践理论家戴维德·尼科里尼(Davide Nicolini)曾主张通过一种“拉远法”的实践研究方法论，即通过追踪实践间的关系来理解实践：“在某种意义上，所有的实践都涉及一系列关系或联系，它们在时间和空间中延伸，并且形成了一种庞大的、错综复杂的和不断演变的依存和参照结构……实践永远是一个节点，一个结，一个由诸多类型的物质和人类能动性构成的复合体，有待被耐心地拆解”(Nicolini, 2012:229)。尼科里尼(Nicolini, 2009)认为，实践天生具有网络化的特点，因此对一项实践的全面考察需要还原到它所实际嵌入的实践网络或实践联结中，透过这些网络或联结，一些实践虽然不直接接触但却可以相互影响，形成一种跨地方的实践效应①。虽然尼科里尼没有直接引用网络社会理论的相关论述②，对实践网络化机制的解释也尚不如卡斯特那般系统和精细，但他却从实践论的角度阐明了网络化时代社会生活的基本运作规律，其一些潜在不足正好可以通过借鉴网络社会理论的相关观点来弥补。

综上所述，实践论和网络社会理论并不构成必要的理论竞争，实践论倡导的以实践为核心分析单位不仅有助于拓展既有的网络社会研究，同时也可以充分利用网络社会理论提供的理论资源来完善自身的理论建构工作。在整合实践论和网络社会理论

① 尼科里尼举了远程医疗(telemedicine)的例子。远程医疗是一种信息通信技术应用于医疗领域而形成的一种新实践，透过与一些其他实践构成的实践联结，医护人员不必和病人见面便能够提供医疗服务。

② 尼科里尼的实践理论更多的是受到“巴黎学派”提出的“行动者网络理论”启发。

的基础上，本章提出了图 6-1 的分析框架。

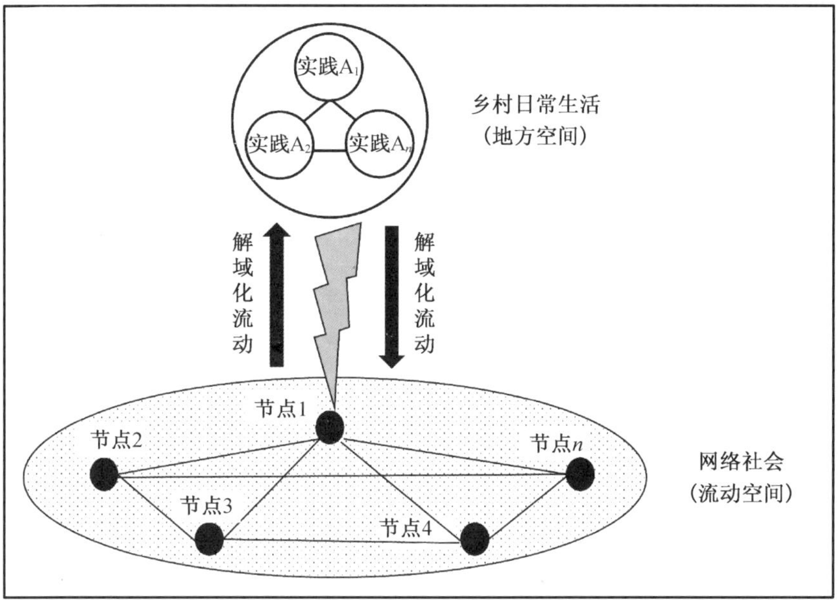

图 6-1　本章分析框架：基于解域化流动开展的日常实践

如图 6-1 所示，在网络化的驱动下，由 A_1，A_2，…，A_n 等一组相互关联的实践构成的乡村日常生活开始作为一个节点不断嵌入于由 n 个节点构成的网络社会中，并与其他社会发生关联。乡村日常生活原本发生的场所可看作是一个地方空间（即社会行动者能够实际生活和感知到的空间），在网络化的持续作用下，越来越多的流动往来于地方空间和网络社会所构筑的流动空间之间，流动空间也逐渐取代地方空间成为乡村日常生活实际发生的主要场所，具体表现为乡村日常实践的开展越来越依赖各种各样的解域化流动。在网络社会崛起的现实背景下，乡村环境治理面临着更加复杂的社会动态过程。

第三节 研究设计

本书第三至五章关于溪地环境退化与治理的分析和讨论主要局限于地方空间以内。但随着近年来溪地网络化进程开始加快，当地环境变化的社会动态过程也随之变得更加复杂。鉴于此，本章将以溪地交通网和互联网（特别是农村电商）迅速发展为表征的网络化进程为研究案例，试图从一个更大空间范围的、流动的网络社会情境中来考察溪地环境变化。当前，以交通和信息通信技术为基础的网络化正在引领溪地社会的深刻变迁，从衣、食、住、行等不同日常实践的开展都能或多或少捕捉到网络社会留下的印记。进一步，网络化对溪地生态环境产生的一系列影响也在逐渐显现。溪地的网络化在很大程度上是近年来中国乡村网络化的一个缩影，基于对该案例的剖析，本章试图揭示网络化时代中国乡村环境治理的一些新趋向。

本章的案例研究沿用了一些来自第三至五章的分析思路和概念工具，同样会涉及对乡村日常生活的环境后果、可持续性转型以及村民的环境行动等议题的讨论。需要区分的是，本章对这些议题的讨论将更加偏重于其缺场的社会动态过程，即从跨地域的网络和流动的角度来重新思考和拓展前几章的研究发现。

案例研究使用的资料有三个主要来源：一是与长汀县及溪地相关的地方志文献以及官方的档案文件及汇编材料；二是对部分溪地村淘店及电商从业者的调查；三是围绕研究主题对一些溪地村民的无结构访谈。

第四节 网络化对溪地日常生活的重塑

一、溪地的网络化进程

溪地的网络化进程可从当地交通、邮政通信、电力等网络的发展中清楚观察到，而近年来农村电商的发展更是当地网络化加快的一个集中体现。需要指出的是，溪地的网络化在很大程度上与其所在县——长汀县的网络化交织在一起，也是该县网络化的一个重要缩影。

（一）交通网络的发展：驿道—公路—高速铁路交通枢纽

溪地的交通主要由陆路（公路和铁路）和水运构成。因为有一条大江流经境内，历史上溪地的水运曾十分发达。但近代以来由于受水土流失问题影响，溪地境内的河道大多淤积，至20世纪60年代水路交通严重萎缩，曾几何时十分繁忙的几个渡口也基本完全荒废。与此同时，陆路交通开始占据溪地交通运输的主要地位。据2003年县志记载，长汀县陆路交通的发展可追溯到一千多年前唐代的“驿道”①，至清末全县境内共有5条驿道，计230公里。民国十三年（公元1924年）以后，长汀县境内开始兴建公路，古道逐步被公路取代，溪地也在这一时期修建了第一条公路。中华人民共和国成立后，长汀县的公路得到进一步发展。截至1987年年底，全县共有各类公路1 041.51公里，17个乡（镇）所在地均已通车，全县255个行政村中接近一半已通车（计122个，占47.84%）。2003年，全县实现300人以上自然村和革命基点村通公路，全县拥有各级公路1 879.336公里，初步构建起“一横（国道）、一纵（省道）、一环（县乡道）”四通八达的公路网络综合体系。目前，溪地境内有一条重要国道，在“村村通”“一事一议”等项目扶持下，下辖的31个行政村都通了公路，其中20个村都修建了水泥路。

① 驿道即驿马大道，又称为“官路”，途中设有驿站，路宽2米以上，路面砌卵石。

21世纪以来，铁路和高速公路的修建也进一步完善了溪地的交通网络。铁路方面，2001年开工建设的GL铁路全长249.42公里，其中，长汀县段为55.835公里，途经长汀县4个乡(镇)及其所辖的25个行政村，并在溪地竹园村专门设有货运火车站。在此基础上，国务院2011年批复的《海峡西岸经济区发展规划》中决定修建GL铁路复线，长汀县火车南站(距离溪地仅17公里)的建设也被纳入规划中。长汀县火车南站已于2016年1月正式投入使用，截至目前，该火车站已开通直达赣州、龙岩、漳州、厦门、泉州、莆田、福清、福州、温州、宁波、杭州、上海、苏州、南京等全国多地的动车。高速公路方面，2004年开工的LT高速公路是国家重点公路的一段，在长汀县境内有4个互通口(同样也包括溪地)。除此之外，溪地还是"海西高速网建设"重要组成部分的JN高速公路、TW高速公路的长汀县的主切入点，发挥着承西启东的交通枢纽作用。综合来看，长汀县接入的交通网络已经相当发达，而作为这些交通网络的一个节点，溪地物流和人口流动的空间范围也较过去有了极大的拓展，并且处理这些流动平均所需花费的时间也明显减少。

(二)电力网络的接入与升级

长汀县绝大部分乡(镇)分布于中部丘陵盆谷及东南丘陵地带，水电资源丰富，自1956年得到开发利用之后，当地的水电系统不断扩大、升级，输电线路逐步由城区向农村扩伸。1987年，长汀县已形成省电网、县电网、农村线路三级联网形式沟通联网线路，但最初的电力运行状况却并不稳定。溪地网田村的刘WY家是20世纪80年代初村里第一户通电的，他为笔者回忆了当时的情况。

我们村是八十年代通电的，我们家是村里第一户通电的，大概是81年还是82年左右，具体日子记不清楚啦。那个时候的电也不算是电吧，电灯(发出的光)都是红的。(电压)也不怎么稳定，整个村的变压器经常无缘无故"烧"掉了，根本用不了电器。(问：还记得刚通上电时候的情景吗?)记得啊，现在想想那个时候也真的很可笑。送电的时候我还在家里办了两桌酒席请客，因为很喜欢啊。请客挑在晚上，把电灯打开，整个屋子都亮堂堂的，终于告别了煤油灯了。小的时候点煤油灯，灯芯都不敢挑太高，母亲会骂，说我浪费油。

(刘WY，男，67岁，网田村村民，2016年12月11日)

20世纪90年代以后，长汀县电网网络基本达到了联通与覆盖，电网供电容量及供电稳定性也有了进一步提高。经过1993年的"无电村通电工程"、1994年的"农村初级电气化建设"以及2000年的电网改造的建设后，长汀县的无电自然村实现全部通电。现如今，溪地境内所有的乡村家庭都已经用上了稳定的电。通电也是电视、电冰箱、电饭煲、电磁炉等家用电器能够进入溪地日常生活的重要前提。

(三)邮电通信网络的升级:邮政—电话—互联网

21世纪以前,溪地与外界的正式信息流动主要依靠的是长汀县的邮政通信网络。长汀县最早的邮政业务可以追溯到南宋绍兴年间(公元1131—1162年),当时县内已设有驿铺,专管公文投送。民间邮递则始于道光年间(公元1821—1850年),浙商于县内设书信局、信馆,专门收投民间信件、包裹。此时的商办信局有福州、厦门步班邮路2条,每月各2次。清光绪三十一年(公元1905年),官府于县城设邮政局,在溪地等三地设邮政代办所,私人的书信局逐渐消失。民国时期,分别设立邮政局、电报所(电信局)和电话局,隶省邮电管理局。虽然在此阶段邮政传递已由汽车邮班和航空邮班替代,但运行状态并不稳定,最终又改为步班传递,全县邮路共有297公里。中华人民共和国成立后,邮政、电信、电话三局并为邮电局,由省邮电管理局为主与县人民政府双重领导,经过近70年的发展,长汀县邮电事业发生了巨大变化。邮政方面,邮政业务传递方式由步班传递依次向自行车投递、摩托车投递、汽车投递、火车投递及航空投递等方式升级,邮路也不断得到辟增。1950年,全县邮路及投递路线共2 056公里,至1987年底,全县邮路已发展到12条,单程总长407公里,投递路线44条,单程总长1 105公里,其中自行车投递邮路911公里,步递194公里,全县信筒信箱数为157个,其中145个分布在乡村。1988年起,长汀县的邮政设施与邮运设备质量不断更新拓展,邮投覆盖面积也明显扩大。

固定电话的发展是溪地通信网络不断延展的另一个重要表现。1949年10月中华人民共和国成立初期,全县乡村与市内电话装机户总共才50户,平均每万人拥有电话机仅2.5部。1984年,随着个体工商户兴起,长汀县的固定电话业务有了明显发展。至1987年底,乡村电话装机323户,市内电话装机510户,平均每万人拥有话机31部,为1949年的12.4倍,且这个数字仍在不断攀升。1997年乡村电话用户为6 365户,2003年底为43 272户,2009年乡村固话实装率达60%。2014年全县已建成覆盖90%行政村的固定电话网络。有了固定电话以后,溪地人与外界的信息沟通也变得更加频繁,这特别方便了村民与在外地务工的亲人们取得即时联系。

20世纪90年代以来,移动电话、便携电话在溪地也获得了十分迅速的发展。长汀县移动通信于1993年12月8日正式开通,代表的移动电话机型俗称“老板机”或“大哥大”,由于价格较贵,当年全县仅有13部。2001年长汀县开通便携电话(俗称“小灵通”),成为电信重要业务,当年有用户2 679户,2003年发展至13 433户。除电信外,移动与联通两家通信公司的进驻也进一步推动了长汀县通信事业的发展和互联网化。

移动通信于1999年下半年正式在长汀县挂牌成立。2003年4月，中国联通进入长汀县，这两家通信企业的进驻打破了长汀县长期由电信行业独家垄断的局面，促进了长汀县电信行业的网络建设。2014年底，长汀县电信宽带用户数3.5万户，其中85%的行政村通电信宽带，集镇所在地实现光纤覆盖，形成“天翼精品网络”“天翼互联网手机”“全球眼”为主打的业务内容；移动通信建设开通4G基站378个，4G网络行政区域面积覆盖率达80%，人口覆盖率达85%；联通在全县共有基站306个，在18个乡(镇)全面实现了稳定优质的FTTH光纤宽带接入，可提供宽带资源5万户，固定电话5万户。笔者在实地调查中发现，青壮年的溪地村民几乎人手一部智能手机，大多数的老年人也都拥有具备基本通信功能的手机。

(四) 农村电商的崛起

农村电商是在顺应新兴互联网经济形态下由地方政府与市场共同推动的一种新型经济发展平台，该网络平台汇集了消费品下乡、农产品上行、订单农业、县村物流体系建设等各种服务内容，其运营模式见图6-2。

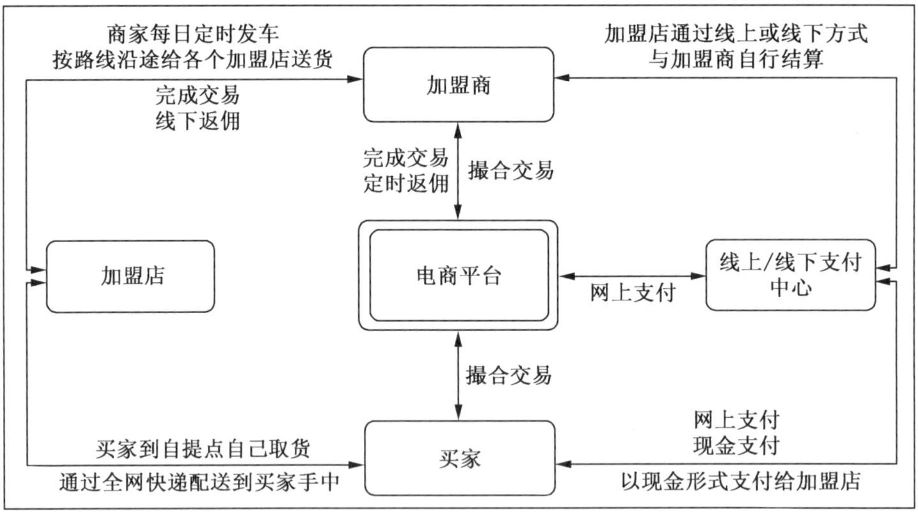

图6-2 农村电商的运营模式

近年来，在“互联网+”发展大势的带动和长汀县政府的大力政策扶植下，溪地农村电商迅速崛起。2014年长汀县政府成立了县电子商务中心，并出台了一系列推动电子商务发展的优惠政策，逐渐形成了以阿里巴巴集团“千县万村”计划、“网上供销社”以及农产品网络销售体系为主体的电商发展体系。其中，阿里巴巴集团“千县万村”计划，是当地最先将电商下推至村庄的模式，其通过招募合伙人，让淘宝商品更快地抵达村级市场。2015 年 5 月 6 日，阿里巴巴农村淘宝长汀县服务中心和首批 24 个村级服务点正式启动，截至 2016 年底，长汀县已经建设了 75 个农村淘宝村级服务站（点）。除了农村淘宝服务站点外，京东、苏宁等电商巨头以及一些众创电商平台也纷纷进驻到农村。笔者 2014 年初到长汀县及溪地各地农村时，还几乎看不到农村电商的身影，但 2016 年重返调查点时，当地的农村电商已经“遍地开花”（见图 6-3）。

图 6-3　溪地近几年“遍地开花”的农村淘宝站

注：1. 位于溪地南市村的村淘站（笔者 2016 年 11 月拍摄）；2. 位于溪地红河村的村淘站（笔者 2016 年 11 月拍摄）；3. 位于溪地仲池村的村淘站（笔者 2016 年 11 月拍摄）；4. 位于溪地明水村的村淘站（笔者 2016 年 12 月拍摄）。

整体来看，溪地的网络化进程自 20 世纪 90 年代以来随着交通网、通信网络、电网、互联网的延展和完善而开始加速，并在 21 世纪以降特别是近年来变得尤为迅猛，经历了一个由点到面再到网络化覆盖的过程。溪地的网络化也可以视为溪地传统地方空间边界逐渐模糊的过程：交通网络中的国道、省道、高速公路、铁路以点为中心，通过点与点的连接呈现出辐射状的发展过程，从村到乡（镇）再到城市，不断地跨越村界、乡（镇）界、县境、市界、省界，与省内外地区产生勾连；邮政通信网络同样经历了从信函到电报再到电话的更新换代，地域之间的沟通时效极大缩短，信息交流的地域空间范围也在不断拓宽；电网的发展将长汀县过去的电力网络从城市（城区）拓展到农村，从地方小电网拓展为全国联网。在此过程中，除电网、交通、邮政通信等单网的自身网络化发展外，我们还能看到单网之间的相互支撑与彼此促进。例如，电网的发展为交通网络化及邮政通信网络化的发展提供了基础条件，而交通网络化与邮政通信网络化的延伸与拓展又促进了电网的不断升级与改造，不同网络之间呈现出交互性，叠加效应十分显著。特别是，近年来随着以农村淘宝为代表的农村电商在溪地境内各个村庄的先后落地，当地网络化进程进一步加快了。

如前所述，网络化一个最重要的结果是解域化流动的增加，溪地网络化也让溪地与外界社会（或者说流动空间）之间人、物、信息等各种流动在质和量上都有了显著提升。

例如，交通网络极大地拓展了溪地人的出行范围，并且出行效率也大大提高。在交通还不发达的年代，从长汀县县城往返于周边最近的城市（约 50 公里）大约需要 2 到 3 天时间，如今只需 2 个小时，广州、深圳甚至当天可达，至北京也只要 23 个小时。特别是当有了高速铁路之后，外出远行的时间效率明显提高。家住溪地仲池村的傅 SX，因为丈夫目前正在 1 200 公里外的江苏徐州服兵役，作为军嫂的她经常会去探望丈夫，这几年动车和高铁的陆续通车大大节约了她的出行时间。

我一般是从长汀南站坐动车到厦门北站，然后等半个小时，再从厦门北站直接坐高铁到徐州东站。早上 6 点从村里出发，基本上晚上 6 点就能见到他了。（问：不会觉得很辛苦吗？）不会啊，很快啊，那么远的路一天之内就到了，真的已经很快了。

（傅 SX，女，27 岁，仲池村村民、村淘店店主，2016 年 12 月 12 日）

网络化也使得溪地与其他地方的物流明显增加。过去，溪地生活物资主要靠自给自足。现如今，随着交通网络的完善和跨地域物流网络的开通，溪地人接触到来自外面世界物品的机会也变得多了起来。在实地调查中，一位长汀县干部与笔者闲聊时结合自己的亲身经历感叹起当地这些年来的巨大变化：

我们长汀县农村的孩子过去想要读书、出人头地是很不容易的一件事情。我就是赤地乡农村的读书娃。读初中的时候上英语课，老师教我们那些个单词，什么 banana（香蕉）啦、apple（苹果）啦，我们嘴巴虽然念着，但都不明白那些是个什么东西。我们这里不产那些个东西，心里好奇它们长什么样子，但只能靠自己想象。一直等到来县城念书的时候，才算真正见到这些水果的真面目。不像现在的小孩子，身在福中不知福，不管城里还是乡下，生下来就见过这些东西。

（范 YF，男，40 多岁，长汀县干部，2016 年 11 月 28 日）

解域化物流增加的另一个具有代表性的例子是我们曾在第四章中提到过的溪地村民的燃料再升级。在20世纪80年代以前，溪地日常生活的主要燃料为来自当地或附近森林的薪柴，之后又在当地政府部门的干预下转变为使用煤炭来做饭、烧水和取暖。但随着20世纪90年代溪地电网建设的完成，当地村民开始逐渐自发使用电作为生活燃料，电能已在21世纪初取代煤炭成为溪地村民日常生活中的主体能源。

除了人和物的流动增加外，网络化还让当前溪地人与外界的信息交流变得更为顺畅。在几乎家家户户都有手机的今天，溪地村民更容易与在外地务工的亲人取得联系，村民之间的交流也更为便利。实地调查中遇到的一个例子让笔者印象深刻，在明水村访问完沈SJ一家时，笔者曾请求他帮忙介绍下一户访谈对象。当他拿起手机打电话帮我联系的时候，我以为他要介绍的农户可能住得很远，但最后发现他介绍的不过是屋后不到10米的弟弟家。另外，随着智能手机在溪地乡村的普及，村民们也纷纷开始使用微信、QQ等即时通信软件与外界交流信息，笔者自己也加入了溪地乡村的许多微信群。

类似上面的例子还有很多，它们共同表明：随着溪地网络化水平的提高，溪地乡村社会的传统边界已不再明晰，溪地与外界之间人、物、信息等各种解域化流动也越来越频繁。

二、网络化时代溪地的日常生活变迁

在网络化的驱动下，溪地乡村社会已不再是传统的地域社会，而是接入了更大空间范围的网络社会，网络已跃升为当地社会最基础的社会结构，当地诸多日常实践（特别是生产实践和消费/购买实践）的组织方式也都出现了一些前所未有的转变。

（一）外地的买家：产销的空间分离

根据笔者的实地观察，网络化给溪地乡村带来最重要的变化即生产与销售的空间分离。过去囿于交通的闭塞、信息流动的落后，自给自足、自产自销是传统溪地乡村生产经营活动的重要特征。但随着网络化的加速，便利的交通和迅捷的信息传递已经并且仍在明显拓展溪地社会空间范围，“生产的不一定在本地消费，消费的不是自己所生产”已成为溪地社会生活的新特征。笔者调查发现，当前的溪地农业生产实践尽管在一定程度上仍然延续着自给自足、自产自销的传统模式，但却呈现出明显的商品化、规模化新趋势，地方空间的边界正在被打破。其中商品化主要体现为所种植的产品只是单纯为了售卖，有些引进的农产品甚至不受当地人的认可与欢迎，生产只是为了卖给“外地人”。溪地槟榔芋的生产可以作为一个例证。

我们家现在种了18亩田，大部分是租村里面的。除了一亩半是种的少量口粮自己吃以外，其他的都是种的经济作物，就是那个槟榔芋，一年三季。最早的时候是广西那边传过来的，大家试着种种。其实我们这边人有自己的土芋，叫"六月红"，我们比较爱吃那种。槟榔芋吧，不怎么好吃的，主要是种了卖。广东那边的老板会专门来收购，等到芋头熟了，他们就把车开过来直接到地里全部运走。（问：种槟榔芋一年毛利润大概有多少啊？）我们这边都讲纯利润的，大概1 000多块一亩地吧，你自己算算看。

（傅MN，男，42岁，仲池村村民，2016年12月12日）

而农业生产规模化主要体现在农副产品种养面积的扩大。例如，有当地烟草公司承包许多农户的耕地种植烤烟。

我们家有6亩地，以前是种双季稻，但现在都是只种一季。（问：那还有一季呢？）租给烟草站的人种烟去了，他们收完烟我们再种水稻。自己其实种一季（水稻）就够全家人吃了。

（刘WY，男，67岁，网田村村民，2016年12月11日）

随着近年来溪地农村电子商务的崛起，当地农业生产实践的商品化、规模化趋势也变得更加明显。据《2016年长汀县电子商务工作情况总结汇报》（内部文件），长汀县政府供销部门近年来大力推广"一乡一品""一村一品"的特色农产品"网上供销社"，采用"县级工作站＋村级供销综合服务站＋专业合作社＋种养专业户"的组织形式，极大地提高了当地农产品的网络销量，进一步推动农副产品规模化的发展。2016年，溪地一家经营土鸡养殖的公司基于O2O模式（Online To Offline，指将互联网线下的商务机会与互联网结合）半年内顺利销售了近30万只溪地鸡，一只溪地鸡的价格卖到了320元，是过去单价的三倍。笔者对溪地北秀村一家名为"绿之梦"的生态农场调查了解到，该农场的负责人承包了该村近300亩耕地用于种养溪地的一些特色农产品，经过粗加工后直接在一些电商平台上销售。

总的来说，"产销分离"已构成当前溪地农业生产实践的一个新特征，而这主要有赖于网络化创造的一些新条件，特别是离不开解域化的人、物、信息的大量流动。一方面，交通网络的发展将溪地农村大部分青壮年劳动力向外地输送，既缓解了溪地长期以来"人多地少"的矛盾，也为当地农业的产业化、规模化创造条件。另一方面，交通、电力、通信网络的发展不仅招来了外地的资本投资溪地本土的农业生产，同时也方便了将本地生产的产品输送向外地。

（二）没落的墟市VS.热闹的村淘：消费领域的网络化

传统溪地社会中村民的衣、食、住、行等日常实践涉及的消费主要依赖乡村小卖部与墟市（传统的集市）两大渠道，一些本地买不到的物品则需进城购买。过去，墟市是溪地村民市场交易的主要场所（地方空间），是他们日常生活物资的重要来源。每逢墟日，除极少数的固定商铺外，大部分卖家和买家都是来自镇域范围村庄的村民，出售的商品也多为本地常见的农副产品。溪地的墟市设在人口密度较大的南、中、北三村，与其他村庄有一定距离，村民需要徒步很长一段时间或借助交通工具才能抵达。对居住在较偏僻村庄的村民而言，赶墟一往一返可能需要花费近一天的时间，但他们却乐此不疲。作为过去村民衣、食、住、行等日常实践物资重要来源的一项实践活动，溪地的赶墟已延续了近千年。近几年来，在农村电商的迅猛发展势头下，墟市在当地村民日常生活中的地位开始动摇。对溪地年轻人而言，自从有了“村淘”，赶墟已然成了“过去式”和“亲切的怀念”。

我现在基本上没什么赶墟的欲望，我爸妈比较经常去，我都是被迫要去的。小时候不一样，小时候特别爱赶墟，我爷爷也特别疼我，只要碰到周六周日是墟日，他就会带上我去赶墟。小时候赶墟吧觉得人特别多，很热闹，大家都去买点家里没有的东西，比如我们家种了萝卜没种花生，我们就可以用萝卜换你家的花生，很有趣的……自从有了淘宝，我就不爱逛墟了，除非是很闲我才会去，就当是出去晃晃，锻炼锻炼身体了。

（傅 SX，女，27 岁，仲池村村民、村淘店店主，2016 年 12 月 12 日）

值得注意的是，对仍热衷于赶墟的那些中老年溪地村民而言，“数字鸿沟”并没有将他们隔离在互联网之外，他们中的很多人也主动或被动地卷入了网购的浪潮当中。

平常我们两个老人买衣服都是去集镇上。我儿子给我在网上买过衣服，他还在网上给我外孙女买过衣服、玩具车。买好了（包裹）都是送到镇上的一个地方，我们自己骑摩托车去取。我们老两口现在用的手机就是儿子在网上买的。（问：手机质量好吗？）一般般吧，他说网上买要比在镇上便宜一点，我也不知道啊。

（曾 XY，女，49 岁，南秀村村民，2016 年 12 月 10 日）

现在上街也没什么好买的，赶墟也没有以前热闹了，都懒得去了，想想真的没什么好买的。你看我们家，电器都是我大儿子过年过节从广东带回来的，现在看的这个电视是我北京的小儿子在网上给买的，直接送到家里来。电扇也是网购的，也是一样送到家里，很方便的。自从有了那个农村淘宝，我们家小儿子三不五时就会买点东西寄回来，我们有时候也去那里让他们（指村淘店主）帮忙买点农药啊、农具啊什么的。

（沈 SJ，男，61 岁，明水村村民，2016 年 12 月 7 日）

相较于日渐没落的赶墟实践，作为后起之秀的网购实践完全是一种全新的消费模式：买家与卖家间通过互联网平台沟通完成的市场交易，买家在交易达成后收到的是卖家出具的电子订单，最终商品由卖家通过专业的物流系统送达买家手中。这种消费模式的转变，对溪地村民的消费生活产生了显著影响。以农村淘宝为例，农村淘宝给村民带来的实际感受正如溪地某村淘站打出的宣传标语那样："不用东奔西走，这里一切都有；提升生活品质，降低生活成本"。农村淘宝自 2015 年进驻溪地主要村庄后，便很快受到村民们的青睐。

以前我们这里也能网购，但只能寄到县里或镇里，得自己去取，很麻烦，基本上没什么人在买。我们这个村淘是 2015 年开张的，刚开始没什么人来买，但现在基本上家家户户都来光顾了。(问：他们都买些什么?)你能想得到的我都卖过，卖得最好的是电磁炉，还有衣服啊，小孩子的玩具啊什么的。你想不到的也有人买，比如有人来我这里让我帮忙买水平仪，我都不知道那是什么东西，结果人家让我在淘宝上查查，还真的有卖的，哈哈。刚开始大家都觉得很稀奇，都跑过来店里围着看，现在大家都习以为常了，他们用的东西都会在网上买。

(傅 SX，女，27 岁，仲池村村民、村淘店店主，2016 年 12 月 12 日)

我们家现在的生活用品基本上都是在马云的淘宝上买的。我在网上买过衣服、家用电器、日常生活用品啊。(问：为什么不去集市上买呢?)网上买比较便宜啊，价格有很多优惠，我前两天还在网上帮邻居买了两个洗衣机呢。

(傅 MN，男，42 岁，仲池村村民，2016 年 12 月 12 日)

笔者对南市村丘 HJ 家村淘店的调查发现，该店自 2016 年 1 月开业以来至当年 11 月底，一共有 1 755 笔线上交易记录，交易总金额达 21 万余元。其中，有近 15 万元交易额产生于店主帮村民在农村淘宝平台代购的商品，涵盖服饰、母婴用品、数码产品、农具、文具、玩具、保险等不同项目。可以说，通过电商平台，溪地日常生活中各种支配性实践活动的开展都开始在网络化搭建的流动空间中进行，突破了传统实践活动对地理邻近性的依赖。

除生产和购买这两类主要日常实践外，仔细观察不难发现，网络化影响其他溪地日常实践的例子也比比皆是。并且，这些日常实践的转变大有愈演愈烈的趋势，其开展方式已经不再局限在传统的地方空间，流动空间正在成为它们新的发生场所。整体而言，网络化在很大程度上重构了(并仍然在重构着)溪地的乡村日常生活。

第五节
网络化对溪地环境治理的挑战

网络化时代,各式各样的解域化流动正在不断重塑溪地的乡村日常生活,同时也对新时期当地环境治理形成了挑战,主要表现在两个方面:一是解域化环境流动正在撼动传统地方本位环境治理模式的有效性,突出体现为垃圾处理问题;二是代表消费主义的符号开始在溪地流行,也在一定程度上削弱了传统乡村日常生活的环境可持续性。

一、“来路不明”的垃圾:解域化环境流动的治理难题

随着水土流失治理成效的显现,如今溪地的生态环境应当说整体上有了明显改善。但在笔者看来,与许多中国其他乡村地区面临的“垃圾围村”问题一样,溪地垃圾处理问题的形势也正变得越来越紧迫,成为制约当地环境质量的一个新的不确定性因素。在20世纪90年代之前,溪地的垃圾处理并不构成一个问题。这倒并不是说当时的溪地人不生产垃圾,而是说从垃圾成分和处理方式的危害性来看,传统溪地乡村日常生活产生的垃圾不大能够对生态环境造成显著的不利影响。彼时,村民日常生活产生的垃圾成分相当单一,大多是一些可降解的废弃物,如布料、木料、秸秆、禽畜粪便、厨余垃圾等,通常不待处理便能够在很短的周期内自然降解。而像破铜烂铁之类的废弃物在以“会过日子”著称的溪地人眼里却并不是垃圾,而是可以通过变卖换取一笔小收入的“宝贝”。笔者从一些年长的溪地村民那里了解到,过去因为农业生产缺乏肥料,村民们还会有意识地积攒垃圾,用于直接堆肥,或等攒到一定数量后在家门口与泥土一起焚烧(当地人称为“烧杂”),经粗略处理后的垃圾可用于肥田。

从环保的角度来看,传统的“烧杂”客观上起到了废弃物循环利用的功能,基本实现了垃圾的无害化处理。但笔者这几年在溪地的实地调查却发现,目前溪地的垃圾处理形势非常不乐观,甚至有不断恶化的趋势。在笔者实地走访的当地村庄中,几乎每

个村庄都存在严重程度不一的垃圾随地堆放问题(见图6-4-1)。笔者曾认真研究了几个村庄的垃圾堆,发现这些垃圾的构成十分复杂:有化肥和饲料的包装袋、农药瓶、建材废料、五颜六色的塑料袋、破旧的金属器皿、矿泉水瓶、破旧的家具和家电等。撇开对村容村貌和卫生条件方面的负面影响不谈,这些垃圾堆的环境影响值得我们深思。首先,从成分来看,这些垃圾中大多是不可降解的,如果不人工处理基本上无法自然分解掉;其次,溪地多降水天气,堆放的垃圾及其发酵形成的滤液经雨水冲刷后会随着径流进入周边的水体和耕地,进而可能会引起面源污染和土壤退化等问题。就此而言,溪地的垃圾处理现如今已经演变成一个十分突出的环境问题。

图 6-4　乡村的垃圾处理危机

注:1. 村庄里随处堆放的垃圾(笔者 2016 年 11 月拍摄于溪地南市村);2. 村民正在家门口通过"烧杂"来处理垃圾(笔者 2016 年 12 月拍摄于溪地南市村);3. 村淘店里等待村民们来领取的快递(笔者 2016 年 12 月拍摄于溪地仲池村);4. 一座位于山顶的垃圾集中堆放点(笔者 2016 年 12 月拍摄于长汀县双屿乡)。

从溪地村庄垃圾问题的现状来看,"末端处理失灵"是导致目前当地垃圾问题凸显的主要成因。首先,过去处理垃圾的传统正在从溪地日常生活中消失。随着化学肥料在溪地的广泛普及,当地村民几乎已经摒弃了使用垃圾肥的传统,导致生产和生活产生的垃圾无处消纳，只能将其滞积在家门口或路边。有一些村民因为无法忍受垃圾堆蝇虫、臭气和废水对居住环境造成的破坏，也会采用过去的“烧杂”方法来处理垃圾（见图 6-4-2）。该方法能够迅速地将垃圾就地处理了，虽然看似有效，但却存在两个问题：一是焚烧后的垃圾虽然体积明显减小了，但仍有一些不可降解的成分，无法完全被处理，并且这种垃圾灰烬因为掺杂着无法烧尽的玻璃、金属、塑料等物质而无法用于肥田，只能照旧堆放；二是焚烧垃圾会产生大量气味难闻的气体，一些村民因为担心对身体有害也不太愿意经常焚烧垃圾。其次，近些年来，溪地当地从事回收废品生意的人越来越少，村民们见无利可图，将原来当作“宝贝”的“破铜烂铁”也一并当作垃圾丢弃了。此外，村庄垃圾处理基础设施不健全也可以看作是溪地垃圾问题凸显的一个重要原因。

当笔者进一步深入当前溪地村民的日常生活中来考察“垃圾围村”的问题时，发现仅仅从末端处理失灵的角度来解释该问题还不够，因为还有两个重要问题无法得到回答：第一，为什么垃圾堆中垃圾的种类变得复杂了？第二，为什么垃圾的量较之前增加了？针对第一个问题，需要从垃圾的来源途径开始追究。从上述溪地村庄垃圾堆里的垃圾成分来看，绝大多数垃圾直接来源于当地村民的日常生活，溪地村民消费和使用这些不可降解物质材料的产品导致了垃圾处理的危机。但如果从物质生命周期的角度来看，这些垃圾的生产似乎还可以追溯到更远：客观地讲，利用不可降解的物质材料来制造产品的生产厂家也应该对这些垃圾的形成负责。而据笔者的实地调查经验，溪地当地的制造企业并不多，这些农药瓶、包装袋、塑料袋应该大多不是在当地生产出来的，它们通常是从“外面”借助市场交易走进溪地人日常生活的。换言之，这些垃圾在某种意义上可以说是“来路不明”的——如果不看垃圾上面残留的产地信息，或许很难直接判断它们到底来自哪里。

如果将上述不环保的产品在溪地人日常生活中出现的时间与当地网络化加速的时间进行比对，不难发现，二者在很大程度上具有密切的关联。从网络化的角度来看，这些不环保的产品是在各种各样的网络搭建的流动空间中循环的，可看作是解域化环境流动。在过去溪地网络化水平较低的情况下，溪地的日常购买实践主要是在地方空间（墟市）进行的，很少有机会能够接触到这些不环保的产品。但随着溪地网络化进程的加快，溪地人的购买实践不再局限于传统的地方空间，而是接入了更大空间范围的流动空间，这些不环保的产品通过各种网络平台源源不断地从“外边”流入溪地村民的家中。借用第三章的分析框架，这些不环保的产品重新定义了溪地乡村日常实践再生产的代谢谱，使得日常生活物质消耗的种类趋于复杂，表现为当地越来越复杂的垃圾成分（日常生活向自然环境的物质输出）。举例来说，村淘的兴起带动了村民的网购潮，这些不环保但却实用的产品自然也在网购清单上，而包裹这些产品的快递包装（胶袋、纸盒、胶条等）在被打开之后很快也变成了垃圾（见图 6-4-3）。可以预见，随着溪地网络化水平的不断提高，网络社会代表的缺场社会动态过程在当地垃圾问题的形成过程中扮演的角色将会越来越关键。

进一步来讲，溪地垃圾处理问题的凸显宣告了当地传统垃圾治理模式的失效。在前网络化时代，溪地垃圾处理的主体是村民，主要包括“烧杂”、回收、循环利用等就地处理方式，这种地方本位的治理模式基本上能够解决当地的垃圾问题。但网络化却在很大程度上消解了该种传统治理模式的有效性，使得垃圾处理逐渐演变为一个越来越严峻的环境问题。

为应对当地日渐凸显的乡村垃圾处理问题，溪地镇政府开始鼓励乡村基层管理部门自主治理各村的垃圾问题。以明水村为例，该村利用镇里的“一事一议”政策在村里的不同角落设置了垃圾回收点（桶），定期会有清运车将这些垃圾收集走。

现在确实有好多塑料袋，买肉啊买豆腐啊都是用塑料袋装。（问：那你们一般是怎么处理的?）塑料袋用完就丢到家里的垃圾桶啊，然后再集中丢到村口那边的那个大垃圾桶，我们村里一共大概有五六个这样的大垃圾桶吧。（问：有人来村里运走垃圾吗?）讨厌就讨厌在这里，他们并不是天天来运，经常垃圾桶就满了也没人来运，有时候走到附近闻着臭死了。好在我弟弟是村长（村主任），有那个运垃圾的人的电话，我就打电话给我弟弟说垃圾桶满了，让他叫人开（垃圾）车来把垃圾运走。（问：运到哪里去你们知道吗?）这个还真不清楚，大概是拉到山里去了吧，只是这么听说，具体我们也不知道。

（沈 SJ，男，61 岁，明水村村民，2016 年 12 月 7 日）

根据第四章的研究结论，环保基础设施的完善作为一种动力情境对日常实践的可持续转型确实具有积极意义。事实上，垃圾的集中回收和清运确实缓解了溪地一些村庄因为垃圾堆放对村容整洁、卫生造成的不好影响，但垃圾问题最终还是未能得到妥善解决。因为缺乏垃圾处理的相关专业技术，这些垃圾只是被转移到了深山里堆放，并未进行任何实质性的处理（哪怕是填埋）。笔者在与溪地毗邻的双屿乡的一座山里找到了一处这样的垃圾堆放点，当时看到的景象令笔者十分震惊（见图 6-4-4）。面对此情此景，笔者的思考是：溪地一些村庄自主开展的垃圾末端治理（仍然属于地方本位的环境治理模式范畴）并不能从根本上有效解决它们的垃圾问题，除了要进一步完善垃圾处理技术外，如果不能对这些垃圾产生的源头——那些解域化的不环保产品加以有效治理，未来该地区要面临的垃圾处理问题只会更加不乐观。

二、"会撩人"的商品：消费主义的盛行与环境压力

解域化的符号流动也是网络化带来的重要后果。在网络化的现实背景下，乡村居民能够接触到的符号越来越多样化。笔者在实地调查中发现，与消费主义（consumerism）相关的许多符号（如"名牌""时尚""享受""尊贵"等）正透过各种各样的网络渠道向乡村扩散，并开始被一部分乡村居民所认同，这也对当前的乡村环境治理造成了压力。前文提到，解域化环境流动是乡村垃圾种类趋于复杂的重要成因，而造成乡村垃圾产量增加的主要原因在很大程度上则可归结为消费主义借助那些解域化符号在乡村地区的流行。不夸张地说，乡村垃圾量的增加与乡村居民在开展日常实践中对不环保产品的消费量增长具有同步性。根据本书在第五章提出的分析框架，物被赋予的符号意义是行动者选择演绎与之相关的实践的主要动力，行动者在日常生活中借助对这些负载了符号意义的物的消费和使用可以获得特定的情感能量。当乡村居民普遍接纳了各种消费主义的符号后，这些符号附着的那些不环保产品对乡村居民消费者而言变得格外具有吸引力，这是他们在日常实践中积极选用这些不环保产品的主要原因。

在消费主义的驱动下，乡村居民日常生活中的消费日渐趋于感性化，消费社会中物的极大丰富很大程度上能够吸引消费者关注并刺激他们的消费欲望。在传统乡村社会中，由于网络化水平不高，乡村社会更趋近于生产社会，商品的使用价值更加被强调，虽然也会负载一些符号意义，但它们往往也并不与环保主义明显抵触，甚至可以看作是朴素的环保主义符号（如那些有利于环境保护的地方性知识）。在传统溪地墟市上，由于摊位空间有限，只有少部分的商品陈列出来。相较之下，在网购实践中，电商门户（网站）是一个折叠的空间，商家所有的商品都可陈列其上，给消费者造成了"丰盛"商品的视觉冲击。另外，门户上的商品介绍设置涵盖了商品完整的信息要求（如商品名称、价格、快递费用、库存、属性、规格参数、详情、评价、提问、客服、下单程序等）。可以说，网络消费提供的数量及信息透明度带来的购物体验远远超过实体店所能提供的。另外，消费者还可以从商品信息页面上获取该商品其他更丰富的符号价值。从某种意义来说，网络购物正是卖家通过制造"卖点"（商品的符号价值）来吸引买家购买从而实现消费产生的模式。调查发现，溪地的电商经营者们大多深谙此道，熟练地操弄各种符号策略来刺激村民们消费（见图 6-5）。

在当前互联网、手机通信等网络化条件已非常成熟的情况下，消费者只需通过智能手机等移动终端的使用和各类购物 App 的应用，随时随地可以获取更多的商品符号信息，并基于这些信息开展购买实践。傅 MN 讲述了他的"淘宝体验"。

（问：都怎么用手机买东西啊？）用那个手机上的 App 啊，就是那个手机淘宝。（问：和网页版对比有什么区别吗？）我觉得基本上没什么区别吧，就是图片大小不一样，我

这两年眼睛已经开始有点花了，有时候看不太清楚。但是没事的时候翻翻手机淘宝还是挺好玩的，本来可能没什么想买的，看看上面的东西，看多了肯定会喜欢，于是买了一大堆回来。

（傅MN，男，42岁，仲池村村民，2016年12月12日）

1　　2

图6-5　农村电商应用符号策略动员村民消费

注：1. 红河村一村淘店发给村民的宣传册内页（笔者翻摄）；2. 矗立在农田中的电商广告牌（笔者2016年11月拍摄于溪地竹园村附近农田）。

另外，在消费主义借助网络化在乡村地区盛行之后，炫耀或攀比成为越来越多乡村居民消费的目的。笔者调查发现，溪地“比赛盖房子”的现象非常突出，很多农户修建的楼房层数及房间数量更多不是出于实用目的，而是出于攀比的心理。许多农户的建房预算已经超出自身承受能力，但他们仍然乐此不疲，甚至为此背上了大笔债务。

在消费主义的刺激下，大消费（mass consumption）成为溪地村民新的消费模式，与大消费相对应的则是大量不环保产品被纳入日常实践中，使得当地日常生活形成的环境压力明显增加。此外，消费主义也冲击了溪地客家人传统的节约观念，村民们不再刻意追求对物质的节约或循环使用。破旧衣物处理实践的变迁便是一个很好的例子。

以前的话呢，衣服如果只破了一点点我就去镇上找专门的人缝。（问：为什么不自己缝？）我自己缝得不好看啊。现在不一样了，除非是干活，不然的话打补丁的衣服我可没有本事穿出去。一些破衣服如果不是破得特别厉害呢就干活的时候穿，如果很脏很破了我就不想穿了，都拿去扔掉。我这几年扔掉过好些衣服。

（曾XY，女，49岁，南秀村村民，2016年12月10日）

旧衣服、破衣服确实不好处理。以前专门有人来收，现在没有了，送给别人都没人要了,最后都是扔到垃圾桶里了。要是搁到三年前还有人收破衣服,现在看不到了。而且现在人日子好过了,衣服破了大家都懒了,不想去补了,直接不要了、扔了。补那个干嘛,补了也不好看,穿打补丁的衣服别人还会笑你的。我们家里很多衣服都不能穿了。

(付 YD,女,61 岁,明水村村民,2016 年 12 月 7 日)

综上所述,在网络化的背景下,消费主义符号开始在溪地盛行,导致许多日常实践的环境可持续性在很大程度上再次被削弱了,这从另一个方面增加了新时期溪地环境治理的难度。

第六节
网络化带给溪地环境治理的机遇

一、联网式环境治理模式

网络化在给溪地环境治理增添了上述挑战的同时，也为当地生态环境改善创造了一些前所未有的机遇，这特别体现在当地水土流失治理方面。

第四章分析了溪地自 20 世纪 40 年代起至 1982 年期间的低效水土流失治理：因为未将日常生活燃料纳入治理目标，当地的水土流失治理工作曾长期停滞不前。实际上，在这一阶段的后期，当地水保部门已经认识到了燃料改造的重要性，并尝试过在溪地推广使用煤炭和沼气，但均未能取得成功。据县志记载，考虑到溪地当时严峻的生态恶化形势，长汀县人民委员会曾于 1964 年尝试在溪地推广烧煤，但没有取得成效；1976 年，长汀县政府再次在溪地推广煤灶，并从邻县采购来一批煤炭平价出售给村民，但最终还是以失败告终。为什么这两次在溪地推广用煤都没能取得成功呢？这一方面当然与当时水土流失治理投入不足有关，但另一方面，笔者分析认为这可能与溪地乃至长汀县本地不产煤也有一定关系，因为缺乏稳定的煤炭供应，当地燃料改造一度举步维艰。直至 1983 年省委书记来溪地考察之后，长汀县政府利用省政府每年下拨的煤炭补贴专门在溪地成立了煤炭公司，并与周边几个产煤县签订合同，定期采购煤炭运到溪地平价销售，通过这一举措才解决了当地煤炭供应的稳定性问题，保障了用煤推广工作的顺利开展。溪地水土流失治理是一种由政府主导的、地方本位的传统环境治理模式，我们却能从中看到“解域化流动”所发挥的关键作用。当地政府跨出县境，借助其他地方的资源优势弥补了自己的劣势，通过“网络”（溪地与邻县组成的煤炭供销网络）解决了溪地的燃“煤”之急，促进了当地的燃料转型和水土流失治理。

20 世纪 90 年代以来电力网络和交通网络的发展也在很大程度上巩固了当地的水土流失治理成效。这种巩固作用一方面体现在电力和交通本身属性方面的直接巩固。电能是一种清洁能源，与烧柴、烧煤等燃料利用相比，“烧电”对环境要更为友好，电能也因其洁净、便捷更易于让人接受。电力网络的发展很可能会继续引领溪地燃料系统的转变，从而间接促进水土流失的治理。如前所述，自溪地通电以来，当地村民日常生活中的燃料(能源)类型又增加了薪柴、燃煤之外的选择。随着溪地电网的发展和供电趋于稳定，当地村民做饭、烧水等诸多日常实践的开展都依靠电网输送的电能来进行。21 世纪以来，电能逐渐取代煤炭成为溪地日常生活的主体能源，在体验到"烧电"的便利性之后，村民们便更不愿意上山打柴了。

我们家大概 06 年还是 07 年左右开始不烧煤的，因为"烧电"实在是太方便了，比烧煤还要方便，价钱也差不多，贵不到哪里去。现在没有人上山砍柴了，因为实在是划不来。(问："烧电"和烧煤哪个做出的饭更好吃呢？)我觉得没什么分别，至于那些说烧柴好吃的人，都是些"老古董"，跟不上时代。

(傅 TY，男，50 多岁，北市村村民、镇水保员，2015 年 8 月 18 日)

我们这里八几年的时候才通上电。但那个时候电费很贵啊，要差不多一块钱一度，根本用不起，大家最多是用来照明，做饭、炒菜可不敢用。现在电很便宜，也就 5 毛钱(一度)吧，家家户户都"烧电"，也不烧煤了。

(沈 SJ，男，61 岁，明水村村民，2016 年 12 月 7 日)

交通运输业承担着实现人和物空间位置变化的功能，20 世纪 90 年代以来，溪地交通网络的延展可以说对当地的水土流失治理取得巨大成效起到了推动的作用。据第三章对当地水土流失成因的分析，溪地地少人多，人口规模大意味着实践代谢产生更多的燃料需求和环境影响，这也是造成当地森林植被破坏与难以恢复的重要原因之一。而交通运输业的发展为溪地大量劳务输出提供了便利，有效转移了人口给当地生态环境带来的压力，客观上有利于当地植被环境的恢复。

另一方面，电力和交通作为基础设施，其溢出效应也对溪地水土流失治理产生了积极影响。在现代社会中，基础设施是社会赖以生存和发展的一般性物质条件，它们的完善与发展在一定程度上会促进社会发展。在当代中国，完善基础设施是地方招商引资的重要内容之一。20 世纪 90 年代末以来长汀县及溪地政府部门将一批水土流失程度较轻的荒山承包给当地农户和企业发展林业经济，这一举措在一定程度上促进了当地水土流失治理，而这种全新治理模式的提出也是以溪地日渐完善的基础设施为基础的。

例如，大约自 2005 年起，网田村约有 2 000 余亩荒山被来自浙江的企业承包并用于杨梅种植，近年来杨梅开始挂果，除了外销以外，当地也借此开展了"杨梅采摘观光节"等一些生态旅游项目。再如，溪地村民刘 JM 个人于 2007 年通过土地流转承包了 4 470 亩荒山种植毛竹(租期 40 年)，在 7 年时间内他已将光秃秃的山岭变成了茂密的林场，所产的一些木材(均为有序采伐)远销广东和省内的一些其他城市。除本地的个人承包户外，在当地政府的大力招商引资下，越来越多工商企业入驻长汀县及溪地投资发展新型林业。通过以上案例的分析，我们可以看到长汀县及溪地这些承包荒山的个人和企业在发展新型林果产业时，均离不开交通网络的支持：杨梅的保鲜期非常短暂（正所谓“一日而色变，二日而香变”），对时效性要求很高，如果交通运输时间过长，很可能影响外销杨梅的品质；同样地，又长又沉的毛竹如果没有现代交通的辅助势必难以走出大山。

溪地的水土流失治理经验表明，环境治理光靠政府的投入远远不够，可以在完善网络基础设施的前提下通过制度创新鼓励和吸纳农民、企业等其他主体参与环境治理，从而建立一个多主体的环境治理网络来促进乡村环境问题的解决。这种“以发展促进环境治理”的乡村生态转型经验颇具借鉴和推广价值。

二、环保产品“下乡”

在本章上一节的分析中，我们讨论了那些对环境具有不利影响的产品或商品借助网络化搭建的流动空间流入乡村地区。同样是在网络化的背景下，一些环保产品也开始“下乡”，走进溪地一些村民的日常生活。笔者对溪地集镇一些建材商铺的调查发现，诸如太阳能热水器、LED 灯、太阳能电池板等环保产品这几年已经开始在溪地贩售，且有一定的政府补贴。另外，在村淘点的走访中，笔者发现村淘站点公告墙上以及发放给村民的淘宝促销广告中也有大量关于此类环保产品的“卖点”介绍，也确实吸引了一些村民的购买。入户调查的结果发现，许多村民家里已经用上了这些环保产品（见图 6-6-1）。

1　　2

图 6-6　环保产品“下乡”

注：1. 村民楼房上的太阳能热水器（笔者 2015 年 8 月 26 日拍摄于溪地竹园村）；2. 村道旁的太阳能板 LED 路灯（笔者 2016 年 12 月 10 日拍摄于溪地网田村）。

除此之外，在当前溪地部分乡村的基础设施建设中，一些主打“绿色”“环保”的技术和产品也得到了优先应用。以网田村为例，该村于2015年计划利用镇政府提供的“一事一议”项目建设村庄的道路照明设施。据网田村村书记刘TJ介绍，在项目启动阶段，村里曾考虑利用项目资金购置普通的照明路灯。但在实际考察了一些供销商提供的选择后，最终决定采用更加环保的太阳能板LED路灯。最终，该村一共建造了80盏太阳能LED路灯，平均每盏造价4 600元（见图6-6-2）。相较于普通路灯，太阳能LED路灯造价无疑要高一些（村里财政为此还垫付一部分项目费用），但刘书记却表示这笔钱花得值得，他给出的理由是：太阳能技术（光伏面板）更加节能，LED灯较普通路灯照明更亮且使用寿命更长，节约下来的电费和维修费算下来可能要更划算。

整体来看，环保产品意味着对物质资源更加有效率的使用模式，对降低一些日常实践的环境影响具有重要作用，有助于引领乡村日常生活的可持续性转型。考虑到乡村本身并不具备研发这些环保技术和产品的能力，它们的“下乡”正是搭乘网络化的“东风”实现的。

三、乡村产业的“绿色升级”

除了对治理水土流失问题的积极作用外，溪地网络化进程也促进了当地日常生活的绿色转型。在生产方面，除了上文提及的针对水土流失治理而发展起来新型林果产业，生态旅游、绿色无公害农业等产业也不断涌现。

前文提到的位于溪地北秀村的“绿之梦”生态农场便是当地生态旅游产业发展的一个典型代表。“绿之梦”生态农场是由北秀村的村民易XZ于2013年建立的，现有规模180余亩，随着近几年来的快速发展，主要经营项目包括林下经济、绿化苗木、花卉果蔬、中药材等。该农场设有“一部两厅三园六区”：“一部”为园林绿化工程部；“两厅”为农产品、特产的展销厅和花卉展销厅；“三园”包括亲子植树教育园、百香果观光园、百草园；“六区”为农村电子商务服务区、花木盆栽观光区、花卉种子认养认购区、果汁餐饮住宿区、生态垂钓区、青少年园艺作品展示区。该农场的农产品种植不使用化肥、农药，真正实现了绿色无公害的农业生产。

由于溪地是一个农业大镇，且自然条件良好，绿色产业也是地方政府大力倡导、鼓励和推进的，笔者本以为“绿之梦”农场主要是在政策的影响下成立的，或许是政府为当地旅游业打造的一个“盆景”而已。但在参观该农场之后，经农场负责人介绍发现，该农场的成功与溪地近些年来互联网、物流网络以及农村电商的迅速发展存在密切关联。例如，生态农场建立了门户网站、微信公众号并在互联网上进行大量的广告宣传，很多游客都是从互联网上获取信息之后慕名而来；另外，近些年来绿色无公害农副产品经电商平台以及新媒体的包装，“绿色健康”符号已成为其最突出的象征性消费价值，受到网络消费市场的青睐，经济效益非常可观。目前该农场生产的百香果、菌菇、土鸡蛋、溪地鸡等农产品几乎不在本地销售，而是通过淘宝店和微店以及固定合作的物流公司面向全国发售。笔者 2016 年 12 月曾在该农场亲自采摘并购买了一箱百香果，农场负责人帮忙用快递发给北京的朋友，寄出后第三天百香果已经到达。

综上所述，网络化促成了联网式环境治理模式的形成，使环保产品得以在乡村地区推广，同时也促成了乡村产业的“绿色升级”，这些因素让溪地的环境前景看起来不至于太悲观，依然有很多机遇可以把握和利用。

第七节
小结

本章考察了网络化时代乡村日常生活变迁及其对环境治理的影响。根据基于卡斯特的网络社会理论提出的分析框架,网络社会的崛起改变了当今社会生活(包括日常生活)的基本面貌,突出体现为:作为日常实践发生主要场所的以地理邻近性为基础的传统地方空间正在逐渐被流动空间支配,网络化使得乡村日常实践的开展变得越来越依赖解域化流动。对溪地网络化进程的考察表明,21 世纪初以来,乡村网络化已经在诸多维度重塑了溪地人的日常生活,同时也让新时期当地环境治理呈现出一些新动向,需辩证来分析:一方面,网络化加速了溪地与外部社会间的解域化环境流动,对传统地方本位环境治理模式的有效性提出了挑战;另一方面,网络化时代,新兴的联网式治理模式、供应增加的环保产品以及产业的绿色升级在客观上为溪地一些环境问题的解决带来了可利用的新机遇,有助于当地日常生活的可持续性转型。整体来看,网络化重塑了乡村日常生活,解域化流动在日常实践开展过程中扮演的角色日渐重要,导致当前乡村环境治理面临着前所未有的复杂社会形势。

第七章 结论与讨论

本书导论一章已清楚阐述：在当代中国乡村地区，环境问题的社会内源性正在逐渐显现，这意味着一些乡村内部的社会动态过程在其环境变化中扮演的角色越来越关键。在此之前，中国乡村环境问题曾一度被视为诞生于乡村社会向现代社会的转型过程中，是现代性与传统地方性知识冲突的结果。相应地，乡村环境变化被理解为一个由外到内、从无到有的突变过程，乡村的现代化或发展也即乡村生态环境的逐步恶化过程。应当说，现代化的解释框架对改革开放以降在广大乡村地区集中爆发的诸如乡镇企业污染、“城市污染下乡”等外源性环境问题确实展现出了良好的理论解释力，但在分析面源污染、土壤环境退化、“垃圾围村”等众多植根于乡村社会生活内部的环境问题时却暴露出一些突出的理论短板，反映了该视角对乡村日常生活与其环境变化二者间关系的理解有较大局限性。为超越现代化视角对当前中国乡村环境问题日渐凸显的社会内源性的关注不足，本书从日常生活的角度提出了一套不同的解释框架来理解乡村环境问题，试图回答“乡村日常生活的再生产与变迁是如何影响其环境变化的”这样一个核心问题。

本书选取了西方社会理论界新兴的实践论作为基本理论视角来理解中国乡村的日常生活。由第二章的介绍可知，实践论的兴起有着相当漫长的学术背景可以追溯：从自古希腊哲学就已经奠定的“重思辨轻实践”之学术传统，到19世纪以来马克思和现象学研究对实践概念的再发现，再到20世纪80年代吉登斯、布迪厄两位重要社会理论家围绕实践概念所做的一些奠基性理论建构工作，最后才有了20世纪90年代以来社会理论界受人瞩目的“实践转向”以及先后被提出的各种版本的实践理论。在很大程度上，实践论目前应当说仍是一个建构中的理论范式，围绕该理论尚有一些批评和争议有待进一步的理论回应。尽管如此，实践论在解释社会现象时秉持的独到见解和相当多的先行成功案例表明，该理论范式在指导实证研究方面具有十足的潜力。在本书中，实践论被具体操作为一种日常生活理论。从实践论出发，日常实践成为本书考察乡村日常生活的核心分析单位，凭借对乡村日常实践不同特征的分析，以闽西一个客家乡村聚落——溪地为例，本书在第三至六章分别从日常生活的四个面向探讨了乡村环境变化的不同相关议题。

行文至本章，笔者将在回顾第三至六章各章研究发现的基础上归纳出本书的一些主要结论。进一步，笔者将围绕这些结论的理论和政策意义展开相关的讨论，并点明接下来可以继续深入探讨的课题。

第一节
主要结论

第三章重点考察了日常生活的再生产在(传统)乡村环境问题形成过程中扮演的角色。通过将实践论与环境社会学中的社会代谢理论相整合,本书提出了一个适用于理解前现代"社会-环境"互动的分析框架——实践的代谢。据该框架,日常生活的再生产可以看作是一组日常实践的代谢过程,即由实践的物质消耗驱动的社会与其自然环境持续发生的物质交换;为了维持日常生活所有实践物质消耗共同定义的代谢谱,社会还会利用一些自然殖民策略改造自然环境。在此基础上,本章的案例研究分析了溪地前现代史上的森林演变历程。研究发现,20 世纪 40 年代以前溪地的森林退化前后经历了三个历史时期:山都木客时期原始林的局部退化→唐末宋初以后至清末民初之前原始林长达数个世纪的大规模退化→清末民初时期境内大片森林的急剧消失。该案例表明,环境退化不是乡村社会追求现代化的过程中才出现的,(乡村)环境问题古已有之,且与社会内部日常生活的再生产息息相关。更确切来说,乡村日常生活的再生产会透过日常实践的代谢机制及与之相关的自然殖民过程对生态环境形成持续的压力或干扰,并可能会在特定条件下引起环境退化。

在第四章中,乡村日常生活的可持续性转型被设置为研究主题。以科学和技术社会学中关于社会-技术转型的多层次视角为基础,结合实践论对实践动态过程的相关论述,本章提出了一个乡村日常生活转型的分析框架——实践的再造。该框架认为,乡村日常生活转型是乡村日常生活与外部情境交互作用的结果:一方面,压力情境使得既有乡村日常生活被问题化,为实践的再造开放了机会窗口;另一方面,日常生活动力情境让一些新的实践构型变得可及,这些新的实践可能会取代旧实践并嵌入日常生活中,结果推动乡村日常生活转型。本章使用的案例是 20 世纪 40 年代以来溪地的水土流失治理。研究发现,溪地水土流失治理大体上可划分为两个阶段:第一阶段(1940—1982 年),由于只强调"治山"而未能将村民日常生活纳入治理目标,当地水土流失治理长期面临低效和反弹的困局;第二阶段(1983 年以来),通过政策安排大力推动村民日常生活中燃料实践的转型，溪地水土流失治理取得了巨大成效，当地的社会-环境关系整体上也在朝一种和谐、可持续的方向演进。由该案例可知，乡村日常生活具有可治理性，通过恰切的制度安排再造对环境具有不利影响的实践，可以有效促进那些植根于乡村日常生活的环境问题的根本解决。

第五章重点考察了乡村居民日常生活中环境行动的文化维度。为超越社会心理学中的“态度-行为”模型和“技术官僚式”的环境决策模式对乡村居民环境行动的片面解释，本章从柯林斯的互动仪式理论汲取灵感，提出了一个关于观察实践者与实践交互作用的分析框架：实践者在演绎一些仪式化的日常实践中会赋予一些物以特定的符号意义，而这些符号蕴藏的情感能量反过来也吸引着实践者们持续演绎它们定义的那些实践。利用该框架，本章考察了溪地村民“洗温泉”的案例。研究发现，溪地村民在当地温泉大众池的共浴是一项具有环境可持续性的仪式化实践，在共浴实践被长期演绎的过程中，大众池也被赋予了诸多不同的符号意义；尽管私人浴池和家庭浴室的崛起在一定程度上削减了共浴的实践者数量，但该实践依旧散发着独特的魅力吸引村民们去积极演绎。本章的研究结论可以表述为：乡村居民是具有情感能动性的实践者，当一项日常生活中的环境行动演绎的实践涉及与特定符号相关联的物（包括水、空气、能源、稀有原材料、基础设施、环保产品等）时，村民对这些符号的情感体验在很大程度上会影响他们的行动选择。

信息通信技术进步驱动的网络化重塑了乡村日常生活，对这一宏大社会变迁进程中的环境后果的省思构成了第六章的研究内容。受卡斯特的网络社会理论启发，本章的分析框架认为，网络社会的崛起改变了当今社会生活（包括日常生活）的基本面貌，突出体现为流动空间正在逐渐取代传统以地理邻近性为基础的地方空间成为日常实践发生的主要场所，日常实践的开展也变得越来越依赖解域化流动。对溪地网络化进程的考察表明，21世纪初以来，乡村网络化已经在诸多维度重塑了溪地的乡村日常生活，同时也让当地环境治理呈现出一些新趋向，需要辩证来看待：一方面，网络化加速了溪地与外部社会间的解域化环境流动，对当地长期以来地方本位的环境治理模式的有效性提出了挑战；另一方面，网络化促成的联网式治理模式、环保产品“下乡”与产业的绿色升级在客观上也为当地环境治理制造了一些新机遇。整体来看，网络化重塑了乡村日常生活，解域化流动在日常实践开展过程中扮演的角色日渐重要，导致当前乡村环境治理面临着前所未有的复杂社会形势。

至此，本书的核心结论可以表述为：乡村环境变化并非是肇始于乡村社会现代化转型的一个从外到内、从无到有的突变过程，而是植根于乡村社会内部日常生活的一个长期的、连续的渐变过程。借助该结论的提出，笔者希望对一直以来主导中国乡村环境变化研究的现代化解释框架发起挑战。

第二节
超越乡村环境变化的现代化解释框架：日常生活的视角

导论一章批评了国内环境社会学界在解释中国乡村环境变化时最常援引的现代化解释框架（王晓毅，2014；包智明 等，2011；张玉林 等，2003；陈阿江，2000；洪大用，2000b），指出该视角无法解释前现代中国乡村环境问题，放大了乡村发展与环境保护之间的对立，未能清楚阐释乡村居民在乡村环境变化中的能动性，并且对网络化这样一个宏大社会变迁进程提出的新课题缺乏合适的理论工具来拆解。结合本书的主要结论，笔者认为，日常生活视角的引入有助于超越现代化的解释框架对中国乡村环境变化的上述片面理解。

首先，与现代化的解释框架只关注乡村现代化过程中出现的环境问题相比，日常生活的视角提供了关于乡村环境退化更全面的观察角度。现代化视角将考察的乡村环境问题框定在乡村社会的现代化转型开始后，发生在前现代社会的那些乡村环境退化事实被有意或无意“裁剪”掉了，极容易造成“传统乡村社会没有环境问题”的迷思，更毋庸说探究这些传统乡村环境问题的社会学机理了。例如，第三章分析的溪地森林退化案例便是一个典型的传统乡村环境问题，它显然已经超出了现代化解释框架的理解范畴。现代化视角的另一个局限在于该框架还会“裁剪”社会事实，导致它对当前许多乡村环境问题的解释也是去时间脉络化的。应当看到，局部乡村地区面临的某些环境问题并不纯粹是现代化带来的新问题，而可能是历史遗留问题，采用现代化的观察视角虽然有助于揭示这些问题延烧至今牵涉的一些新社会动态过程，但这些现代问题的传统社会因素却在很大程度上被忽视了。日常生活视角的引入有助于弥补现代化解释框架对乡村环境退化问题观察的上述两点不足。这是因为，日常生活概念的时间范畴要大于现代化，它对应的社会动态过程和环境变化在时间上更具连续性。在此情况下，无论是在前现代还是现代社会，乡村日常生活的再生产便意味着乡村社会总是在持续地影响其生态环境，尽管这些环境影响经常是隐蔽且微小的(inconspicuous)，但却仍有可能会累积为显著的环境问题。进一步，对于当前乡村环境问题社会成因的分析也不应受限于现代化视角设定的特定时间范围，传统日常生活的再生产在一些乡村环境问题形成过程中的角色需要被重新评估。

其次，从日常生活的视角出发，乡村发展与环境保护之间的对立并非不能化解。现代化的解释框架由于过度强调现代化对乡村环境退化不可推卸的责任而无意间扩大了乡村发展与环境保护二者间的对立，往往暗含了一种“去现代化”或“去发展”的激进环境改革主张。日常生活的视角强调乡村环境退化的社会内部根源，认为现代化并非许多乡村环境问题(特别是内源性的环境问题)的罪魁祸首，并且主张可以通过日常生活的可持续性转型来实现环境保护的目标。例如，在第四章的研究案例中，溪地政府部门通过适当的制度安排推动当地乡村日常生活燃料的转型，结果促进了当地水土流失问题的有效治理。进一步，在日常生活的视角下，现代化或乡村发展可以被看作是乡村日常生活的一种外部情境，虽然它确实具有一些潜在的环境风险，但同时也为推动乡村日常生活的可持续性转型创造了一些必要条件，既包括现代环保主义理念在乡村地区的传播营造的转型压力，也包括环保项目、资金和产品的“下乡”以及环保基础设施完善等构成的转型动力。换言之，日常生活的视角主张乡村发展与环境保护并不必然是对立的，通过对日常生活的有效治理来实现二者“双赢”的目标并非毫无可能。

再次，日常生活的视角对乡村居民在环境变化中能动性的理解更加贴合他们的行动逻辑。现代化的解释框架要么从现代话语意识(如环保主义、发展主义)的角度来解释乡村居民为何选择实施特定的环境行动，要么将传统的地方性知识不加区分地都看作是乡村居民实施亲环境行动的重要准则。日常生活视角提供了理解环境行动的一条不同思路：个体在日常生活中选择实施何种行动并不受任何话语意识支配，而总是为了演绎特定的日常实践，与实践演绎相关的能动性因素对个体行动具有决定性影响。正如第五章揭示的那样，乡村居民选择实施何种环境行动很多时候可能是取决于他们日常生活中的相关情感体验。只有将乡村居民和他们的行动还原到乡村日常生活中，我们才能更加准确地把握乡村居民选择实施特定环境行动的主观动因。

最后，相较于现代化的解释框架对网络化的滞后理解，日常生活的视角可以鲜活地呈现网络化给乡村社会现实基础带来的一系列重大转变，更加有助于研究者们全面把握乡村环境治理面临的新的复杂社会形势。现代化解释框架的提出最早大约是在20世纪90年代和21世纪初，彼时中国乡村网络化的趋势尚不明显，故该框架对网络化时代一系列重大且深刻的社会现实基础变化整体上缺乏理论观照。但如果考虑到近几年乡村网络化进程不断加速的事实，对网络化与乡村环境变化关系的思考则显得尤为重要。那么，应当从什么样的观察角度来拆解网络化给乡村环境变化提出的新议题呢？本书认为，日常生活的视角提供了一条具有借鉴意义的思路。例如，第六章考察了溪地的乡村网络化进程，发现网络化让当前的乡村环境治理挑战与机遇并存，而对这些环境治理新动向的把握需要建立在对乡村日常生活转变的实证研究基础之上。换言之，日常生活可以充当网络化与乡村环境变化关系研究中的中介变量，透过对日常生活变迁的考察，可以揭示网络化时代乡村环境变化的内在社会机制。

综上所述，现代化视角强调社会变迁、传统乡土秩序瓦解对乡村环境的不利影响；相较之下，日常生活的视角则主张反思与社会再生产和乡土秩序本身稳定关联的环境压力，同时还点明了社会变迁（特别是日常生活的可持续性转型）对于促进乡村环境保护的重要意义。日常生活视角的引入可针对性地弥补现代化的解释框架在理解中国乡村环境变化时暴露出来的不足，是一个未来值得给予更多关注的观察角度。在此，笔者对围绕该视角产生的两点可能的争议予以澄清。

一是日常生活视角对人口规模因素的相对忽视。在关于现代环境危机的经典环境社会学理论中，现代化以来世界范围内人口规模的“爆炸式”增长通常被视为是一个最重要的影响因素①。笔者认为，人口规模的变动是环境变化的充分但不必要条件。首先，一个社会人口规模的增加确实会导致该社会环境影响的整体增加，当这些环境影响累积到一定程度并超过环境承载能力时，一些环境退化问题便可能产生（所谓“量变引起质变”）。就此而言，现代人口增长确实应当为目前人类社会日趋加重的生态危机负较大责任。但从另一个角度来看，如果人口增长带来的物质消耗状况（一个社会的代谢谱）在生态承载能力以内，就不必然引起环境变化。同时需要看到的是，并非所有的环境问题都是人口增长带来的，特别是在人口增长相对缓慢的前现代时期，人口规模与环境问题的相关性要明显偏低。这提示我们，只有明确了决定某种环境变化的特定物质消耗的具体社会来源，讨论人口增长的环境后果才有意义。也正因如此，本书在分析乡村环境变化时有意淡化了人口因素的影响。基于日常生活的角度，环境变化是日常生活再生产的直接后果，人口增长是通过作用于日常实践、造成日常实践物质消耗增加才间接影响到生态环境，日常实践的再生产与变迁才是环境变化的决定性

① 例如，社会学芝加哥学派代表人物邓肯（Duncan，1961）提出的生态复合体模型（又称 POET 模型）认为，人口（P）、组织（O）、环境（E）、技术（T）是四个相互关联的人类生态系统因素，其中，人口规模的增加会升高技术进步的压力以及创造城市化的需求，由此导致环境质量的下降。再如，在著名的 IPAT 模型中，人口增长（P）因素同经济富裕（A）、技术进步（T）一起被援引来解释现代人类社会日益增加的环境影响（钟兴菊等，2016）。

社会因素。

另一点需要澄清的争议是，从日常生活的角度来阐释中国乡村环境变化并不意味着与现代化解释框架的彻底决裂。现代化解释框架在分析当代中国乡村许多环境问题的成因时仍能够有的放矢，保留了良好的解释效力。所以完全有理由相信，乡村环境变化研究今后能继续从这一成熟的理论框架中获益。尽管如此，我们也要看到乡村环境变化的内生性之维在现代化解释框架中的缺席。基于该框架，我们对许多乡村环境问题的理解还存在一个“黑箱”，即乡村内部的社会动态在其环境问题的形成与治理中实际扮演了以及还能够扮演什么样的角色。实践论启发我们将目光聚焦乡村日常生活，基于对乡村日常实践的分析来拆开“黑箱”，对乡村内部社会生活的动态过程与乡村环境变化之间的关系给予更多学术关注。

作为一套尚在争鸣中的理论学说，实践论目前并不具备完全取代现代化解释框架的实力，但却可以有针对性地修补该框架的短板。现代化解释框架的一些支持者们并非没有留意到现代化对乡村日常生活的深刻影响及连带的环境效应，但却倾向于认为乡村日常生活在“现代性的大碾车”(the juggernaut of modernity)面前只能扮演一种“坐以待毙”“任人宰割”的悲情角色，乡村日常生活因此也被脸谱化成断裂的、脆弱的、依附的。实践论有助于找回乡村日常生活的承继性、韧性和自主性等面向，但针对现代化背景下中国乡村日常生活的变迁机制也暂时未能提供任何现成的解释。整体上看，我们对现代化与乡村日常生活之间的具体互动机制目前还知之甚少。实践理论家夏兹金认为，实践论属于社会本体论范畴，它提出了一种社会生活本质的替代解释，却并不寻求与其他社会本体论(如个体论、互动论、整体论等)在谁更真实、谁更合理等本身无解的问题上一争高下；实践论是一个具有包容性的理论框架，在承认实践是社会生活本体的前提下，实践论同其他理论思路与传统完全能够兼容，可以通过建立理论联盟以提升关于特定社会现象的解释力(Schatzki, 2018)。鉴于此，今后研究不必舍弃已相当成熟且实用的现代化解释框架，但可以尝试创造性地引入实践论来探明该框架对乡村内部社会动态过程的解释盲区，旨在更全面且生动地还原乡村社会生活与生态环境之间的互动图景。

第三节
政策启示

本书的主要政策启示集中体现在乡村环境治理方面，概括起来有四点。

第一，解决与日常生活相关的乡村环境问题呼唤实践导向的环境治理。所谓实践导向的环境治理，可以理解为将日常生活中那些具有显著不利环境影响的实践纳入治理目标的一种环境治理模式。为此，乡村环境管理者们在治理特定乡村环境问题时需要准确定位到与之息息相关的那些乡村日常实践，并通过恰切的制度安排重构这些实践，将实践的不利环境影响最小化，以实现对乡村环境问题的源头控制。

第二，为推动乡村可持续性转型，未来的乡村发展应当努力完善环保基础设施建设和加大环保技术、产品等方面的供应力度。基础设施和物资供应的不足长期以来在很大程度上限制了村民实施亲环境行动，因为他们缺乏行动发生所必需的结构条件。环保基础设施以及环保技术和产品通常指向的是那些具有环保积极意义的新实践构型，它们在乡村地区的推广意味着为乡村居民提供了更多“绿色”的日常实践选择，可以在维持和提高乡村居民物质生活水平的同时努力缩减他们日常生活的不利环境影响，这对于引领乡村社会的可持续性转型具有积极意义。

第三，为提高乡村环境治理的效率，环境决策过程应当充分尊重乡村文化和重视村民的能动性。目前我国广大乡村地区严峻的环境形势决定了未来很长一段时期内乡村环境治理在很大程度上仍需要由国家来主导，但既有研究表明，如果环境决策过程忽视乡村社会的主体性和乡村居民的实际参与意愿，政策在执行过程中往往难以推进并会导致治理成效不高的问题(吴柳芬，2017；钟兴菊，2017)。具体到与乡村日常生活相关的环境问题治理方面，本书的结论表明，与环境变化相关的物(包括水、空气、能源、稀有原材料、基础设施、环保产品等)可能在日复一日的乡村生活中被赋予了一些重要符号意义，所以当环境决策涉及对这些物的治理时需格外谨慎，否则很可能会引起村民的抵触情绪，进而干扰到治理成效。此外，在乡村地区推动更环保的那些实践选择时，应当注重同步培养村民与实践相关的知识和技能(如推广太阳能产品时应教会村民如何使用它们),努力清除村民学习和演绎这些实践过程中的障碍。

第四,要善用网络化带来的各种新机遇治理乡村环境问题,同时以一种网络治理模式来因应网络化时代乡村环境治理面临的新挑战。一方面,网络化给传统相对闭塞的乡村带来了环境治理需要的资金、项目、技术、信息、人才等各种要素,乡村环境管理者们要善于抓住这些新的机遇来促进乡村环境问题的解决;另一方面,网络化带来的解域化环境流动正在挑战传统地方本位的乡村环境治理模式的有效性。为此,未来的乡村环境治理要努力朝一种跨地域、多层次、多主体的网络治理模式转变。

第四节
进一步课题

本书留下了一组可以进一步深入研究的课题。首先，本书选取了实践论来考察乡村日常生活，但关于日常生活亦有其他的理论视角可以借鉴（郑震，2016），笔者相信从这些其他视角的切入有助于我们从日常生活的角度观察到乡村环境变化的其他面向。其次，本书关注的是乡村环境问题，囿于实地调查资料，只考察了植被破坏、水土流失、面源污染、生活垃圾处理等有限的乡村环境问题类型，而诸如秸秆焚烧造成的大气污染、地下水资源过度开采、能源紧缺等其他乡村环境问题也是可以进一步研究的。再次，城市日常生活与其环境变化的关系同样需要被认真审视，本书建构的那些乡村环境变化的分析框架在很大程度上也适用于考察大都市的雾霾、“垃圾围城”等问题。最后，从日常生活的角度来研究全球环境变化也是一个值得关注的领域，国外社会学研究者们在此方面已经做了很多可以借鉴的工作（Shove，2010；Urry，2008；Oosterveer，2007），期待今后这一领域能有更多中国环境社会学研究者的贡献！

参考文献

一、中文文献

爱弥尔·涂尔干，1999，《宗教生活的基本形式》，渠东、汲喆译，上海：上海人民出版社。

包智明、陈占江，2011，《中国经验的环境之维：向度及其限度——对中国环境社会学研究的回顾与反思》，《社会学研究》第6期。

柏拉图，1986，《理想国》，郭斌和、张竹明译，北京：商务印书馆。

曹小荣，2006，《对亚里士多德和康德哲学中的“实践”概念的诠释和比较》，《浙江社会科学》第3期。

曹剑波，2007，《维特根斯坦的实践哲学》，《湖北社会科学》第3期。

陈阿江，2000，《水域污染的社会学解释——东村个案研究》，《南京师大学报(社会科学版)》第1期。

陈阿江，2007，《从外源污染到内生污染——太湖流域水环境恶化的社会文化逻辑》，《学海》第1期。

陈阿江，2008，《文本规范与实践规范的分离——太湖流域工业污染的一个解释框架》，《学海》第4期。

陈阿江，2010，《水污染的社会文化逻辑》，《学海》第2期。

陈光金，1996，《中国乡村现代化的回顾与前瞻》，长沙：湖南出版社。

陈国强，1963，《福建的古民族——“木客”试探》，《厦门大学学报(社会科学版)》第2期。

陈嵘，1983，《中国森林史料》，北京：中国林业出版社。

陈祥军，2015，《本土知识遭遇发展：游牧生态观与环境行为的变迁——新疆阿勒泰哈萨克社会的人类学考察》，《中南民族大学学报(人文社会科学版)》第6期。

陈涛，2014，《中国的环境抗争：一项文献研究》，《河海大学学报(哲学社会科学版)》第1期。

陈涛、谢家彪，2016，《混合型抗争——当前农民环境抗争的一个解释框架》，《社会学研究》第3期。

邓霞秋，2015，《农村生活垃圾问题凸显的社会机制分析——基于闽西客村的田野调查》，北京：中国人民大学。

杜晓军、高贤明、马克平，2003，《生态系统退化程度诊断：生态恢复的基础与前提》，《植物生态学报》第5期。

范叶超、洪大用，2015，《差别暴露、差别职业和差别体验——中国城乡居民环境关心差异的实证分析》，《社会》第3期。

范叶超，2017，《社会实践论：欧洲可持续消费研究的一个新范式》，《国外社会科学》第1期。

范叶超、赫特·斯巴哈伦，2017，《实践与流动：可持续消费研究的社会理论转向》，《学习与探索》第8期。

范叶超，2018，《环境流动：全球化时代的环境社会学议程》，《社会学评论》第1期。

房冠辛，2016，《中国“淘宝村”：走出乡村城镇化困境的可能性尝试与思考——一种城市社会学的研究视角》,《中国农村观察》第3期。
费孝通,1985,《乡土中国》,北京:生活·读书·新知三联书店。
冯仕政,2007,《沉默的大多数:差序格局与环境抗争》,《中国人民大学学报》第1期。
高新宇、曹泽远、王名哲,2016,《农村秸秆焚烧现象的环境社会学阐释——基于H村的田野调查》,《干旱区资源与环境》第9期。
高于棻,2007,《公共温泉浴室洗浴历验作为素常关系还原与反思的场景》,台北:台湾大学。
耿言虎,2014,《从生活世界到自然资源:“人—自然”关系演变视角下的森林退化——基于云南M县田野调查》,《中国农业大学学报(社会科学版)》第1期。
耿言虎,2017a,《脱嵌式开发:农村环境问题的一个解释框架》,《南京农业大学学报(社会科学版)》第3期。
耿言虎,2017b,《农村规模化养殖业污染及其治理困境——基于巢湖流域贝镇生猪养殖的田野调查》,《中国矿业大学学报(社会科学版)》第1期。
龚文娟,2013,《约制与建构:环境议题的呈现机制基于A市市民反建L垃圾焚烧厂的省思》,《社会》第1期。
顾金土、邓玲、吴金芳等,2011a,《中国环境社会学十年回眸》,《河海大学学报(哲学社会科学版)》第2期。
顾金土、杨贺春,2011b,《乡村居民的环境维权问题解析》,《南京工业大学学报(社会科学版)》第2期。
郭启熹,2002,《闽西畲族源流初探》,《闽西职业大学学报》第2期。
何海兵,2008,《实践理论与实践社会学方法探析》,《天府新论》第2期。
贺雪峰,2006,《中国农村社会转型及其困境》,《东岳论丛》第2期。
洪大用,2000a,《当代中国社会转型与环境问题——一个初步的分析框架》,《东南学术》第5期。
洪大用,2000b,《我国城乡二元控制体系与环境问题》,《中国人民大学学报》第1期。
洪大用,2001,《社会变迁与环境问题——当代中国环境问题的社会学阐释》,北京:首都师范大学出版社。
洪大用、马芳馨,2004,《二元社会结构的再生产——中国农村面源污染的社会学分析》,《社会学研究》第4期。
洪大用、龚文娟,2015,《行进在快车道上的中国环境社会学》,《南京工业大学学报(社会科学版)》第4期。
黄厚哲,1984,《生物学概论》,北京:高等教育出版社。
黄宗智,2005,《认识中国——走向从实践出发的社会科学》,《中国社会科学》第1期。
蒋炳钊,1983,《古民族“山都木客”历史初探》,《厦门大学学报(哲学社会科学版)》第3期。
李贵宝、尹澄清、周怀东,2001,《我国“三湖”的水环境问题和防治对策与管理》,《水问题论坛》第3期。

李红专,2004,《当代西方社会理论的实践论转向——吉登斯结构化理论的深度审视》,《哲学动态》第11期。

李化斗,2011,《社会生活中的具体与抽象:兼论“过程—事件分析”》,《社会》第2期。

李华、叶敬忠,2014,《谁的水,谁的发展:农村工业中的水资源攫取现象反思——基于对河北省宋村的研究》,《开放时代》第3期。

李政海、鲍雅静、张靖等,2015,《内蒙古草原退化状况及驱动因素对比分析——以锡林郭勒草原与呼伦贝尔草原为研究区域》,《大连民族大学学报》第1期。

练玉春,2003,《开启可能性——米歇尔·德塞都的日常生活实践理论》,《浙江大学学报(人文社会科学版)》第6期。

练春招,1993,《客家的迁移与客家方言的分布》,《福建师范大学学报(哲学社会科学版)》第1期。

刘少杰,2007,《实践原则在当代社会理论中的复兴与创新》,《社会科学研究》第2期。

刘少杰,2013a,《网络化时代的社会空间分化与冲突》,《社会学评论》第1期。

刘少杰,2013b,《面对新社会形态的当代社会学》,《天津社会科学》第5期。

刘少杰,2014,《后现代西方社会学理论》,北京:北京大学出版社。

刘春燕,2012,《中国农民的环境公正意识与行动取向——以小溪村为例》,《社会》第1期。

刘能,2016,《村庄生计研究:历史脉络和当代情境》,《江苏行政学院学报》第1期。

卢干奇,1985,《柏拉图的知识观述评》,《教育评论》第1期。

卢春天,2003,《一个农村社区的垃圾变迁及其思考》,《社会》第11期。

卢春天、朱晓文,2015,《农村居民对环境问题的认知及行为适应——基于西北地区4省8县(区)的实证数据分析》,《南京工业大学学报(社会科学版)》第4期。

鲁西奇、张建民,2011,《历史时期长江中游地区人类活动与环境变迁专题研究》,武汉:武汉大学出版社。

路德维希·维特根斯坦,2000,《哲学研究》,李步楼译,北京:商务印书馆。

罗香林,1989,《客家源流考》,北京:中国华侨出版社。

罗亚娟,2015,《话语体系与行动结构要素选择:国内的农民环境行动研究》,《南京工业大学学报(社会科学版)》第3期。

罗朝明,2017,《实践的紧迫性》,《社会》第4期。

马立博,2010,《虎、米、丝、泥:帝制晚期华南的环境与经济》,王玉茹、关永强译,南京:江苏人民出版社。

马道明,2015,《太湖污染中居民的环境感知与行动分析》,《河海大学学报(哲学社会科学版)》第6期。

马涛、陈颖、吴娜伟,2017,《农村环境综合整治生活污水处理现状与对策研究》,《环境与可持续发展》第4期。

麻国庆，2001，《草原生态与蒙古族的民间环境知识》，《内蒙古社会科学（汉文版）》第1期。
麻国庆，2013，《工业化进程中的生态文明——以广东农村为例》，《广东社会科学》第5期。
孟强，2010，《当代社会理论的实践转向：起源、问题与出路》，《浙江社会科学》第10期。
孟和乌力吉，2015，《蒙古族资源环保知识多维结构及其复合功能》，《中央民族大学学报（哲学社会科学版）》第3期。
彭远春，2013a，《国外环境行为影响因素研究述评》，《中国人口·资源与环境》第8期。
彭远春，2013b，《城市居民环境行为研究》，北京：光明日报出版社。
彭远春，2015，《城市居民环境认知对环境行为的影响分析》，《中南大学学报（社会科学版）》第3期。
皮埃尔·布尔迪厄，1997，《文化资本与社会炼金术——布尔迪厄访谈录》，包亚明译，上海：上海人民出版社。
钱水苗，2009，《环境公平应成为农村环境保护法的基本理念》，《当代法学》第1期。
邱泽奇，2001，《中国社会的数码区隔》，《二十一世纪评论》第4期。
曲格平，2001，《乡镇企业污染治理要硬起来》，《环境》第4期。
邵占鹏，2015，《农村电子商务的兴起与新型城镇化的破局》，《江汉大学学报（社会科学版）》第1期。
邵占鹏，2017，《农村电子商务中的空间压缩与价值》，《学习与探索》第2期。
宋言奇，2010，《发达地区农民环境意识调查分析——以苏州市714个样本为例》，《中国农村经济》第1期。
宋言奇，2014，《农村环保"社区自治"的障碍因素与应对措施》，《理论探讨》第2期。
宋辰婷，2017，《互联网时代的权力演化趋势》，《社会科学研究》第2期。
孙立平，2000，《"过程—事件分析"与当代中国国家—农民关系的实践形态》，清华大学社会学系，清华社会学评论（特辑），厦门：鹭江出版社。
孙立平、郭于华，2000，《"软硬兼施"：正式权力非正式运作的过程分析——华北B镇定购粮收购的个案研究》，清华大学社会学系，清华社会学评论（特辑），厦门：鹭江出版社。
孙立平，2002，《实践社会学与市场转型过程分析》，《中国社会科学》第5期。
孙乐强，2014，《西方实践哲学传统与马克思实践观的革命》，《江西社会科学》第8期。
孙冰、徐晓菲、姚洪涛，2016，《基于MLP框架的创新生态系统演化研究》，《科学学研究》第8期。
唐国建、王辰光，2019，《回归生活：农村环境整治中村民主体性参与的实现路径——以陕西Z镇5个村庄为例》，《南京工业大学学报（社会科学版）》第2期。
唐魁玉，2014，《网络社会及其社会本体论诠释》，《哈尔滨工业大学学报（社会科学版）》第1期。
王南湜，2003，《实践、艺术与自由——马克思实践概念的再理解》，《哲学动态》第6期。
王凯元、何晓波，2011，《从农事实践看地方性知识与科学知识的契合——兼论传统农业的现代化演变》，《西北农林科技大学学报（社会科学版）》第6期。

王刘飞、王毅杰，2017，《转型社会中运动式治理的价值探讨——以元镇环境治理为例》，《南京农业大学学报(社会科学版)》第5期。

王晓毅，2010，《沦为附庸的乡村与环境恶化》，《学海》第2期。

王晓毅，2014，《农村发展进程中的环境问题》，《江苏行政学院学报》第2期。

王晓朝，2011，《论西方古代知识论的主流——柏拉图、西塞罗、奥古斯丁对知识的探究》，《求是学刊》第1期。

王星光、张强、尚群昌，2016，《生态环境变迁与社会嬗变互动——以夏代至北宋时期黄河中下游地区为中心》，北京：人民出版社。

汪明峰，2005，《互联网使用与中国城市化——"数字鸿沟"的空间层面》，《社会学研究》第6期。

威廉·费尔丁·奥格本，1989，《社会变迁——关于文化和先天的本质》，王晓毅、陈育国译，杭州：浙江人民出版社。

温锐、游海华，2004，《抗日战争时期赣闽粤边区的第一次现代化浪潮》，《抗日战争研究》第4期。

吴柳芬，2015，《项目下乡与基层环境治理——桂西M镇个案研究》，《社会建设》第5期。

吴柳芬，2017，《农村环境治理困境的社会学考察——以桂北杨柳村的垃圾治理为例》，北京：中国人民大学。

吴柳芬、杨奕，2018，《基层政府权责配置与农村垃圾治理的实践——以桂北M镇"清洁乡村"治理项目为例》，《南京工业大学学报(社会科学版)》第3期。

吴福文，2000，《唐末至北宋的客家迁徙》，《东南学术》第4期。

吴锡超，2014，《从考古发现看龙岩上古史的构建》，《福建文博》第4期。

吴小平，2003，《从考古看闽越人的农耕经济形态》，《厦门大学学报(哲学社会科学版)》第2期。

武春友、孙岩，2006，《环境态度与环境行为及其关系研究的进展》，《预测》第4期。

西奥多·夏兹金、卡琳·诺尔·塞蒂纳、埃克·冯·萨维尼，2010，《当代理论的实践转向》，柯文、石诚译，苏州：苏州大学出版社。

夏循祥，2016，《农村垃圾处理的文化逻辑及其知识治理——以坑尾村为例》，《广西民族大学学报(哲学社会科学版)》第5期。

肖巍，2004，《"天人合一"并没有改善中国古代环境状况》，《哲学研究》第4期。

谢立中，2007，《结构-制度分析，还是过程-事件分析？——从多元话语分析的视角看》，《中国农业大学学报(社会科学版)》第4期。

谢重光，1995，《客家源流新探》，福州：福建教育出版社。

徐长福，2003，《劳动的实践化和实践的生产化——从亚里士多德传统解读马克思的实践概念》，《学术研究》第11期。

徐长福，2005，《实践智慧：是什么与为什么——对亚里士多德"实践智慧"概念的阐释》，《哲学动态》第4期。

薛毅,2012,《关于中国古代煤炭历史研究的几个基本问题》,《中国矿业大学学报(社会科学版)》第1期。

薛奕曦、邵鲁宁、尤建新等,2013,《面向新能源汽车的社会—技术域分析及其转型推动研究》,《中国软科学》第3期。

荀丽丽,2011,《与"不确定性"共存:草原牧民的本土生态知识》,《学海》第3期。

荀丽丽、包智明,2007,《政府动员型环境政策及其地方实践——关于内蒙古S旗生态移民的社会学分析》,《中国社会科学》第5期。

亚里士多德,2003,《尼各马可伦理学》,廖申白译,北京:商务印书馆。

杨伟兵,2001,《森林生态学视野中的刀耕火种——兼论刀耕火种的分类体系》,《农业考古》第1期。

杨善华,2009,《感知与洞察:研究实践中的现象学社会学》,《社会》第1期。

姚伟、曲晓光、李洪兴等,2009,《我国农村垃圾产生量及垃圾收集处理现状》,《环境与健康杂志》第1期。

叶文宪,1990,《论古越族》,《民族研究》第4期。

伊懋可,2014,《大象的退却:一部中国环境史》,梅雪芹、毛利霞、王玉山译,南京:江苏人民出版社。

尹绍亭,2000,《人与森林:生态人类学视野中的刀耕火种》,昆明:云南教育出版社。

尹绍亭,2002,《"我们并不是要刀耕火种万岁"——对基诺族文化生态变迁的思考》,《今日民族》第6期。

尹绍亭,2008,《远去的山火——人类学视野中的刀耕火种》,昆明:云南人民出版社。

尤玉柱、董兴仁、陈存洗等,1989,《福建清流发现的人类牙齿化石》,《人类学学报》第3期。

俞金尧,2011,《书写人民大众的历史:社会史学的研究传统及其范式转换》,《中国社会科学》第3期。

张雯,2008,《草原荒漠化问题的一项环境人类学研究——以毛乌素沙地北部边缘的B嘎查为例》,《社会》第4期。

张玉林、顾金土,2003,《环境污染背景下的"三农问题"》,《战略与管理》第3期。

张玉林,2006,《政经一体化开发机制与中国农村的环境冲突》,《探索与争鸣》第5期。

张玉林,2016,《农村环境:系统性伤害与碎片化治理》,《武汉大学学报(人文科学版)》第2期。

张汝伦,2005,《作为第一哲学的实践哲学及其实践概念,《复旦学报(社会科学版)》第5期。

张彪,2010,《中国城市与农村环境保护的差距比较》,《环境科学与管理》第10期。

赵敦华,2001,《西方哲学简史》,北京:北京大学出版社。

赵蔚,2009,《布迪厄的实践理论介评》,《理论探索》第2期。

赵冈,1996,《人口、垦殖与生态环境》,《中国农史》第1期。

郑杭生、刘少杰,2006,《马克思主义社会学史》,北京:高等教育出版社。

郑震,2013,《论日常生活》,《社会学研究》第1期。

郑震,2016,《日常生活的社会学》,《人文杂志》第5期。

郑中玉、何明升,2004,《"网络社会"的概念辨析》,《社会学研究》第1期。

周志家,2008,《环境意识研究:现状、困境与出路》,《厦门大学学报(哲学社会科学版)》第4期。

周志家,2011,《环境保护、群体压力还是利益波及:厦门居民PX环境运动参与行为的动机分析》,《社会》第1期。

中共中央马克思恩格斯列宁斯大林著作编译局,2012,《马克思恩格斯选集(第1卷)》,北京:人民出版社。

钟兴菊、龙少波,2016,《环境影响的IPAT模型再认识》,《中国人口·资源与环境》第3期。

钟兴菊,2017,《地方性知识与政策执行成效——环境政策地方实践的双重话语分析》,《公共管理学报》第1期。

朱文蓉,2001,《福建历代森林资源变迁》,福州:福建师范大学。

朱教君、李凤芹,2007,《森林退化/衰退的研究与实践》,《应用生态学报》第7期。

二、外文文献

Adler P A, Adler P, Fontana A. 1987. "Everyday Life Sociology." *Annual Review of Sociology* (13): 217-235.

Bao M. 2004. "Environmental History in China." *Environment and History* 10(4): 475-499.

Bain P G, Hornsey M J, Bongiorno R, et al. 2012. "Promoting Pro-Environmental Action in Climate Change Deniers." *Nature Climate Change* 2(8): 600-603.

Bauman Z. 1991. *Modernity and Ambivalence*. Ithana: Cornell University Press.

Berkhout F, Smith A, Stirling A. 2004. "Socio-technological Regimes and Transition Contexts." In *System Innovation and the Transition to Sustainability: Theory, Evidence and Policy*, edited by Elzen B, Geels F W, Green K, pp. 48-75. Cheltenham: Edward Elgar.

Blue S, Shove E, Carmona C, et al. 2016. "Theories of Practice and Public Health: Understanding (Un)healthy Practices." *Critical Public Health* 26(1): 36-50.

Bourdieu P. 1984. *Distinction: A Social Critique of the Judgement of Taste*. Cambridge: Harvard University Press.

Bourdieu P. 1990. *The Logic of Practice*. Stanford: Stanford University Press.

Bourdieu P, Wacquant L J D. 1992. *An Invitation to Reflexive Sociology*. Chicago: University of Chicago Press.

Bueger C, Gadinger F. 2018. *International Practice Theory*. Cham: Palgrave Macmillan.

Bush S R, Mol A P J, 2015. "Governing in a Placeless Environment: Sustainability and Fish Aggregating Devices." *Environmental Science & Policy* 53(Part A): 27-37.

Caldwell R. 2012. "Systems Thinking, Organizational Change and Agency: A Practice Theory Critique of Senge's Learning Organization." *Journal of Change Management* 12(2): 145-164.

Castells M. 1996. *The Rise of the Network Society. Volume* 1 *of The Information Age: Economy, Society and Culture*. Oxford: Blackwell.

Castells M. 1997a. *The Power of Identity. Volume* 2 *of The Information Age: Economy, Society and Culture*. Oxford: Blackwell.

Castells M. 1997b. *End of Millennium. Volume* 3 *of The Information Age: Economy, Society and Culture*. Oxford: Blackwell.

Castells M. 2000. "Toward a Sociology of the Network Society." *Contemporary Sociology* 29(5): 693-699.

Castells M. 2009. *Communication Power*. New York: Oxford University Press.

Catton J W R, Dunlap R E. 1978. "Environmental Sociology: A New Paradigm." *The American Sociologist* 13(1): 41-49.

Centeno M A. 1993. "The New Leviathan: The Dynamics and Limits of Technocracy." *Theory and Society* 22(3): 307-335.

Chan R Y K. 2001. " Determinants of Chinese Consumers' Green Purchase Behavior". *Psychology & Marketing* 18(4): 389-413.

Collins R. 1975. *Conflict Sociology*. New York: Academic Press.

Collins R. 1981. "On the Microfoundations of Macrosociology." *American Journal of Sociology* 86(5): 984-1014.

Collins R. 1987. "Interaction Ritual Chains, Power and Property: The Micro-Macro Connection as an Empirically Based Theoretical Problem. "In *The Micro-Macro Link*, edited by Jeffrey C, Giesen B, Münch R, et al. pp. 193-206. Berkeley: University of California Press.

Collins R. 1993. "Emotional Energy as the Common Denominator of Rational Action". *Rationality and Society* 5(2): 203-230.

Collins R. 2004. *Interaction Ritual Chains*. New Jersy: Princeton University Press.

Corral-Verdugo V, Frias-Amenta M, Gonzalez-Lomelí D. 2003. "On the Relationship between Antisocial and Anti-Environmental Behaviors: An Empirical Study." *Population and Environment* 24(3): 273-286.

Correljé A, Verbong G P J. 2004. " The Transition from Coal to Gas: Radical Change of the Dutch Gas System." In *System Innovation and the Transition to Sustainability: Theory, Evidence and Policy*, edited by Elzen B, Geels F W, Green K, pp. 114-134. Cheltenham: Edward Elgar Publishing.

Couldry N. 2004. "Theorising Media as Practice. "*Social Semiotics* 14(2): 115-132.

Crivits M, Paredis E. 2013. "Designing an Explanatory Practice Framework: Local Food Systems as a Case. " *Journal of Consumer Culture* 13(3): 306-336.

De Certaeu M. 1984. *The Practice of Everyday Life*. Berkeley: University of California.

De Certaeu M, Giard L, Mayol P. 1998. *The Practice of Everyday Life: Living and Cooking* (*Volume* 2) . Minneapolis: University of Minnesota Press.

De molina M G, Toledo V M. 2014. *The Social Metabolism: A Socio-Ecological Theory of Historical Change*. London: Springer.

Dickens P. 2004. *Society and Nature: Changing Our Environment, Changing Ourselves*. Cambridge: Polity Press.

Duncan O D. 1961. "From Social System to Ecosystem. " *Sociological Inquiry* 31(2): 140-149.

Elvin M. 2004. *The Retreat of the Elephants: An Environmental History of China*. New Haven and London: Yale University Press.

Elzen B, Wieczorek A. 2005. "Transitions towards Sustainability through System Innovation. " *Technological Forecasting and Social Change* 72(6): 651-661.

Evans D, Mcmeekin A, Southerton D. 2012. "Sustainable Consumption, Behaviour Change Policies and Theories of Practice. " In *The Habits of Consumption*, edited by Warcle A, Southerton D, pp. 113-129. Helsinki: Helsinki Collegium for Advanced Studies.

Feldman M S, Orlikowski W J. 2011. "Theorizing Practice and Practicing Theory. " *Organization Science* 22(5): 1240-1253.

Featherstone M. 1992. "The Heroic Life and Everyday Life. " *Theory, Culture & Society* 9(1): 159-182.

Fischer-Kowalski M. 1997. "Society's Metabolism: On the Childhood and Adolescence of a Rising Conceptual Star. "In *The International Handbook of Environmental Sociology*, edited by Redclift M, Woodgate G, pp. 119-137. Cheltenham: Edward Elgar Publishing Limited.

Fischer-Kowalski M. 1998. "Society's Metabolism. " *Journal of Industrial Ecology* 2(1): 61-78.

Fischer-Kowalski M, Weisz H. 1999. "Society as Hybrid between Material and Symbolic Realms: Toward a Theoretical Framework of Society-Nature Interaction. " *Advances in Human Ecology* (8): 215-252.

Fischer-Kowalski M, Erb K. 2016. "Core Concepts and Heuristics. " In *Social Ecology: Society-Nature Relations across Time and Space*, edited by Haberl H, Fischer-Kowalsk M, Krausmann I F, et al. , pp. 29 - 62. Switzerland: Springer International Publishing (eBook).

Flyvbjerg B. 2001. *Making Social Science Matter: Why Social Inquiry Fails and How It Can Succeed Again*. New York: Cambridge University Press.

Foster J B. 1999. "Marx's Theory of Metabolic Rift: Classical Foundations for Environmental Sociology." *American Journal of Sociology* 105(2): 366-405.

Foster J B. 2013. " Marx and the Rift in the Universal Metabolism of Nature." *Monthly Review* 65(7): 1-19.

Fraanje W, Spaargaren G. 2019. "What Future for Collaborative Consumption? A Practice Theoretical Account." *Journal of Cleaner Production* 208: 499-508.

Geels F W. 2002. "Technological Transitions as Evolutionary Reconfiguration Processes: A Multi-Level Perspective and a Case-study." *Research Policy* 31(8): 1257-1274.

Geels F W. 2005. "The Dynamics of Transitions in Socio-technical Systems: A Multi-Level Analysis of the Transition Pathway from Horse-drawn Carriages to Automobiles (1860-1930)." *Technology Analysis & Strategic Management* 17(4): 445-476.

Geels F W, Schot J. 2007. "Typology of Sociotechnical Transition Pathways." *Research Policy* 36(3): 399-417.

Geels F W. 2011. "The Multi-Level Perspective on Sustainability Transitions: Responses to Seven Criticisms." *Environmental Innovation and Societal Transitions* 1: 24-40.

Geels F W, Sovacool B K, Schwanet T, et al. 2017. "Sociotechnical Transitions for Deep Decarbonization: Accelerating Innovation Is as Important as Climate Change." *Science* 357(6357): 1242-1244.

Genus A, Coles A. 2008. "Rethinking the Multi-level Perspective of Technological Transitions." *Research Policy* 37(9):1436-1445.

Gherardi S. 2009. "Knowing and Learning in Practice-based Studies: An Introduction." *The Learning Organization* 16(5): 352-359.

Giddens A. 1984. *The Constitution of Society: Outline of the Theory of Structuration*. Cambridge: Polity Press.

Giddens A, Pierson C. 1998. *Conversations with Anthony Giddens: Making Sense of Modernity*. Stanford: Stanford University Press.

Goffman E. 1967. *Interaction Ritual: Essays on Face-to-Face Interaction*. New York: Pantheon Books.

Goffman E. 1978. *The Presentation of Self in Everyday Life*. London: Harmondsworth.

Gram-Hanssen K. 2011. "Understanding Change and Continuity in Residential Energy Consumption." *Journal of Consumer Culture* 11(1): 61-78.

Grootenboer P, Edwards-Groves C, Choy S. 2017. *Practice Theory Perspectives on Pedagogy and Education*. Singapore: Springer.

Gupta A. 2008. "Transparency under Scrutiny: Information Disclosure in Global Environmental Governance." *Global Environmental Politics* 8(2): 1-7.

Hargreaves T, Longhurst N, Seyfang G. 2013. "Up, Down, Round and Round: Connecting Regimes and Practices in Innovation for Sustainability." *Environment and Planning A* 45(2): 402-420.

Hausknost D, Gaube V, Haas W, et al. 2016. "'Society Can't Move So Much as a Chair!'—Systems, Structures and Actors in Social Ecology." In *Social Ecology: Society-Nature Relations across Time and Space*, edited by Haberl H, Fischer-Kowalski M, Krausmann F, et al., Switzerland: Springer International Publishing (eBook).

Hines J M, Hungerford H R, Tomera A N. 1987. " Analysis and Synthesis of Research on Responsible Environmental Behavior: A Meta-Analysis." *The Journal of Environmental Education* 18(2): 1-8.

Huang S, Lee C, Chen C. 2006. "Socioeconomic Metabolism in Taiwan: Emergy Synthesis versus Material Flow Analysis." *Resources, Conservation and Recycling* 48(2): 166-196.

Hunter L M, Hatch A, Johnson A. 2004. "Cross-national Gender Variation in Environmental Behaviors." *Social Science Quarterly* 85(3): 677-694.

Jacobsen M H. 2009. "The Everyday: An Introduction to an Introduction."In *Encountering the Everyday: An Introduction to the Sociologies of the Unnoticed*, edited by Jacobsen M H, pp. 1-41. New York: Palgrave Macmillan.

Jänicke M. 2006. "The environmental state and environmental flows: the need to reinvent the nation-state." In *Governing Environmental Flows: Global Challenges to Social Theory*, edited by Spaargaren G, Mol A P J, Buttel F H, pp. 83-105. Cambridge: The MIT Press.

Johannessen K S. 1988. "The Concept of Practice in Wittgenstein's Later Philosophy." *Inquiry* 31(3): 357-369.

Kalekin-Fishman D. 2013. "Sociology of Everyday Life." *Current Sociology* 61(5-6): 714-732.

Kollmuss A, Agyeman J. 2002. "Mind the Gap: Why Do People Act Environmentally and What Are the Barriers to Pro-Environmental Behavior? " *Environmental Education Research* 8(3): 239-260.

Lamers M, Van Der Duim R, Spaargaren G. 2017. "The Relevance of Practice Theories for Tourism Research." *Annals of Tourism Research* 62: 54-63.

Latour B. 1999. "On Recalling ANT." *The Sociological Review* 47(S1): 15-25.

Lefebvre H, Levich C. 1987. "The Everyday and Everydayness." *Yale French Studies* 73: 7-11.

Löfgren O. 2014. "The Black Box of Everyday Life." *Cultural Analysis* 13: 77-98.

Magaudda P. 2011. "When Materiality 'Bites Back': Digital Music Consumption Practices in the Age of Dematerialization." *Journal of Consumer Culture* 11(1): 15-36.

Martinez-Alier J. 2007. "Social Metabolism and Environmental Conflicts." *Socialist Register* 43: 273-293.

Marull J, Pino J, Tello E, et al. 2010. "Social Metabolism, Landscape Change and Land-use Planning in the Barcelona Metropolitan Region." *Land Use Policy* 27(2): 497-510.

Markard J, Truffer B. 2008. "Technological Innovation Systems and the Multi-Level Perspective: Towards an Integrated Framework." *Research Policy* 37(4): 596-615.

Maller C, Strengers Y. 2019. *Social Practices and Dynamic Non-Humans: Nature, Materials and Technologies*. Cham: Palgrave Macmillan.

Maniates M F. 2012. "Everyday Possibilities." *Global Environmental Politics* 12: 121-125.

Mcmeekin A, Southerton D. 2012. "Sustainability Transitions and Final Consumption: Practices and Socio-technical Systems." *Technology Analysis & Strategic Management* 24(4): 345-361.

Miettinen R, Paavola S, Pohjola P. 2012. "From Habituality to Change: Contribution of Activity Theory and Pragmatism to Practice Theories." *Journal for the Theory of Social Behaviour* 42(3): 345-360.

Mol A P J, Sonnenfeld D A. 2000. *Ecological Modernisation around the World: Perspectives and Critical Debates*. London: Frank Cass Publishers.

Mol A P J, Spaargaren G. 2005. "From Additions and Withdrawals to Environmental Flows: Reframing Debates in the Environmental Social Sciences." *Organization & Environment* 18(1): 91-107.

Mol A P J. 2007. "Boundless Biofuels? Between Environmental Sustainability and Vulnerability." *Sociologia Ruralis* 47(7): 297-315.

Mol A P J. 2008. *Environmental Reform in the Information Age: The Contours of Informational Governance*. Cambridge: Cambridge University Press.

Naus J, Spaargaren G, Van Vliet B J M, et al. 2014. "Smart Grids, Information Flows and Emerging Domestic Energy Practices." *Energy Policy* 68: 436-446.

Naus J. 2017. *The Social Dynamics of Smart Grids*. The Netherlands: Wageningen University.

Nicolini D. 2009. "Zooming in and out: Studying Practices by Switching Theoretical Lenses and Trailing Connections." *Organization Studies* 30(12): 1391-1418.

Nicolini D. 2012. *Practice Theory, Work, and Organization: An Introduction*. Oxford: Oxford University Press.

Odum E P, Odum H T. 1959. *Fundamentals of Ecology*. Philadelphia: W. B. Saunders Company.

Oosterveer P. 2007. *Global Governance of Food Production and Consumption: Issues and Challenges*. Cheltenham: Edward Elgar Publishing.

Oosterveer P. 2009. "Governing Environmental Flows: Ecological Modernization in Technonatural Time/Spaces." In *Environments, Technologies, Spaces, and Places in the Twenty-first Century*, edited by White F D, Wilbert C, pp. 35-62. Waterloo: Wilfrid Laurier University Press.

Padovan D. 2015a. " Assembling Societal Metabolism and Social Practices: The Dynamics of Sustainable and Unsustainable Reproduction." In *The Consumer in Society: A Tribute to Eivind Sto*, edited by Pal S, Gronow J, pp. 335-362. Oslo: Abstrakt Forlag.

Padovan D. 2015b. " Metabolic Exchanges and Practices of Regulation. The Assemblage of Environment and Society in Early Social Sciences." *Ecological Informatics* 26(1): 6-17.

Padovan D, Martini F, Cerutti A K. 2015. "Social Practices of Ordinary Consumption: An Introduction to Household Metabolism." *Journal of Socialomics* 4(2): 1-11.

Pennycook A. 2010. *Language as a Local Practice*. New York: Routledge.

Pink S. 2012. *Situating Everyday Life: Practices and Places*. London: Sage Publications.

Poggio B. 2006. "Outline of a Theory of Gender Practices." *Gender, Work & Organization* 13 (3): 225-233.

Ponting C. 1991. *A Green History of the World*. London: Sinclair-Stevenson.

Poortinga W, Steg L, Vlek C. 2004. "Values, Environmental Concern, and Environmental Behavior: A Study into Household Energy Use." *Environment and Behavior* 36(1): 70-93.

Reckwitz A. 2002. "Toward a Theory of Social Practices: A Development in Culturalist Theorizing." *European Journal of Social Theory* 5(2): 243-263.

Røpke I. 2001. "New Technology in Everyday Life-Social Processes and Environmental Impact." *Ecological Economics* 38: 403-422.

Rip A, Kemp R. 1998. "Technological Change." In *Human Choice and Climate Change*, edited by Payner S, Malone E L, pp. 327-399. Columbus: Battelle Press.

Rouse J. 2007. "Practice Theory". In *Philosophy of Anthropology and Sociology*, edited by Turner S P, Risjord M W, pp. 639-681. Amsterdam: North-Holland.

Schatzki T R. 1996. *Social Practices: A Wittgensteinian Approach to Human Activity and the Social*. Cambridge: Cambridge University Press.

Schatzki T R, Cetina KK, Von Savigny E, et al. 2001. *The Practice Turn in Contemporary Theory*. London: Routledge.

Schatzki T R. 2002. *The Site of the Social: A Philosophical Account of the Constitution of Social Life and Change*. State College: The Pennsylvania State University Press.

Schatzki T R. 2010. *The Timespace of Human Activity: On Performance, Society, and History as Indeterminate Teleological Events*. Lanham: Lexington Books.

Schatzki T R. 2012. "A Primer on Practices: Theory and Research." In *Practice-Based Education: Perspectives and Strategies*, edited by Higgs J, Barentt R, Billett S, et al., pp. 13-26. Rotterdam: Sense Publishers.

Schatzki T R. 2015. "Practices, Governance and Sustainability."In *Social Practices, Intervention and Sustainability: Beyond Behaviour Change*, edited by Strengers Y, Maller C, pp. 15-30. Abingdon: Routledge.

Schatzki T R. 2016a. "Keeping Track of Large Phenomena." *Geographische Zeitschrift* 104: 4-24.

Schatzki T R. 2016b. "Practice Theory as Flat Ontology."In *Practice Theory and Research: Exploring the Dynamics of Social Life*, edited by Sparrgargen G, Weenink D, Lamers M, pp. 28-42. New York: Routledge.

Schatzki T R. 2017. "Practices and People." *Teoria e Prática em Administração (TPA)* 7: 26-53.

Schatzki T R. 2018. "On Practice Theory, or What's Practices Got to Do (Got to Do) with It?" In *Education in an Era of Schooling*, edited by Edwards-Rgoves C, Grootenboer P, Wilkinson J, pp. 151-165. Singapore: Springers.

Schatzki T R. 2019. *Social Change in a Material World: How Activity and Material Processes Dynamize Practices*. New York: Routledge.

Schandl H, Schulz N. 2002. "Changes in the United Kingdom's Natural Relations in Terms of Society's Metabolism and Land-use from 1850 to the Present Day." *Ecological Economics* 41(2): 203-221.

Scott S. 2009. *Making Sense of Everyday Life*. Cambridge: Polity.

Shove E. 2003. "Converging Conventions of Comfort, Cleanliness and Convenience." *Journal of Consumer Policy* 26(4): 395-418.

Shove E, Pantzar M. 2005. "Consumers, Producers and Practices: Understanding the Invention and Reinvention of Nordic Walking." *Journal of Consumer Culture* 5(1): 43-64.

Shove E M, Watson M H, INGRAM J. 2007. *The Design of Everyday Life*. Oxford: Berg.

Shove E, Walker G. 2010. "Governing Transitions in the Sustainability of Everyday Life." *Research Policy* 39(4): 471-476.

Shove E. 2010. "Beyond the ABC: Climate Change Policy and Theories of Social Change." *En-*

vironment and planning A 42(6): 1273-1285.

Shove E, Pantzar M, Watson M. 2012. *The Dynamics of Social Practice: Everyday Life and How It Changes*. London: Sage.

Shove E, Spurling N. 2013. *Sustainable Practices: Social Theory and Climate Change*. Oxford: Routledge.

Sieferle R P. 2011. "Cultural Evolution and Social Metabolism." *Human Geography (Geografiska Annaler: Series B)* 93(4): 315-324.

Singh S J, Grünbühel C M, Schandl H, et al. 2001. "Social Metabolism and Labour in a Local Context: Changing Environmental Relations on Trinket Island." *Population and Environment* 23(1): 71-104.

Smith A, Stirling A, Berkhout F. 2005. "The Governance of Sustainable Socio-Technical Transitions." *Research Policy* 34(10): 1491-1510.

Southerton D, Chappells H, Van Vliet B. 2004. *Sustainable Consumption: The Implications of Changing Infrastructures of Provision*. Cheltenham: Edward Elgar Publishing.

Spaargaren G. 1997. *The Ecological Modernization of Production and Consumption: Essays in Environmental Sociology*. The Netherlands: Wageningen University.

Spaargaren G. 2003. "Sustainable Consumption: A Theoretical and Environmental Policy Perspective." *Society & Natural Resources* 16: 687-701.

Spaargaren G, Mol A P J, Buttel F H, et al. 2006a. *Governing Environmental Flows: Global Challenges to Social Theory*. Cambridge: The MIT Press.

Spaargaren G, Mol A P J, Bruyninckx H. 2006b. "Introduction: Governing Environmental Flows in Global Modernity." In *Governing Environmental Flows: Global Challenges to Social Theory*, edited by Spaargaren G, Mol A P J, Buttel F H, pp. 1-36. Cambridge: The MIT Press.

Spaargaren G. 2011. "Theories of Practices: Agency, Technology, and Culture: Exploring the Relevance of Practice Theories for the Governance of Sustainable Consumption Practices in the New World-order." *Global Environmental Change* 21(3): 813-822.

Spaargaren G, Mol A P J. 2013. "Carbon Flows, Carbon Markets, and Low-Carbon Lifestyles: Reflecting on the Role of Markets in Climate Governance." *Environmental Politics* 22(1): 174-193.

Stern P C. 2000. "New Environmental Theories: Toward a Coherent Theory of Environmentally Significant Behavior." *Journal of Social Issues* 56(3): 407-424.

Stern D G. 2003. "The Practical Turn." In *The Blackwell Guide to the Philosophy of the Social Sciences*, edited by Turner S P, Roth P A, pp. 185-206. Oxford: Blackwell Publishing.

Strengers Y, Maller C. 2014. *Social Practices, Intervention and Sustainability: Beyond Behaviour Change*. New York: Routledge.

Sztompka P. 2008. "The Focus on Everyday Life: A New Turn in Sociology." *European Review* 16: 23-37.

Tindall D B, Davies S, Mauboulès. 2003. " Activism and Conservation Behavior in an Environmental Movement: The Contradictory Effects of Gender." *Society & Natural Resources* 16 (10): 909-932.

Turner S. 1994. *The Social Theory of Practices: Tradition, Tacit Knowledge and Presuppositions*. Cambridge: Polity Press.

Urry J. 2000. *Sociology beyond Societies: Mobilities for the Twenty-First Century*. London: Routledge.

Urry J. 2003. *Global Complexity*. Cambridge: Polity Press.

Urry J. 2008. "Climate Change, Travel and Complex Futures." *The British Journal of Sociology* 59(2): 261-279.

Van Dijk J. 2006. *The Network Society (Second Edition)*. London: Sage.

Van Tienoven T P, Glorieux I, MINNEN J. 2017. "Exploring the Stable Practices of Everyday Life: A Multi-day Time-diary Approach." *The Sociological Review* 65(4): 745-762.

Van Der Brugg E R, Rotmans J, Loorbach D. 2005. "The Transition in Dutch Water Management." *Regional Environmental Change* 5(4): 164-176.

Verbong G, Geels F. 2007. "The Ongoing Energy Transition: Lessons from a Socio-Technical, Multi-Level Analysis of the Dutch Electricity System (1960-2004)." *Energy Policy* 35(2): 1025-1037.

Warde A. 2005. " Consumption and Theories of Practice." *Journal of Consumer Culture* 5(2): 131-153.

Warde A. 2014. "After Taste: Culture, Consumption and Theories of Practice." *Journal of Consumer Culture* 14(3): 279-303.

Warde A. 2016. *The Practice of Eating*. Cambridge: Polity Press.

Warde A. 2017. *Consumption: A Sociological Analysis*. London: Palgrave Macmillan.

Weenink D, Spaargaren G. 2016. "Emotional Agency Navigates a World of Practices." In *Practice Theory and Research: Exploring the Dynamics of Social Life*, edited by Spaargaren G, Weenink D, Lamers M, pp. 60-84. New York: Routledge.

Whitmarsh L. 2012. "How Useful Is the Multi-Level Perspective for Transport and Sustainability Research?" *Journal of Transport Geography* 24: 483-487.

Widener P. 2009. "Global Links and Environmental Flows: Oil Disputes in Ecuador." *Global*

Environmental Politics 9(1): 31-57.

Zerubavel E. 2006. *The Elephant in the Room: Silence and Denial in Everyday Life*. Oxford: Oxford University Press.

附录

附录 1
溪地印象(报告)

这次下乡宣传队在极短的假期中出发到溪地宣传,完成了所预定的计划,工作于是乎也随之非常的紧张,而每地方的社会情形,自然来不及一个个详细地调查,这篇不过是凭着所得印象,给读者一些模糊的概念罢了。

溪地在城东南四十里的地方,交通便利。水有大江顺流而下,陆有 TP 公路蛇贯其间。长汀县到溪地汽车不过一小时便可到达;民船就靠不住,水流缓时,通常是一天,水流急时,也得花半天的工夫。溪地南流可到赤地、H 县,直达广东之大埔、潮汕而入南海,可惜 H 县水浅,船底抵触沙石嘎嘎有声,吃水深的船就不能行驶了。公路南至龙岩、H 县,东达 L 县,可是管理得不好,同时还有几条"好汉"时时出没着,使旅客往往感到棘手。

溪地的风景很好,房屋多半是黄土筑成的,衬着四面的高山,现出红黄的颜色,不过,地质瘦脊,一大片不能耕种的土地,养活着四千多人口,一年平均每人有两担谷低收入的算是再好没有了;就是那乡中"一户"每年也不过一二百担收入而已。比起龙岩普通一年每人有六担,是苦得多了。当地的农民吃的是地瓜(番薯),连自己种下的白米饭,都没得到口。

造成了这贫穷的基本原因,大概是溪地山多树少的缘故罢。山上的泥沙,随着雨水向河里冲,河床很快地增高起来,极容易酿成泛滥,农作物就受莫大的损害;所以唯一补救的方法,就是提倡种树,发展森林。目前所栽植者不多,离长成的时期还远,历来不到三四尺就被砍下烧火,出卖。民众智识浅陋,不晓得种树的重要,眼前有点小利,将来可就不管了。这得靠我们的宣传工作,向民众说些生活改革问题,是最容易接受的。溪地现在的木材都是从临近的章坑、牛元、道前、办坑一带来的。要是森林区真的发展起来,不但可以避免水灾,改良农业;其他的工商业也会随着兴旺起来了。

溪地农业除米之外,剩下的就是番薯、黄豆。工业根本没有,女人也不织布,穿的是由潮州、漳州方面来的布料。她们以编造草绩物的"饭包"为唯一的手工业。盐也是由潮州来的，一角钱只有十一两。听说溪地连鸭子都没有，农村的破产可想而知了。但是溪地附近有些天然的富源，在第四区赤地到万安亭一带地方(约二三十华里内)出产云母石很多；此外溪地东去十里路的尤坊产着铁砂，据说洗涤乡间所用的铁器，多由铁砂炼成的，不过没有科学的方法加以测验，又没有集资开采，所以产量极其有限。

溪地人民的乡土观念极重，出外经商和留学的绝无仅有。过去，到外面去的只有两种人：靠着轿杠生活的轿夫，和开着小客店的“饭店主”。汽车通行之后，谁也不愿去坐什么轿子、歇饭店，失业赶着他们回到老家耕田去了。当地土财主的高利盘剥，造成了唯一的发财机会，利息由一分高到二三分，甚至五分之多。

当地的民众，非常不团结，一乡之中没有一个公共集合的场所，家族的成见极深，各姓分得很厉害，就是一姓之中，长房次房都分得很清楚，房小的说话也不响亮，谁都恃强凌弱，家有三口者，就可以欺负两口之家了。全乡以李姓的人口最多，俞、李、关①、郑闹得很厉害，从前有格斗过。这种封建的家族思想还深深地刻在每人的脑筋里，是个促进民族团结的阻力！

他们的爱国心似乎很强，和他们说起日本鬼子残暴的事迹和我们的责任时，他们紫色脸孔的表情和宣传者的口吻紧紧地有节奏地配合着，愤怒而兴奋！不过，要他们出钱的话就很为难了。去年十二月间溪地也成立一个抗敌后援支会，募捐了两三个月，一共只有三块钱。成绩的确不算得坏，原来是一个一个铜板募集来的呢。穷得连饭都没得吃的他们，还得出钱！

第三区区署设在溪地，这后援支会的主席就是区长兼任的。宣传募捐团的团长，是溪地小学的李校长。我们曾举行一次谈话会，他们都很热心于后方的工作，我相信今后的工作更能够全面展开。不过那里最缺乏的是办事的人员，乡村办事的人物，须要知识高、房头大、手腕辣、良心好，不然，工作的轮子就难于推动了。我希望在后方工作的人们，对于增加生产和改善民众的生活方面多多地努力罢！

教育方面，小学有三所：溪地小学，去年学生有两百多个，现在只有一百多；笃志小学也有好几十人，笃志是教会创办的；此外民众夜校的学生不过几个，私塾也有二三所。各校不收杂费，学费是按照年级之高低而决定的。校址大都为了经费的困难，设备得极其简陋，祠堂上几张桌椅就是教室了。这样的教室分散于各地。

从这次的宣传中，我发现了小孩子比年长的人可畏得多。每个小朋友都会告诉我香港在鸦片战争后被英国割占。而一般多装了几年饭的人，却不晓得广东原是中国的一省。这，未始不是得力于教育的地方。宣传是皮毛的，而教育是骨干的。

---

① 溪地并无关姓，推测应为“上官”一族。

末了，溪地目前虽是个贫穷的所在，可是它具有一个天然良好的地势，南通北达各个繁荣的城市，联络着各个附近富沃的乡村，有这样天然的优势，将来何怕没有出头的日子。可是一个地方的进步，固然有它特殊的环境，同时还得靠着自己的努力罢！

（原文于1938年刊载在长汀县的抗战宣传杂志《唯力》上，作者署名百骑）

附录 2
溪地范庄、秀庄、苇松三村与县水保站签订的护林护草联防公约

为了巩固治理水土流失成果，提高治理效益，为溪地地区的水土保持工作提供可靠的依据及有益的借鉴，经我们充分的讨论特订立如下的联防公约。

1. 坚决执行《中华人民共和国森林法》《水土保持工作条例》《中华人民共和国环境保护法(试行)》，任何单位和个人不准私自上山乱砍林木；不准私自乱打树枝、割草、割青；严禁铲火土、乱垦滥种及采石取土。凡乱砍林木一株罚款壹拾元；割草、割青一次罚款壹拾元；铲火土一次罚款伍元；乱垦滥种及乱采土石，除乱砍林木罚款外并应责令修复直至恢复原植被。

2. 凡人工种植的灌草示范草和已种植林木的试验山一律禁止放牧，放牧一次罚款壹拾元。

3. 任何人都必须爱护水土保持设施、仪器设备、观察记载标记，不得以任何借口侵占和破坏，如有侵占和破坏，除赔偿全部损失外，罚以叁至伍倍的赔款，造成严重后果者交司法机关追究刑事责任。

4. 不准偷窃水土保持用肥及种子苗木，如有违者除追回赃物外，按所盗窃数价值加十倍罚款，对偷盗水土保持成果(包括产品及果实)应加重处理。

5. 上山谨慎用火。凡造成火灾，烧毁林木，按乱砍林木处罚标准的五至十倍处理。

6. 对护林护草有功的单位和个人给予表彰和奖励。本联防成立联防小组，由县水保站站长任组长。范庄、秀庄村村长，苇松村党支部书记任副组长。各村林业员及柳庄、河西庄、深隆村民小组长任联防组成员。每季进行一次检查评比，对检举确凿者按罚没款的40%给予奖励；当场抓获者按60%，协助处理者按40%给予奖励。

7. 本联防公约除内部应严格执行外，对任何单位和个人同样有效。罚没款限期立即交清，违期应加倍处理。

联防单位：

范庄村民委员会

秀庄村民委员会

苇松村民委员会

长汀县水土保持站

1987 年 6 月 14 日订

后记

自从与出版社确定了交稿日期，我便经常陷入焦虑与不安中。我意识到这将是我学术生涯中第一本真正意义上的独著，该如何将它奉给读者朋友呢？我也是很多学术书籍的读者，坦白讲，很多时候我的阅读体验并不愉悦。我曾与学生们分享自己的阅读心得，大言不惭地宽慰他们说：遇到读不懂的书不要忙着责怪自己，也可能是这本书本来写得就不好。而现在，轮到我自己的书要出版了，学生们如果用我告诉他们的标准来检验我的书，会是怎样的结果呢？我把退路都堵死了，要是有学生亲自来跟我表达对此书的失望，为人师表的我又该如何自处？每念至此，惴惴不安，深感须得花费一番苦功夫将原稿回炉重造，方能安心让此书问世。抱着这种想法，我尝试重写了前两章，还算顺利，也还算满意。就当我想如法炮制对剩余部分进行改写时，我却顿感失去了方向，很长一段时间里都无从下手。往往是，纠结了一整天好不容易有了些思路，第二天醒来又全部推翻掉。我并不是写作新手，早就习惯了“憋论文”时灵感枯竭的苦楚。但叫我难以释怀的是，留给我可以“憋”的时间一点点在流逝，交稿的日期一天天在逼近，原先信心满满的论文改写计划眼看便要落空了。这时候，摆在我面前的似乎只剩一个选项：宁愿放弃出版，也不可叫读者扫兴！著书作文是件何其幸哉的事，但荒唐的是，我差点因为爱钻牛角尖而被此压垮了。

农历牛年前一个寒冬的下午，我接到了系主任陈心想教授的来电。他在电话里告诉我，他读过了我先前送他的纸本论文，觉得写得还挺不错的，并提了一些建设性的修改意见。得知我计划重写每章甚至想放弃出版，心想老师先是惊诧，反应过来后连忙劝我最好不要这样做。他跟我讲了好些个理由，其中有一点最打动我，他说：这本书实际上是一个记录，改动太多的话，就不是曾经的那个你了。心想老师的来电仿佛给我打了一剂强心针，我内心平静了很多。如果有心情不好的学生找到我聊天，我总是鼓励他们要朝前看，同过去和解，同自己和解。但我又何故以及何苦无法直面那个过去的自己呢？所以，我下定决心要出版此书。并且，除了对一些硬伤的必要修订外，不去作大的调整，希望可以最大限度保留它本来的风味。身为作者，我想在本书出版之际与读者朋友吐露一些心声：

亲爱的读者朋友，谢谢您翻开了这本书。这是一个曾经敢梦敢想的年轻人的第一本学术独著，他不敢保证这本书能叫您满意，但可以肯定的是，他在写作时确实满怀着敬意和诚意。为了写这本书，他挑战了很多从前没有尝试过的事情——第一次住在农村做调查，第一次认真“啃”大部头的英文原著，第一次分析定性材料，第一次因为没能按时毕业而“留级”，第一次一人过春节……是啊，好多难忘的第一次啊！无数次的穷途末路，无数次的柳暗花明。虽然年轻人在毕业后的两年多里已经有所成长，变得感觉自身有能力挑剔这本书的不足，但他还是鼓足勇气决定让你遇到原本的它，诚邀您一道见证曾经那个跌跌撞撞的他

自己。希望您可以享受阅读它的乐趣！

2014年夏天，我的导师洪大用教授带领师姐龚文娟（也是我的本科老师）、师弟邓霞秋和我一行四人前往福建长汀县调研当地水土流失治理工作，其中有一天的行程便是在溪地。这便是我与本书研究区域最初的结缘。彼时，溪地的水土流失问题已得到很好的控制，我们作为环境社会学研究者此行的目的主要是想了解当地到底有哪些成功经验可以总结和推广。这次调研，我们听到了一些有意思的故事。给我留下深刻印象的是，当地政府为了教育民众不要上山破坏植被，竟然发明了许多“土政策”：让那些“不自觉”的村民请全村看电影，或者将自家养的猪杀了请全村吃，还有“买豆腐”“敲铜锣”等惩罚措施（详见本书第四章）。这些“环保土政策”对不谙世事的我来说可太新鲜了（实则也有些残酷），觉得值得深挖看看。

回京后不久，我便向洪老师提出希望将长汀县作为田野点的想法，洪老师很支持，并在后续调查中给予了我很多帮助。2015年8月，我一人踏上了开往溪地的火车，此次调查只有半个月，吃住都在溪地的水保站。水保站里经常很热闹，有从县水保办来值班的工作人员，有小憩避暑的地质工程师，也有来做实验的高校师生，他们也和我一样是为了溪地的水土流失治理而来。不一样的是，他们都是往山上跑，我是往村子里跑。2016年11月，我第三次回到溪地，还是扎营溪地水保站。这次调查的时间比较充裕，不仅跑了更多村子、走访了更多农户，还专门抽了两天时间到县政府的一些机关调研。经历此次调查,我掌握了更丰富的材料,关于如何讲述溪地的故事我已经有些信心了,回到北京后便全身心投入写作中。

诚如读者朋友可能已注意到的那样,本书涉及较多西方前沿社会理论,有些理论在国内目前还鲜少有人讨论。我明白,在大力倡导建设中国特色社会学的今天,借助这么多"洋理论"来呈现中国的乡土故事多少显得有些格格不入,甚至可能会引来"将简单问题复杂化"的质疑。我最初之所以想借本书出版的机会重写各章内容,主要也是想将理论部分精简,原汁原味地讲好溪地的故事。需要承认,想这么做是因为我不够自信,我在理论研究方面经验还很不足,担心弄巧成拙,给读者留下"炫理论""玩概念"的糟糕印象。

我对社会理论产生兴趣是在荷兰访学期间发生的事情。2015年10月,博士生二年级的我来到荷兰瓦赫宁根大学环境政策系,开始了为期一年的访学生活,担任我联络人的是大名鼎鼎的Gert Spaargaren教授。我很早便向Gert表明了来意——想学习他们团队的理论,Gert听了很高兴,当即让秘书帮忙协调时间,为我安排了几次一对一的研讨课。在研讨课前,Gert会给我布置一些阅读材料,我读完后再同他讨论,他负责帮助我弄明白我没读懂的部分。正是在这些研讨课上,我接触到欧洲学术界正在热烈讨论的实践论,真正领略到吉登斯、柯林斯、卡斯特等理论大牛的思想魅力,并被成功"安利"了一批在国内还没有机会听说的理论家以及他们的优秀作品。

Gert鼓励我说，理论学了后不要束之高阁，要学着思考如何运用理论来想象社会生活，指导经验研究。本书的写作初心并不是想借理论来包装田野发现，因为这就好比用最花里胡哨的烹饪手法来处理食材那样让人不耐烦。我希望本书的理论和经验能够真正相融，并产生化学反应：以理论为曲，把故事作粮，酿成一壶令人回味的酒。

酿酒不是没有门槛的手艺，写作也不是光凭一腔热忱就能驯熟的技能。在经验老到的品酒师那里，根本不用费什么气力，便可分辨酒的好坏。我自认为不是技艺高超的酿酒师，也不算驾驭文字的能手，努力想写好的这本书或许根本谈不上"美酒"，只能算是一壶"浊酒"吧，因为它酿就的过程本身就不够完美。我这里想自己先检讨两点。

首先是田野调查经验的欠缺。我在溪地的调查前后加起来只有50来天，尽管当时我感觉获得了相当丰富的材料，但真到了写作的时候，才发现有些材料还是欠缺，导致一些地方的论证不充分，一度很懊恼。我有一个人类学家朋友叫林叶，她为了做好博士论文研究，在条件非常艰苦的田野里坚持待了15个月，吃住都同研究对象一起，大冬天里只能用冷水洗澡，甚至还遭遇过很多惊心动魄的危险。见贤思齐，我惭愧于自己在溪地的调查有些过于将就和安逸，对田野的感觉很可能因此只停留在浅层次。毕业后，我一直在找机会重返溪地补充调查，但太多身不由己的工作安排，加上突如其来的新冠肺炎疫情，直至此书列入出版计划也未能成行，深觉遗憾。再就是理论应用方面的不足。我在写作本书前更习惯做定量研究，虽然这也涉及理论演绎，但大多是方便理解和掌握的中层理论。本书所选取的理论基本上都是更为抽象的一般性理论，本身学习起来就很不易。我的理论功底有些弱，刚开始研读实践论时一直不得其法，后经Gert点拨才慢慢开窍。加上参考的理论原著都是英文的，我在将一些概念译成中文时经常找不到贴切的对应表达，这就导致本书对理论的介绍多少有些生硬。冯友兰先生说，一种翻译，终究不过是一种解释。希望本书略显粗拙的解读不至于引起读者朋友对这些理论的误解，也希望你们能够感受到我在学习它们时的快乐。

“凡是过往，皆为序章。”刚刚跨过而立之年的我，对于治学、育人、生活都有了一些新的感悟。但是，我依然会怀念我在京郊的出租房内写作本书的那些个日日夜夜。虽然辛苦，亦不免孤独，却劳有所获，心有所往。谨以此书纪念那段人生中的美好时光！

借本书出版的机会，我要感谢恩师洪大用教授。洪老师在我写作本书时给予了非常多的指导。我于2012年拜在洪老师门下读硕士，2014年又继续跟随老师读博士，洪老师是我学术道路上的启蒙者和领路人。我非常幸运，读研伊始洪老师便手把手教我写文章。在人民大学求学的6年里，我与老师合作发表了多篇文章，它们中的许多也被收录在我们2020年出版的《迈向绿色社会：当代中国环境治理实践与影响》

一书中。还记得那是研一上学期期末的一个傍晚，洪老师把我叫到他办公室，给我布置了第一个写作任务，交代得特别仔细，还从身后书架上挑了一些资料让我拿回去参考。我满心欢喜领了任务，刚踏出办公室门没走多远，便听见老师在身后唤我名字。见我返回后，洪老师笑盈盈地说："我就是想跟你说啊，沉下心来好好写。"如今回想，洪老师很可能早就料定我会在写作中受挫，因为放心不下，才忍不住又嘱咐了这么一句（当然，老师的良苦用心我也是在自己成为老师、开始亲自指导学生后才体会到的）。我在写作以及修改书稿遇到麻烦的时候，总是会情不自禁想起洪老师对我说过的这句话，以此勉励自己不要心浮气躁，静下心来想想，应该总还有解决问题的办法。

我还要感谢我在荷兰访学期间的指导老师 Gert Spaargaren 教授，谢谢他发掘了我对理论研究的兴趣。今年元旦，我给 Gert 写邮件问候他新年快乐，并向他报告了本书要出版的消息。Gert 回复说他为我感到高兴，同时告诉我他即将荣休，并送给我很多祝福。也衷心祝愿 Gert 退休后的生活健康幸福！在本书写作和修改中，我收获了许多师友给予的帮助、支持和鼓励，在此一并致谢，他们是肖晨阳、陈心想、王晓毅、房莉杰、吴柳芬、孙莹、刘少杰、冯仕政、王道勇、郝大海、卢春天、卫小将、符隆文、韩雪、张斐男、刘齐、李佩繁、何钧力、江沛、胡溢轩、刘凌、李阳、王丹蕾、李莉、步凯、胡旭珺、施曲海、刘亚秋、朱斌、邓霞秋、章诚、林叶、陈涛、耿言虎、龚文娟、彭远春、张金俊、童志锋、张磊、区缵、帅昭文、雷李洪、秦广强、杨磊、赵祺、阿力塔、Jillian Student、Harry Barnes-Dabban、Eira Carballo Cardenas、Linde Van Bets、Joeri Naus、Frank de Feijter、Nila Kamil、Robin Smale、Walter Fraanje、Corry Rothuizen、Paul Stadern、Alison Browne 等。感谢学术之路上帮助过我的每一位贵人！最后，还要特别感谢覃睿洲和张雪箫这两位我非常欣赏的学生，他们帮忙承担了本书的部分审读工作。

"成长是一场冒险，勇敢的人先上路。"我的眼前，是新的征程。

范叶超
2021 年 5 月